TRANSLATIO
sous la direction de Florence Lautel-Ribstein
et Marc-André Buhot de Launay
14

Série *Problématiques de traduction*
12

La Métaphore en traductologie

Ouvrage publié avec le soutien du Collège de France
(programme Pause) par l'intermédiaire du laboratoire Slam
de l'université d'Évry – Paris-Saclay

COLLÈGE DE FRANCE 1530

PAUSE

Bahareh Ghanadzadeh Yazdi

La Métaphore en traductologie

La théorie des formes sémantiques et *The Hunger Games*

Préface de Magdalena Nowotna

PARIS
CLASSIQUES GARNIER
2023

Bahareh Ghanadzadeh Yazdi est docteur en traductologie. Elle est rattachée au laboratoire Slam de l'université d'Évry – Paris-Saclay et lauréate du programme Pause du Collège de France. Elle est l'auteur d'articles en histoire, théorie et méthodologie de la traduction littéraire.

ISBN 978-2-406-14245-4 (livre broché)
ISBN 978-2-406-14246-1 (livre relié)
ISSN 2648-6768

À Mme Florence Lautel-Ribstein qui m'a guidée avec patience et qui m'a soutenue tout au long de mes années de recherches.

À mon cher mari, Babak Vatandoost, qui m'a épaulée et encouragée dans les moments difficiles.

Une heure n'est pas qu'une heure, c'est un vase rempli de parfums, de sons, de projets et de climats.
Marcel PROUST, *Le Temps retrouvé.*

... les métaphores sont une chose dangereuse. On ne badine pas avec les métaphores.
Milan KUNDERA, *L'insoutenable légèreté de l'être.*

PRÉFACE

L'ouvrage *La Métaphore en traductologie. La théorie des formes sémantiques et* The Hunger Games de Bahareh Ghanadzadeh Yazdi est composé essentiellement de deux dimensions, théorique et pratique, qui sont annoncées par le titre et développées par les réflexions de l'auteur tout au long de ce travail qui tient ainsi ses promesses.

Entreprendre des recherches dans le domaine de la traductologie demande de posséder au préalable un solide socle de connaissances en théories littéraires et linguistiques aussi bien que l'audace et la confiance en soi suffisantes pour mener à terme les investigations analytiques portant sur des exemples du texte source, afin de les commenter, les synthétiser, et mieux appréhender ainsi leur passage vers la langue cible. Un travail traductologique sérieux repose en effet sur deux piliers, l'analyse de l'original et l'évaluation des réalisations traductives. En effet, la pratique de la traduction est vieille comme le monde ; et depuis qu'elle existe, depuis que les êtres humains communiquent entre eux, c'est une activité ou même une relation qui engage l'acteur-traducteur en assurant la jonction entre l'œuvre originale et sa version traduite.

À notre époque, la traduction a pris une importance capitale. Il ne s'agit plus seulement de passer tant bien que mal d'une langue à l'autre pour des raisons purement pragmatiques – comme c'était souvent le cas dans le passé –, mais d'interpréter des contacts et donc de la communication, au sens noble du terme, entre les personnes et leurs cultures, de faire émerger les individualités, les particularités de communautés aussi bien que des généralités théoriques et pratiques qui favorisent une véritable compréhension mutuelle. L'inconnu, l'indéterminé prend souvent, tant en linguistique – en sémantique lexicale – que dans la vie quotidienne, une signification péjorative qui provoque – notre cerveau est ainsi fait – le rejet de l'autre, tant il est vrai qu'on n'accepte pas ce qu'on ne connaît pas, ce qu'on ne comprend pas. La connaissance, au contraire, facilite l'échange et l'acceptation de l'autre. La traduction est cette activité, qui contribue au rapprochement et peut-être même à la diminution des méfiances réciproques. Mais, et cela est de plus en plus admis, la traduction ne peut se contenter d'être une simple activité pratique si elle veut progresser. Elle a besoin d'une conceptualisation, d'une traductologie, tout comme la politique a besoin de politologie et les sociétés ont besoin de sociologie. À notre époque, la théorisation des phénomènes – la prise de conscience de leurs modalités d'être, l'analyse de leur assise dans un environnement culturel et politique, l'interprétation des choix traductifs les concernant – paraît naturellement nécessaire pour construire un cadre de réflexions et nommer les faits. Bahareh Ghanadzadeh Yazdi est bien consciente de cette position intellectuelle et épistémologique, de la nécessité de la construction d'un modèle interdisciplinaire théorique encadrant la traduction. La philosophie du langage, mais aussi les diverses branches de la linguistique et de la littérature sont des disciplines éminemment contributrices à une réflexion théorique. Parmi ces profils théoriques elle a choisi la théorie ambitieuse des formes sémantique de Cadiot et Visetti, fondée sur une phénoménologie de la perception, tout en argumentant son choix en parfaite connaissance des autres théories.

Son travail de recherche porte sur la traduction en français de la métaphore dans la littérature de jeunesse anglo-saxonne. L'auteur s'appuie sur les quatre romans bien connus de *The Hunger Games* de la romancière Suzanne Collins, récits qui appartiennent au genre *fantasy*. Dans un premier temps, elle se concentre sur l'analyse des études théoriques de la métaphore, puis, dans un deuxième temps, sur l'exploration de la métaphore dans le texte-source. Enfin, dans un troisième temps, elle justifie ses choix traductifs de l'anglais au français en s'appuyant sur la TFS et en éprouvant sa méthode à travers une comparaison entre les choix du traducteur officiel, Guillaume Fournier, et les siens propres.

Il faut souligner la compréhension qu'a l'auteur de cet ouvrage de l'importance de la réflexion théorique, souvent passée sous silence, et de l'analyse de la littérature de jeunesse. Et comme on ne peut pas dans un seul ouvrage traiter tous les aspects de tous les phénomènes d'un texte, l'auteur a choisi la métaphore.

Il faut souligner également que le sujet de la traduction de la métaphore que l'auteur se donne comme terrain à explorer, et en premier lieu dans sa dimension théorique, est peu habituel. Les difficultés sont multiples : d'abord, la nature de la métaphore : est-ce une entité linguistique ? discursive ? Puis la question de la construction de l'esprit humain : est-il bâti pour saisir la dimension spatiale et non seulement linéaire du discours ?

Il n'y a pas dans l'écriture et aussi dans l'usage oral de la langue, artistique ou pragmatique, de phénomène plus intéressant, qui saisisse plus profondément la pensée que la métaphore, ce mouvement de l'esprit où le sens fait la forme, et la forme fait le sens.

L'auteur a courageusement abordé ces problèmes et finement commenter l'état des recherches dans le domaine. À cela s'ajoute une difficulté majeure, parfaitement surmontée, qu'est l'interprétation de la métaphore dans deux langues-cultures, l'anglais et le français, alors que la langue première de l'auteur est le persan. Nous sommes toujours heureux de lire un nouvel ouvrage traductologique et *a fortiori* lorsqu'il traite de la problématique littéraire de la métaphore, phénomène certainement l'un des plus complexes et des plus difficiles à déchiffrer lorsqu'on veut éclaircir son statut linguistique et culturel à l'intérieur d'une langue et dans la littérarité artistique de son univers ontologique. L'entreprise devient encore plus ardue quand on examine sa mouvance dans le processus de la traduction. Car dans le passage d'une langue-culture à l'autre, le traducteur-analyste est obligé de comprendre et d'évaluer la performance acrobatique de la transformation traductive de la métaphore.

L'auteur de cet ouvrage s'en est sorti vainqueur.

Magdalena NOWOTNA
INALCO, Paris

INTRODUCTION

Cet ouvrage porte sur l'approche traductologique de la métaphore à travers les diverses positions des philosophes et des linguistes au cours des siècles et débouche sur une synthèse théorique et une prise de position qui privilégie la réflexion phénoménologique et la notion d'apparaître. Cette prise de position repose ainsi sur un travail de traduction de la métaphore qui tente de s'ancrer dans une application de la théorie des formes sémantiques dont l'ouvrage phare fut publié en 2001[1]. Le corpus choisi est la quadrilogie de science-fiction *The Hunger Games* de l'écrivaine américaine Suzanne Collins, ouvrage paru aux éditions Scholastic Press de New York et qui comprend : *The Hunger Games* (2008), *Catching Fire* (2009), *Mockingjay* (2010) et *The Ballad of Songbirds and Snakes* (2020).

Pour mener à bien cette tâche, nous avons choisi d'examiner en premier lieu comment la métaphore a évolué depuis l'Antiquité – où elle fait son apparition dans la *Poétique*[2] et la *Rhétorique*[3] d'Aristote –, jusqu'à l'époque contemporaine où les théories sémantiques et cognitivistes s'y sont intéressées. Nous avons dû opérer un choix parmi tous ces penseurs, qu'ils soient grammairiens, linguistes ou philosophes, et nous nous sommes arrêtées sur ceux qui ont tenté, contrairement à leurs prédécesseurs, de donner un statut différent à la métaphore et sur ceux dont les thèses pouvaient avoir un intérêt pour la réflexion traductologique. Un constat rapide fait valoir une transformation radicale de cette figure au cours des siècles : elle serait, d'après de nombreux commentateurs, simple écart de la norme, tant chez Aristote,

1 Pierre Cadiot et Yves-Marie Visetti, *Pour une théorie des formes sémantiques : motifs, profils, thèmes*, Paris PUF, 2001a.

2 Nous utiliserons l'édition suivante : Aristote, *Poétique*, trad. Michel Magnien, Paris, Le Livre de Poche, 1990.

3 Nous utiliserons l'édition suivante : Aristote, *Rhétorique*, trad. Jean Lauxerrois, Paris, Pocket, 2007.

Cicéron[4] ou Quintilien[5] que dans les traités des tropes de César Chesneau Dumarsais au XVIIIe siècle[6] et de Pierre Fontanier au XIXe[7]. Elle serait donc souvent un ornement destiné à combler un vide et ne serait utilisée que pour réduire des lacunes sémantiques[8]. Ce n'est qu'au XXe siècle que, grâce aux recherches en herméneutique et en sémiotique ou encore en sémantique, la nature de la métaphore semble revisitée. Chez Ricœur par exemple, on voit apparaître dans son fameux ouvrage de 1975, *La Métaphore vive*, une conception de la métaphore où elle fait désormais partie d'une sémantique de la phrase, bien avant de la renvoyer à une sémantique du mot seul. La métaphore devient métaphore-énoncé plutôt que de se contenter d'être métaphore-mot, dénomination déviante. La métaphore est appréhendée à travers son rapport avec le reste du discours et s'analyse dans la tension entre tous les termes de l'énoncé métaphorique[9]. Chez d'autres penseurs de la langue comme Lakoff et Johnson, c'est le langage tout entier qui devient lieu de la métaphore. Chez Cadiot et Visetti, la réflexion va encore plus loin et c'est tout le rapport sens premier/sens figuré qui est mis à mal et toute la polysémie qui est réexaminée à partir du primat de la perception en instaurant un parallèle entre activité perceptive et activité langagière. À chaque présentation critique de la conception de la métaphore, nous avons tenté de tirer quelques premières conclusions générales pour la traduction en prenant au besoin quelques exemples de passages traduits, même si les penseurs abordés n'étaient pas eux-mêmes théoriciens ou praticiens de la traduction.

---

4 Cicéron, *Rhétorique, à C. Herennius : Œuvres complètes*, éd. M. Nisard t. 1, Paris, Didot, 1864, p. 218.

5 Quintilien, *De l'Institution oratoire*. t. 5, Livres VIII-IX, éd. et tr. Jean Cousin, Paris, Les Belles Lettres, 1978.

6 César Chesneau Dumarsais, *Des Tropes, ou des diférens sens dans lesquels on peut prendre un même mot dans une même langue*, Paris, Vve J.-B. Brocas, 1730.

7 César Chesneau Dumarsais et Pierre Fontanier, *Les Tropes de Dumarsais, avec un commentaire raisonné, destiné à rendre plus utile que jamais, pour l'étude de la grammaire, de la littérature et de la philosophie, cet excellent ouvrage classique, encore unique en son genre*, Paris, Belin-Le Prieur, 1818. Pierre Fontanier, *Manuel classique pour l'étude des tropes, ou Éléments de la science du sens des mots*, Paris, Belin-Le Prieur, 1821. Pierre Fontanier, *Des Figures du discours autres que les tropes*, Paris, Maire-Nyon, 1827.

8 *Cf.* Michaël Foessel et Fabien Lamouche, éd., *Ricœur*, Paris, Points, 2007, p. 113 et également Paul Ricœur, *L'Herméneutique biblique*, Paris, éditions du Cerf, 2000, p. 189.

9 Paul Ricœur, *La Métaphore vive*, Paris, Seuil, [1975] 1997, p. 8.

Nous avons donc rapidement été confrontée à un choix théorique : il fallait trouver une approche qui nous permette lors de la traduction de la métaphore dans la littérature de jeunesse, de rendre la manière dont cette métaphore se déploie dans tout l'apanage de ses réseaux sémantiques à travers ses divers emplois dans le texte anglais, pour pouvoir ensuite en rendre compte également dans la traduction française. Après avoir examiné les différents points de vue sur la nature et la fonction de la métaphore et après avoir considéré les diverses positions des traductologues contemporains, une première conclusion s'est imposée à nous. Nous ne pouvions mener à bien notre tâche de traducteur en aval qu'en envisageant la métaphore en amont dans la perspective de l'analyse du discours, et, qui plus est, dans celle du discours du texte tout entier. Traiter la métaphore en l'isolant comme le faisait une certaine rhétorique classique revenait à considérer la langue comme une suite de segments isolés, ce qui ne pouvait manquer d'appauvrir la démarche traductive et nous ramenait à une conception bien trop restrictive à nos yeux. D'autre part, il nous fallait aussi fonder notre méthodologie traductive future sur une conception de la métaphore qui renvoie à une conception du langage qui soit suffisamment ouverte pour envisager les mots non comme de simples représentations d'objets, mais comme des rapports aux objets, c'est-à-dire une conception qui prenne en compte tout le champ de conscience d'un sujet inscrit dans le tissu de la langue, sa sensibilité, son jugement, sa préparation à agir, etc. La métaphore ainsi conçue peut alors renvoyer « aux champs subjectifs de la sensation, de la perception et de la conscience du sujet où elles évoquent figuralement et en jouant sur plusieurs registres sensoriels, ce qu'on peut appeler des modalités de la présence[10] ». De façon concomitante, notre perspective traductologique s'est très rapidement appuyée sur une conception du sens se fondant sur une vision non-référentialiste de la langue :

> Traduire, c'est sans équivoque possible, et en tout premier lieu se positionner par rapport au langage, c'est se situer dans les champs de la poétique, de la linguistique et de la philosophie, champs qui s'interrogent sur la constitution du sens, la signification lexicale et le rapport entre pensée et langage : la pensée précède-t-elle le langage ou à l'opposé est-elle générée par le langage ? Dans le premier cas la traduction aura tendance à privilégier l'existence d'un

10 Pierre Cadiot, « La métaphore, ou l'entrelacs des motifs et des thèmes », *SEMEN*, n° 15 : 2, 2002c, p. 41.

> sens premier, de présupposer un référent et dans le cas de la métaphore de souscrire à la thèse selon laquelle il y aurait d'un côté le dénominatif, de l'autre le figuré[11].

La théorie des formes sémantiques (TFS) de Pierre Cadiot et Yves-Marie Visetti nous offrait donc un point d'appui solide puisque le sens figuré y est décrit comme le centre de la constitution du sens et non comme un dérivé d'un sens premier, ce qu'un auteur comme Dumarsais clamait déjà au XVIIe siècle du reste, contrairement à l'opinion trop souvent admise. La TFS a l'avantage de proposer une méthodologie de lecture de la constitution du sens, à partir de trois phases que sont le *motif*, le *profil* et le *thème*, ou plus précisément une phase de germination du sens, une phase de profilage et une phase d'objectivation qui donne naissance au thème. C'est cette démarche qui orientera notre approche de l'analyse des métaphores dans le texte source puis celle des exemples dans les versions françaises.

Dans une troisième partie, nous avons abordé la littérature de jeunesse et la fonction des métaphores dans cette littérature. Les ouvrages pour la jeunesse, qu'ils soient des textes sources ou des traductions à destination de ce public, n'existaient quasiment pas avant le XVIIe siècle. Il a fallu des siècles pour que cette littérature atteigne le statut qu'elle possède aujourd'hui. De même, la critique la concernant n'a cessé de se développer à partir du XXe siècle, comblant ainsi la séparation artificielle qui existait entre un genre pour adultes et un genre pour enfants et adolescents, soi-disant mineur. Nous avons donc tout d'abord présenté certains auteurs-clés de littérature américaine de jeunesse, en mettant en avant les restrictions et les contraintes auxquelles quelques-uns d'entre eux ont dû faire face. Au cours de cette analyse, nous avons parfois adopté une approche critique semblable à celle adoptée pour la littérature pour adultes, tant il est vrai que la réception de la littérature de jeunesse a bien souvent, même de façon inavouée, une double visée : le public de la littérature de jeunesse n'est à l'évidence pas uniquement celui des enfants, des adolescents et des jeunes lecteurs en général, mais aussi celui des adultes. Ce caractère ambivalent de la littérature de jeunesse met d'ailleurs en lumière la dimension métaphorique de ces narrations.

---

11 Florence Lautel-Ribstein, « Métaphoricité et traduction », *Métaphores et cultures. En mots et en images*, éd. V. Alexandre Journeau *et al.*, Paris, L'Harrmattan, 2012, p. 51.

Le recours aux métaphores est, de ce fait, un objet d'analyse essentiel dans le discours de ce genre littéraire.

Un tout premier corpus choisi au départ de ma volonté de travailler sur la littérature de jeunesse n'était pas la quadrilogie de *The Hunger Games*. Il s'agissait d'un corpus d'une dizaine de romans de différents auteurs. C'est en entreprenant la lecture de la quadrilogie de *The Hunger Games* qu'il m'a semblé plus judicieux de concentrer mes recherches sur cette série de romans tant sa texture métaphorique était variée. Ces métaphores, de nature et de fonctionnement très divers, m'ont paru très adaptées à mon approche critique – les principes phénoménologiques de l'élaboration du sens de la TFS –, pour analyser étape par étape les choix traductifs des métaphores, ceux des traducteurs de l'œuvre en français ainsi que les miens propres. Après avoir procédé à l'analyse des traductions du roman[12], nous avons pu constater le décalage entre les potentialités traductives tirées de l'analyse sémantique des métaphores et l'aspect assez réducteur des choix opérés par les traducteurs. Dans les traductions françaises les choix traductifs étaient souvent en conformité avec une conception rhétorique restrictive de la langue qui pense la métaphore soit comme un surplus décoratif soit comme une image dont on ne retient le soi-disant sens premier qu'en le fixant. Mais les cas les plus courants sont une évidente diminution des harmoniques perceptives et cognitives de la métaphore source à l'œuvre dans la constitution du sens. Je situe le pourcentage de traductions acceptables (*relevant*, comme le disait Derrida) dans la version française à environ un tiers. Dans l'ensemble donc, j'ai dû proposer de possibles solutions traductives en tâchant, lorsque cela me semblait pertinent, de suivre les régimes de sens que sont le motif, le profil et le thème.

12 Suzanne Collins, *Hunger Games*, trad. Guillaume Fournier, Paris, Pocket Jeunesse, 2009 ; Suzanne Collins, *Hunger Games. II. L'embrasement*, trad. Guillaume Fournier, Paris, Pocket Jeunesse, 2010 ; Suzanne Collins, *Hunger Games. III. La révolte*, trad. Guillaume Fournier, Paris, Pocket Jeunesse, 2011 ; Suzanne Collins, *Hunger Games IV. La ballade du serpent et de l'oiseau chanteur*, trad. Guillaume Fournier, Paris, Pocket Jeunesse, 2020.

ÉVOLUTION DES TRAVAUX SUR LA MÉTAPHORE ET CONSÉQUENCES TRADUCTOLOGIQUES

Depuis Aristote, la métaphore est un sujet d'études pluridisciplinaire. Au fur et à mesure du temps, les travaux la concernant ont évolué et divers courants d'analyse se sont développés. Cette évolution est le centre de notre attention dans ce premier chapitre. Nous aborderons d'abord les différentes positions les plus saillantes parmi les auteurs des différentes époques pour conclure ensuite par un tour d'horizon des positionnements théoriques d'aujourd'hui, fruits de siècles d'avis et de classifications multiples face à la nature complexe de cette métaphore qui n'en finit pas d'échapper aux définitions. Car comme le souligne justement Philippe Gréa[1] :

> La notion de métaphore se caractérise donc par une double instabilité, définitoire et phénoménale, lui conférant de la sorte ce pouvoir quelque peu hypnotique propre aux entités théoriques qui n'ont pas de délimitations claires (Gréa, 2001, p. 7).

Le principe directeur qui préside à ce panorama est l'idée que la métaphore est un objet théorique, en d'autres termes « un objet construit autour d'un point de vue adopté sur la langue[2] ». Ce bref panorama nous permettra d'abord de mieux saisir comment une description critique du concept de métaphore met au jour des zones d'ombre dans la vision de certains de nos contemporains sur les penseurs de la métaphore à l'Antiquité et du XVIIe au XIXe siècles. Ensuite, ce tour d'horizon mettra en lumière le fil conducteur qui, à travers les diverses positions des XXe

1 Philippe Gréa, « La théorie de l'intégration conceptuelle appliquée à la métaphore et la métaphore filée », thèse de doctorat en linguistique, Université de Nanterre-Paris X, 2001, https://tel.archives-ouvertes.fr/tel-00813135/document (consulté le 10/12/2021).

2 Patricia Schulz, *Description critique du concept traditionnel de « métaphore »*, Berne, Peter Lang, 2004, p. 7.

et XXIe siècles, nous mènera à l'approche qui est la nôtre. Mais surtout, une compréhension plus approfondie de la nature de la métaphore nous aidera dans les chapitres suivants à opérer un choix parmi les diverses approches théoriques afin de trouver un fondement sur lequel s'appuyer pour à la fois analyser les métaphores du texte source, s'interroger sur la pertinence des traductions d'expressions métaphoriques du corpus présenté ici et proposer d'éventuelles retraductions.

LA THÉORIE DE LA MÉTAPHORE À L'ANTIQUITÉ
Aristote

Aristote évoque la question de la métaphore dans sa *Poétique* et la développe dans sa *Rhétorique*, ce qui semble ranger dès l'Antiquité l'appartenance de la métaphore à la catégorie du langage non-ordinaire. Sur le plan du mécanisme de la métaphore, Aristote insiste en effet sur son caractère extraordinaire car c'est « une expression noble qui échappe à la banalité » et « qui s'écarte du langage courant » (Aristote, 1990, p. 120). Comme le constate Josie Bernicot, la métaphore chez Aristote semble donc avoir affaire avec le style : « Aristote dans sa *Poétique* accorde aux métaphores un rôle essentiellement stylistique en rapport avec "la noblesse de l'élocution[3]" ». L'usage de la métaphore serait donc « réservé à quelques individus d'élite » (*ibid.*) puisqu'il n'est pas d'un usage quotidien. Que dit Aristote de la *fonction* de la métaphore ?

Pour Aristote, le but général affiché de la poétique contribue à donner plus de profondeur au rôle de la métaphore en créant un objet d'art susceptible de conduire à l'épuration des émotions, à une catharsis, grâce à un discours mimétique qui provoque également un plaisir dû à une proximité de ressemblances sur des sujets éloignés. Et la métaphore est une des chevilles ouvrières qui permet de réaliser cet objectif.

Quant à la rhétorique, cette « capacité d'avoir un œil théorique sur ce qui, dans chaque question, permet la persuasion » (Aristote, 2007,

3 Josie Bernicot, « L'étude expérimentale des métaphores », *L'année psychologique*, vol. 81, n° 2, 1981, p. 466.

p. 44), elle utilise la métaphore comme moyen technique pour parvenir à convaincre sans en avoir l'air car :

> [...] dans le discours, il faut consacrer d'autant plus de labeur à cet aspect que le discours n'a pas les mêmes moyens auxiliaires que la poésie. La clarté, l'agrément et le tour insolite sont les qualités primordiales de la métaphore, et il est impossible de l'emprunter à d'autres éléments (*ibid.*, p. 229).

Ainsi, les emplois métaphoriques s'adapteront aux intentions du rhéteur en se parant d'une coloration positive ou négative selon l'effet souhaité. La métaphore, en contribuant à la qualité de l'élocution, influencera subtilement le jugement d'autrui.

Que la fonction de la métaphore soit de contribuer à l'élévation de l'être humain en servant le genre poétique ou d'être un outil de manipulation d'un auditoire, cette différence relève, comme nous l'avons évoqué plus haut, de la finalité de chacun de ces domaines, c'est-à-dire du style pour la poétique et de la persuasion pour la rhétorique. Mais en abordant la métaphore dans deux contextes et deux disciplines différentes, Aristote est le premier à introduire l'interdisciplinarité dans les études sur la métaphore : la philosophie et la littérature, et dans cette dernière, la poétique et la rhétorique. La métaphore a donc une place à part car elle est difficilement catégorisable en termes d'appartenance à un genre littéraire. Aristote donne ainsi un cadre de réflexion assez large à la métaphore puisqu'elle incite à une réflexion sur la langue toute entière.

D'autre part, les commentateurs du XXe siècle, Ricœur en tête, ne voient trop souvent dans la métaphore aristotélicienne qu'une *structure*, une comparaison abrégée fondée sur la ressemblance, l'écart ou détournement de sens et le principe de substitution, bref sur un phénomène de double sens. La définition qu'en donne d'ailleurs Aristote dans sa *Poétique* semble effectivement toujours se décliner en termes de « déplacement (*epiphora*) d'une signification à un signifiant qui désigne autre chose[4] ». C'est pourquoi Ricœur, lorsqu'il aborde la définition de la métaphore dans une perspective diachronique, parle de l'existence apparente d'une « simple différence de glossaire » entre Aristote et ses

4 Guillaume Pilote, « Métaphore rhétorique et métaphore poétique chez Aristote », *Ithaque*, Université de Montréal, 2012, http://www.revueithaque.org/fichiers/Ithque4/02Pilote.pdf (consulté le 10/12/2021).

successeurs rhétoriciens des XVIIIe et XIXe siècles, et argumente que pour beaucoup d'entre eux, « [...] la métaphore d'Aristote, c'est le trope de Fontanier [...] » (Ricœur, 1997, p. 77). Pour Fontanier en effet, le trope prend appui sur le mot seul. Quant aux linguistes Irène Tamba-Mecz et Paul Veyne, ils synthétisent ainsi ce qu'on croit généralement être la position centrale d'Aristote : « [La métaphore] serait le transport, de sens propre au sens figuré, d'un mot isolé [...][5] ». Gréa donne à son tour une définition semblable : « [...] pour qu'il y ait métaphore, il doit y avoir substitution d'un mot (qui eut été propre dans le contexte) par un autre (qui est pris sans un sens figuré) » (Gréa, 2001, p. 35).

Cette position aristotélicienne fut reprise plus tard dans l'Antiquité par Cicéron, théoricien de l'art oratoire, qui affirmait que la métaphore « est une comparaison abrégée, et renfermée dans un mot mis à la place d'un autre » (Cicéron, 1864, p. 218) et par Quintilien au livre VIII de son *Institution oratoire* : « En général, la métaphore est une similitude abrégée » (Quintilien, 1978, 8). Elle est d'ailleurs encore celle adoptée par de nombreux chercheurs au XXIe siècle, toutes disciplines confondues, comme en témoigne cette synthèse sur le sujet dans une thèse encore assez récente en psychologie :

> Parmi toutes les formes de langage figuré, la particularité de la métaphore est qu'elle affecte à un mot un sens différent de celui qu'il reçoit dans son usage normal. Ce mot, pris dans son sens figuré, est substitué à un mot absent, le terme propre, qui aurait pu être employé à la place et cette substitution est fondée sur la relation de ressemblance qui existe entre le terme propre et le terme figuré[6].

Pourtant, certains chercheurs n'en restent pas à cette simple définition. Selon Tamba-Mecz et Veyne, Aristote est mal compris et l'important dans la métaphore n'est pas le mot, mais le trait intellectuel du mot :

> La conception rhétorique de la métaphore comme changement de sens d'un mot suppose que les mots sont investis d'une signification intrinsèque et que l'analyse se situe au seul plan des vocables. Dans cette optique, la métaphore devient un transfert [...] conférant à un mot un sens impropre ou figuré [...] Nous sommes bien loin de cette perspective chez Aristote, pour qui

5 Irène Tamba-Mecz et Paul Veyne, « *Metaphora* et comparaison selon Aristote », *Revue des Études Grecques*, n° 92, 1979a, p. 77.

6 Christelle Franquart-Declercq, *Processus et représentations dans la compréhension des métaphores verbales : perspective générale et développementale*, thèse soutenue à l'université Paris 13, 2000.

> le signifié des noms n'est autre que la chose qu'ils désignent, autrement dit leur *designatum* tandis que la *metaphora* est l'attribution, à une intellection déterminée, par exemple à l'idée d'Achille, d'une dénomination qui n'est pas la sienne. Bref, il n'y a chez Aristote, ni théorie autonome du sens des mots, ni, à plus forte raison, théorie du sens figuré ou d'un changement de sens des mots considérés en eux-mêmes. Aristote s'intéresse, non aux mots en eux-mêmes, mais à leur rapport avec les choses ou avec nos intellections des choses (Tamba-Mecz, 1979a, p. 82).

Car la métaphore renvoie au génie humain capable d'établir des rapports entre les choses, dit Aristote dans sa *Poétique* : « créer de bonnes métaphores, c'est observer les ressemblances » (Aristote, 1990, p. 122). Aristote entend donc la métaphore dans une perspective différente que ne le feront ses successeurs et certains théoriciens modernes. L'incidence de la métaphore ne s'exerce pas sur le nom mais sur les choses, sur les rapports aux choses :

> La métaphore est l'application à une chose d'un nom qui lui est étranger par un glissement du genre à l'espèce, de l'espèce au genre, de l'espèce à l'espèce, ou bien selon un rapport d'analogie [...] (*ibid.*, p. 118).

Pour Tamba-Mecz et Veyne en effet, « Aristote ne pense nullement au passage d'un mot à un mot de sens voisin, mais de l'attribution d'un nom à une réalité. » (Tamba-Mecz et Veyne, 1979a, p. 79). La métaphore « signifie l'attribution d'un nom à une chose ou le fait de tirer une dénomination d'une chose » (*ibid.*, p. 80). Et de conclure :

> Il y a les choses et leurs dénominations ; les choses, ou plutôt la pensée que nous avons des choses, car « les mots sont les signes des intellections », dit le *De Interpretatione* (I, 16 a 3), « et les intellections sont les similitudes des choses, si bien que les mots se rapportent aux choses à signifier par la médiation de la conception de l'intellect ; c'est donc selon qu'une chose peut être connue de nous par l'intellect qu'elle peut être nommée ». La *metaphora* n'est donc pas une figure de rhétorique, au sens où nous l'entendons aujourd'hui, qui ressortit à l'analyse formelle et sémantique du seul langage. Elle met en œuvre toute une théorie sur les rapports entre les choses, la pensée, les mots (*ibid.*, p. 81).

Le changement de perspective est radical. On voit déjà se dessiner une filiation entre Aristote et certaines thèses contemporaines sémantiques et sémiotiques sur la construction du sens qui s'appuie sur une conception du langage où s'inscrit notre rapport à la réalité et aux choses par le biais de toute notre « intellection », conception établissant une corrélation entre, par exemple, activité perceptive et activité du langage, et incluant nécessairement la perception et non la seule représentation d'une réalité pré-existante qui accréditerait la théorie autonome du sens des mots ou celle du sens figuré. La notion de *référence* s'en trouve aussi bousculée car cette référence sous-entend que l'on se rapporte au monde (des objets) comme si ce monde avait suffisamment d'objectivité, d'extériorité par rapport à soi. Mais les mots ne sont pas destinés seulement à référer, ou à catégoriser. En fait, on se rend compte de la possibilité du processus inverse, à savoir que le mot fait exister les objets.

D'autre part, Aristote ouvre la voie vers une conception du mot comme unité enregistrant l'appréhension de la chose dans un parcours de stabilisation, de visée du sens, reflétant ainsi la distinction entre langue et lexique qui consiste à « refuser au fond de confondre motivation (langue) et convention (lexique) » (Cadiot, 2002c, p. 41). En d'autres termes, Aristote initie le questionnement sur la justification de la séparation entre « une certaine strate grammaticale ou schématique du sens, et toutes les autres dimensions[7] ».

Mais il y a plus, la célébration de l'analogie comme « principe d'unité au cœur de la multiplicité du *logos* », selon l'expression de Jean Lauxerrois dans sa préface à la *Rhétorique* (Aristote, 2007, p. 31), montre que la métaphore aristotélicienne « devient un mode véritable de connaissance et de compréhension » (*ibid.*) et non plus un des moyens techniques de séduction de la sophistique. Elle vise non au seul plaisir, mais également à quelque chose de plus élevé. Elle donne à voir « une chose dans la plénitude de sa présence » (*ibid.*, p. 254), selon la nouvelle et très éclairante traduction de *energeia* par le même Jean Lauxerrois :

> On a donc dit que la finesse vient de la métaphore par analogie, lorsqu'elle se donne à voir : il faut dire à présent ce que nous entendons par « donner à voir », et ce qui produit cet effet.
>
> Eh bien ! je dis que ce qui donne à voir, c'est tout ce qui signifie une chose dans la plénitude de sa présence. Ainsi, dire que l'homme de bien est un carré,

---

7 Pierre Cadiot et Yves-Marie Visetti, « Motifs linguistiques et construction des formes sémantiques. Schématicité, généricité, figuralité », *Représentations du Sens linguistique*, éd. Dominique Lagorgette et Pierre Larrivée, *LINCOM Studies in Theoretical Linguistics (LST)*, n° 22, 2002a, p. 19-48, https://www.researchgate.net/publication/281933762_Motifs_linguistiques_et_construction_des_formes_semantiques_schematicite_genericite_figuralite, p. 2 (consulté le 10/12/2021).

> c'est une métaphore, car ces deux éléments sont parfaitement achevés, mais ce n'est pas là signifier la plénitude de la chose. À l'inverse, dire qu'« il est en pleine fleur », c'est signifier la plénitude d'une présence (*ibid.*).

Jean Lauxerrois, dont le mérite en tant que traducteur a été d'exposer cette idée peu souvent relevée, synthétise ainsi toute la richesse de la métaphore aristotélicienne, loin des chemins de la rhétorique dévoyée :

> Le *logos* nous met en demeure [...] de prendre en charge la dimension nécessairement métaphorique de notre être. La métaphore est au cœur du langage, parce que le fond de l'être est *energeia* : il peut entrer en présence grâce à ce « transport » qui manifeste la langue, le monde et les hommes dans la vérité de leur être (*ibid.* : 34).

Notons que la théorie linguistique de Wilhelm von Humboldt (1767-1835) reprendra cette idée de *energeia* en 1836 dans son ouvrage *Introduction à l'ouvrage sur la langue Kavi* afin de développer une conception du langage comme activité auto-formatrice car : « le langage lui-même n'est pas un ouvrage (*Ergon*), mais une activité (*Energeia*)[8] ». Cette conception du langage a des conséquences importantes, comme le souligne José Voss :

> Cette position qui consiste à privilégier l'énergie créatrice subjective telle qu'elle est à l'œuvre dans chaque acte locutoire permet de fonder la priorité de la « *parole parlante* » qu'est le *Sprechen* ou parler sur la « *parole parlée* » (Merleau-Ponty)[9].

Ici, le mot semble être constitué de la synthèse active d'une expérience en cours.

Ces deux fonctions révélatrices de la métaphore chez Aristote, la mise au jour des rapports qu'entretiennent entre eux les choses, la pensée et le langage, et la mise en lumière d'une chose « dans la plénitude de sa présence » par la dynamique de la langue, ouvrent des perspectives qui dépassent de très loin la réflexion sur les simples figures de style. Elles font le lien avec la TFS que nous présenterons plus loin car elles font entrevoir que l'emploi d'une expression métaphorique ne se distingue peut-être pas de l'emploi non-métaphorique. En d'autres termes, la

---

8 Wilhelm von Humboldt, *Introduction à l'œuvre sur le Kavi, et autres essais*, trad. Caussat, Paris, Seuil, 1974, p. 183.

9 José Voss, *Le Langage comme force selon Wilhelm von Humboldt*, Saint-Denis, Publibook, 2017, p. 18.

métaphore chez Aristote s'éloigne de la stricte définition de phénomène de l'élocution pour devenir un phénomène de création de sens. C'est donc d'une sémantique dont il faudrait parler en amont de toute analyse sur la métaphore aristotélicienne.

LA MÉTAPHORE AUX XVIIIe ET XIXe SIÈCLES
Dumarsais et Fontanier

L'objectif de ce chapitre n'est pas de détailler les diverses approches et classifications de la métaphore chez les deux principaux penseurs de cette époque, mais de comprendre quelle est la conception de la langue qui induit leur interprétation de la métaphore. Comme la majorité, pour ne pas dire la totalité des théoriciens postérieurs à Aristote, les spécialistes de la langue font de la métaphore un trope, à savoir une figure de « déplacement » du sens d'un mot. C'est le cas du logicien et philosophe Pierre de la Ramée (1525-1572), spécialiste des arts oratoires, qui souhaite limiter la rhétorique à « l'élocution et l'action oratoire[10] » et « introduire l'éloquence dans la philosophie » (*Oratio*, 1544). C'est aussi le cas de l'oratorien Bernard Lamy (1640-1715), auteur du traité de 1675, *La Rhétorique ou l'Art de parler*, qui oriente aussi la rhétorique vers l'élocution au XVIIe siècle – « âge de l'éloquence », selon l'expression de Marc Fumaroli –, et d'une majorité d'auteurs jusqu'aux XVIIIe et au XIXe siècles. On pourrait d'ores et déjà résumer leur position en soulignant que ce dédoublement pose d'emblée l'hypothèse d'un « sens » qui pré-existerait à tout emploi de la langue. La langue serait dépendante, pour son interprétation, d'une réalité qui la domine. Selon cette position *référentialiste*, la métaphore est envisagée pour son adéquation (pour sa littéralité ou sa non-littéralité). Dans cette hypothèse, il y a dédoublement des données et existence d'un sens qui préexiste à tout fonctionnement de la langue.

Les deux figures les plus marquantes ayant écrit en ce sens sur la métaphore aux XVIIIe et XIXe siècles, bien qu'avec des nuances importantes, sont celles de César Chesneau Dumarsais ou Du Marsais (1676-1756), grammairien-philosophe français, collaborateur de l'Encyclopédie,

10 *Cf.* l'article de Sophie Conte, « La rhétorique au XVIIe siècle : un règne contesté », *Modèles linguistiques*, n° 58, 2008, p. 111-130.

auteur du fameux traité Des *tropes ou des différents sens, dans lesquels on peut prendre un même mot dans une même langue* paru en 1730 et de Pierre Fontanier (1765-1844), également grammairien et spécialiste des figures de style, auteur du *Manuel classique pour l'étude des tropes ou Éléments de la science du sens des mots*, paru en 1821 et de l'ouvrage *Traité des figures du discours autres que les tropes*, paru en 1827.

DUMARSAIS : UN DISCOURS CONTRADICTOIRE

Gérard Genette affirme dans un article de 1970 que « de Corax à nos jours, l'histoire de la rhétorique est celle d'une *restriction généralisée*[11] », allant de l'Antiquité à la figuratique contemporaine symbolisée par « le couple figural exemplaire, chiens de faïence irremplaçables de notre propre rhétorique moderne : Métaphore et Métonymie » (*ibid.*, p. 161). Dans sa Préface de 1968 à la réédition des *Figures du discours* de Fontanier[12], Genette apporte néanmoins quelques nuances en assurant que Dumarsais faisait davantage œuvre de sémanticien, de spécialiste de la polysémie de la langue (Fontanier, 1968, p. 11) plus que de l'écart figural, alors que Fontanier, précurseur des « stylisticiens d'aujourd'hui » (*ibid.*, p. 9), visait des figures de style dans une perspective strictement rhétorique en se contentant d'attribuer leur juste valeur aux figures et catachrèses. Dumarsais met effectivement bien en avant le transfert de *signification* dans sa définition de la métaphore :

> La métaphore est une figure par laquelle on transporte, pour ainsi dire, la signification propre d'un nom à une autre signification qui ne lui convient qu'en vertu d'une comparaison qui est dans l'esprit. Un mot pris dans un sens métaphorique, perd sa signification propre et en prend une nouvelle qui ne se présente à l'esprit que par la comparaison que l'on fait entre le sens propre de ce mot, et ce qu'on lui compare [...] (Dumarsais, 1818, p. 125).

Mais ce qu'il y a de plus novateur chez Dumarsais, c'est son affirmation que les figures ont bel et bien un caractère usuel, selon sa formule percutante, devenue célèbre :

---

11 Gérard Genette, « La rhétorique restreinte », revue *Communications*, n° 16, « Recherches rhétoriques », Paris, Seuil, 1970, p. 158.

12 Pierre Fontanier, *Les Figures du discours*, préface Gérard Genette, Paris, Flammarion, 1968. Le volume rassemble les deux ouvrages rédigés par Pierre Fontanier, son *Manuel classique pour l'étude des tropes* de 1821 et son *Traité des figures du discours autres que les tropes* de 1827.

> Je suis persuadé qu'il se fait plus de figures en un seul jour de marché à la halle, qu'il ne s'en fait en plusieurs jours d'assemblées académiques (*ibid.*, p. 2).

Il surenchérit plus loin :

> D'ailleurs, bien loin que les figures soient des manières de parler éloignées de celles qui sont naturelles et ordinaires, il n'y a rien de si naturel, de si ordinaire et de si commun que les figures dans le langage des hommes (*ibid.*, p. 2-3).

Patricia Schulz synthétise ainsi cette position qui prend ses distances vis-à-vis de la rhétorique classique et de son concept bien discutable de « norme », position qui laisse suggérer déjà sans le formuler la possible mise en avant d'un concept englobant, d'un mécanisme cognitif à part entière :

> Ce que Dumarsais remet ici en question, c'est l'idée de norme telle qu'elle est véhiculée par le concept de métaphore, avec toute son omniprésence au sein de la communauté linguistique et rhétorique. Selon cette communauté, une telle norme consiste en un langage sans figures [...]. Du coup l'ouvrage de Lakoff/Johnson, *Les métaphores dans la vie quotidienne*, perd beaucoup de son caractère original (Schulz, 2004, p. 83).

Notons la pointe d'ironie de cette linguiste envers ceux, plus proches de nous, qui se croyaient novateurs en la matière en prônant un « tout métaphorique » et voulant prouver que c'est le langage dans son ensemble qui est traversé par la métaphore.

Pour Dumarsais donc, la métaphore est commune et s'entend comme une façon de s'exprimer parmi d'autres. Toutefois, Dumarsais semble ne pas tirer toutes les conséquences de son observation. Qui plus est, une contradiction surgit dans son discours car la thèse de la figure comme phénomène ordinaire de la langue est difficilement compatible avec la volonté de préserver l'idée même de figure. Cette thèse est encore plus incompatible avec les développements des analyses qui suivent dans son ouvrage. Par exemple, Dumarsais affirme que la raison pour laquelle la métaphore existe est un manque lexical qui nécessiterait sa création pour orner le discours ou le rendre plus expressif afin de persuader l'interlocuteur, réintroduisant ainsi le décalage entre langue ordinaire et langue extra-ordinaire. Nous reprenons les mots de Dumarsais :

> [...] les langues n'ont pas autant de mots que nous avons d'idées ; cette disète de mots a doné lieu à plusieurs métaphores [...] l'imagination vient, pour ainsi dire, au secours de cette disète ; elle suplée par les images et les idées accessoires aux mots que la langue ne peut lui fournir ; et il arive même [...] que ces images et ces idées accessoires ocupent l'esprit plus agréablement que si l'on se servoit de mots propres, et qu'elles rendent le discours plus énergique [...] (Dumarsais, 1818, p. 129).

De même lorsqu'il énumère les divers mauvais usages des métaphores, et qu'il affirme : « Les métaphores sont défectueuses [...]. Quand elles sont tirées de sujets bas » (*ibid.*, p. 138), la contradiction saute alors de nouveau aux yeux.

FONTANIER : LE MOT, L'IDÉE, LE TROPE

Tournons-nous à présent vers la figure majeure de l'histoire de la rhétorique au XIXe siècle. Dans son ouvrage *Les Figures du discours*, Pierre Fontanier appuie clairement le trope sur « le couple idée-mot » (Ricœur, 1997, p. 68) :

> Les Tropes sont *certains sens plus ou moins différens du sens primitif, qu'offrent, dans l'expression de la pensée, les mots appliqués à de nouvelles idées* (Fontanier, 1968, p. 39).

D'autre part, la métaphore est revisitée à travers deux oppositions :

> Chez Fontanier [...], c'est l'opposition catachrèse *versus* métaphore qui est pertinente, déterminant ainsi un double critère permettant de définir l'emploi métaphorique proprement dit. Un critère négatif, d'abord, qui consiste à montrer que la métaphore n'est pas une catachrèse ; et un critère positif, qui indique que l'emploi métaphorique se fonde sur l'existence d'un double sens (Gréa, 2001, p. 16).

Dans la première opposition, Fontanier distingue la métaphore considérée comme figure de style de la métaphore-catachrèse. Et c'est le principe de substitution qui amène à faire la différence entre les deux types de métaphore. La figure métaphorique est substituable, alors que la catachrèse ne l'est pas.

Mais c'est surtout sur la seconde opposition que nous voudrions nous arrêter. Fontanier insiste sur le sens figuré qu'il assimile à un « pur emprunt » (Fontanier, 1968, p. 66), permettant ainsi à un mot d'être détourné de sa signification véritable et de se substituer au terme propre. C'est à partir de cette conception du sens figuré que Fontanier peut proposer une typologie des tropes, plus précisément en prenant appui sur la nature de la relation sémantique liant le sens propre du mot à sa signification figurée d'emprunt. Il y aurait ainsi trois grandes catégories de figures de tropes : la métaphore, la métonymie et la synecdoque. La métaphore est construite sur une relation de ressemblance, la métonymie sur une relation de corrélation et la synecdoque sur une relation de connexion (*ibid.*, p. 77).

Or cette notion de sens figuré, de changement de sens d'un mot chez les rhétoriciens, ne parvient guère à rendre compte des effets sémantiques des figures de discours qu'on ne peut considérer comme changements de sens, car ils sont en réalité des « significations fictives évoquant des représentations imaginaires », ce que soulignait déjà Tamba-Mecz en 1979, preuve à l'appui :

> Il suffit d'examiner un certain nombre de métaphores, métonymies et synecdoques dans le lexique pour voir qu'elles participent à l'extension du sens des mots, soit par transfert de domaine conceptuel (le nom de dent, par métaphore et spécialisation sera transportée (sic) du domaine anatomique à divers objets évoquant la forme des dents : dents de scie, de peigne, etc.) ; soit par une « départicularisation » qui fait évoluer le mot vers l'abstrait (briser : mettre en pièces (sens « concret ») et fig. détruire, supprimer[13].

D'autre part, Fontanier, même s'il distingue *sens* et *signification* s'en tient toujours au mot comme base de son raisonnement : « Le *sens* est, relativement à un mot, ce que ce mot nous fait entendre, penser, *sentir* par sa *signification* ; et sa *signification* est ce qu'il signifie, c'est-à-dire, ce dont il est signe, dont il fait signe. » (Fontanier, 1968, p. 55). La *signification* correspond au mot « considéré en lui-même, considéré comme signe », tandis que le *sens* correspond à l'« effet » que le mot porte « dans l'esprit » (*ibid.*).

Aujourd'hui, la critique adressée à cette rhétorique, s'est peu à peu précisée, en particulier au sein du courant constructiviste – qui pense en termes de potentiel sémantique a-référentiel –, et des études sur la polysémie[14]. Mais elle s'élabore, dans tous les cas,

13 Irène Tamba-Mecz, « Sens figuré et changement de sens », *L'Information Grammaticale*, n° 3, 1979b, p. 11-12.

14 Un exemple qui montre bien le tournant par rapport à la position de Fontanier est la définition de la polysémie donnée par Cadiot et Habert en 1997 : on considère généralement

à partir de l'objection faite à l'encontre de cette conception qui prend le mot comme unité de base, pourvue d'une signification autonome susceptible d'être justifiée par des explications historiques et lexicographiques.

Ceci est lourd de conséquences, en particulier dans une perspective traductologique, à la fois pour la lecture du texte source et pour l'élaboration du texte cible. Car en confondant à la fois sens propre et sens primitif ou étymologique, et sens figuré et sens dérivé du premier, on se situe inéluctablement au niveau du seul mot qui renvoie alors à un concept, « confondant le signifié et le désigné dans le discours » (Tamba-Mecz, 1979b, p. 13). Le lieu de la figure discursive n'est évidemment pas dans le mot mais dans la combinatoire syntaxique des mots et dans leur signification relationnelle. Mais le traducteur, qui serait persuadé du bien-fondé de cette conception rhétorique de la métaphore, encore vivante dans les consciences d'aujourd'hui, ne tient plus compte de « la combinatoire du discours » et ne peut « saisir des significations qui ne résultent pas du seul sens des vocables mais de leurs rapports à l'intérieur de cadres syntaxiques, eux aussi signifiants » (*ibid.*, p. 13). Il en résulte non seulement une tendance à réduire le texte littéraire à une série de représentations isolées, mais aussi à transformer l'acte de traduire en un exercice de segmentation du texte source qui en déconstruit toute l'écriture et « aplatit » le texte cible. La traduction tend à devenir ainsi un exercice de version grammaticale.

Revenons à présent à la notion de catachrèse ou catachrèse de métaphore qui, chez Fontanier, s'oppose à celle de figure. Pour Fontanier, la catachrèse se définit comme le résultat d'une extension du sens primitif aboutissant à une métaphore forcée. Ce n'est donc pas une figure à part entière. Sa fonction est de combler un manque lexical. Fontanier s'interroge sur la liste de sens que tel mot peut prendre en contexte, mais là où le rhétoricien qu'il est conclut à une évolution de sens dans le temps par rapport au sens primitif et selon le contexte particulier, la sémantique lexicale d'aujourd'hui va s'interroger sur la polysémie. Comme le souligne Gréa, « on peut alors se demander quel est le statut

---

qu'il y a polysémie lorsqu'il y a « existence de sens différents pour un même mot, mais [non] de sens perçus comme reliés d'une manière ou d'une autre », *cf.* Pierre Cadiot et Benoît Habert, « Introduction », *Aux sources de la polysémie nominale*, éd. Pierre Cadiot et Benoît Habert, *Langue française*, n° 113, 1997a, p. 3.

du sens obtenu après extension : s'agit-il encore d'un sens propre primitif ou bien est-ce déjà un sens figuré ? » (Gréa, 2001, p. 33) :

> Dans les deux cas, la réponse est négative. Le sens d'une catachrèse, ou ce que Fontanier appelle encore le « sens tropologique extensif » (Fontanier 1977, p. 58) ne peut pas être primitif, puisque par définition, il vient *après* le sens primitif pour combler un manque lexical. Il ne peut pas non plus être figuré, puisque le sens figuré, comme nous le verrons plus loin, n'est pas lié à une extension mais à un double sens. En fait, le sens tropologique extensif occupe une région intermédiaire entre le sens primitif et le sens figuré (*ibid.*, p. 33).

Quelles sont les conséquences générales de cette conception de la catachrèse et de son fonctionnement pour le traducteur ?

Cette conception empêche tout d'abord de saisir le déroulement de la construction du sens textuel dans une vision holiste puisque la réflexion se fonde sur des exemples pris dans des contextes qui ne dépassent pas celui d'une phrase. L'exemple donné par Fontanier et repris par Gréa (*ibid.*, p. 32) est celui du verbe « prendre » dans différentes expressions :

> Il est plus que probable que la première signification de *prendre* a été celle de Saisir, mettre en sa main : *Prendre un livre*, *prendre une pierre*, *prendre quelqu'un par la main*, *par le bras*. Mais, comme la main est le premier instrument de toutes nos actions physiques, la *saisie* par la main, la *mise en main*, s'est naturellement entendue de tout acte par lequel nous saisissons une chose pour un usage quelconque : *Prendre son manteau*, pour Mettre son manteau sur soi ; *prendre perruque*, pour Commencer à porter une perruque ; *prendre le deuil*, pour S'habiller d'un habit de deuil, *etc.* On ne s'en est pas tenu là ; mais, à l'idée principale, on a joint diverses idées accessoires de cause, de motif, d'intention, de manière, de circonstance, et l'on a dit *prendre*, dans le sens de dérober, d'emporter en cachette, dans le sens même d'enlever, d'emporter par force, de s'emparer par les armes, par ruses, par embûches. La comparaison n'a pas manqué de faire passer dans l'ordre moral un verbe si utile, et il a été bientôt aussi commun que dans l'ordre physique. Ainsi l'on a dit : *Prendre le sens d'un auteur*, pour le saisir, l'entendre (Fontanier, 1968, p. 217-218).

À y regarder de plus près, le sens primitif donné par Fontanier, « saisir, mettre en sa main » est en fait déjà une fixation du sens dans une expression. Le fait que Fontanier ne puisse pas remonter au-delà du sens étymologique, ne répond pas à la question de l'origine commune à toutes ces expressions. Pour le traducteur, ces deux aspects de la conception de la catachrèse contrarient la compréhension du texte source car d'une part, l'écriture littéraire qui est faite de ramifications sémantiques souvent très étendues dans le texte ne peut être isolée en segments pour être comprise convenablement. Ensuite, la propriété commune à toutes ces expressions n'est pas un mot, mais un germe de sens amené à se déployer sans toutefois se nommer expressément. Dans cet exemple, cette visée de sens participe de ce qu'on pourrait qualifier de début ou de concrétisation d'un acte, de passage à l'acte mais rien de plus. Le traducteur est amené à redéployer le sens dans tout un réseau de correspondances sémantiques qui prennent appui sur ces motivations du sens, faute de quoi il ne traduira que des représentations mentales et pas le processus de sens mis en place par l'auteur.

DE LA POÉTIQUE DE GENETTE À L'HERMÉNEUTIQUE DE RICŒUR

Comme l'affirme le théoricien et critique littéraire Gérard Genette (1930-2018) dans son article « La métaphore restreinte » (1970), de même que le philosophe Paul Ricœur (1913-2005) dans *La Métaphore vive* (1975), le XXe siècle semble être l'époque où fleurit une néo-rhétorique, déformation de l'ancienne rhétorique, où la métaphore trouve une place prépondérante.

GENETTE ET LE PROCÈS DE LA MÉTAPHORE

La position de Genette vis-à-vis de la métaphore doit être comprise dans le cadre plus large de l'ambition de cet auteur de vouloir redorer le blason de la rhétorique en établissant une théorie générale des formes littéraires, voire une véritable poétique[15], transtextuelle et translinguistique, qui prendrait appui sur la figure, « procédé stylistique transgénérique[16] ». Genette retient de la rhétorique d'Aristote sa définition de la métaphore comme le transport à une chose d'un nom impropre à la désigner. Dans cet espace figural, dit-il dans *Figures I* :

15 *Cf.* Gérard Genette, *Figures III*, Paris, Seuil, 1972, p. 10.
16 Gérard Genette, *Figures IV*, Paris, Seuil, 1999, p. 18.

> L'existence et le caractère de la figure sont absolument déterminés par l'existence et le caractère des signes virtuels auxquels je compare les signes réels en posant leur équivalence sémantique[17].

C'est l'idée que « la figure s'excède », qu'elle « est toujours présente et absente, réalité et virtualité », qu'elle « est toujours au-delà d'elle-même[18] » qui fascine Genette qui voudrait en rendre compte et l'inclure dans une idée de la littérature qui s'appuierait sur l'ancienne rhétorique et qui deviendrait « comme un ordre fondé sur l'ambiguïté des signes, sur l'espace exigu, mais vertigineux, qui s'ouvre entre deux mots de même sens, deux sens du même mot » (Genette, 1966, p. 221). Mais Genette fustige la place hégémonique de la métaphore chez ses contemporains et va aussi tenter de montrer, comme dans son article « Métonymie chez Proust » publié dans *Figures III*, que ce qu'on appelle « métaphore » est souvent une autre figure. Dans cet article, il veut effectivement démontrer que les métaphores proustiennes sont en fait fréquemment des métonymies.

Au cours de ses travaux sur la figure, Genette fait preuve d'une attitude fluctuante dans ses positions, en particulier lorsqu'il s'agit de juger du traitement des figures chez les auteurs de l'Antiquité. Ainsi, dans l'introduction à la réédition des *Figures du discours* de Fontanier de 1968, il déplore le changement contemporain du statut de la rhétorique, « le passage de la rhétorique classique à la néo-rhétorique moderne » dont la responsabilité en incomberait à des auteurs comme Dumarsais. Plus précisément, Genette loue Fontanier qu'il situe à mi-chemin entre l'ancienne rhétorique d'Aristote et la position de Dumarsais, c'est-à-dire entre une conception qui met l'accent sur le « discours, considéré en lui-même et pour lui-même » (Fontanier, 1968, p. 7) et dont l'« unité typique est l'énoncé complet, phrase ou groupe de phrases » (*ibid.*, p. 8), et le point de vue soi-disant réducteur de Dumarsais pour qui cette unité typique est le mot (*ibid.*, p. 8). Pour Fontanier, la notion centrale, c'est « la figure elle-même, dans son extension syntagmatique, variable qui va, précisément du mot (figures de mots) à l'énoncé complexe (figures de pensée) » (*ibid.*, p. 9).

---

17 Gérard Genette, *Figures I*, Paris, Seuil, 1966, p. 210.

18 Fanny Lorent, « Gérard Genette et la rhétorique », *Atelier de théorie littéraire de Fabula*, 2015.

Mais deux ans plus tard en 1970, dans « La rhétorique restreinte[19] », Genette reviendra sur son appréciation de Fontanier, en le situant lui aussi parmi ceux qui ont restreint le champ de la rhétorique ancienne. Pour Genette, Fontanier est bien l'un des fondateurs de la rhétorique moderne qu'il combat car il contribue, comme Dumarsais, à la réduction tropologique de la rhétorique :

> [...] reprenant avec une rigueur accrue [...] le critère de substitution qui régit l'activité tropologique, et l'étendant à la totalité du champ figural [...] il tend à faire du trope le modèle de toute figure, et donc à accentuer encore, en lui donnant un fondement de droit, la restriction de fait amorcée par son devancier (Genette, 1970, p. 160).

Comme le souligne assez judicieusement Jean-Baptiste Renault, le texte de l'article « sous couvert de dénoncer une conception étroite de la rhétorique, s'en prend en fait à la "reine des figures"[20] », la métaphore. Genette critique ainsi la conception de la métaphore, promue indûment « au rang de figure d'analogie par excellence », alors qu'elle n'en est en fait « qu'une forme parmi bien d'autres. » (Genette, 1970, p. 165). En effet, l'objet rhétorique s'étant déplacé « de l'éloquence vers la poésie » (*ibid.*, p. 161), la nouvelle « méta-rhétorique » se concentre plutôt « sur les figures à plus forte teneur sémantique (figures de signification en un seul mot), et parmi celles-ci, de préférence encore sur les figures à sémantisme "sensible" [...] » (*ibid.*). Les figures de liaison se sont réduites au « modèle de la métonymie spatiale » et les figures de ressemblance ont subi « une réduction symétrique » qui était « au profit de la seule métaphore (*ibid.*, p. 163). Pour Genette, cette réduction de toutes les figures d'analogie à la métaphore n'est pas acceptable car elle défavorise non seulement la figure de comparaison, mais encore d'autres figures peu prises en considération (*ibid.*, p. 164). L'auteur justifie son désaccord avec la disparition de cette distinction en évoquant le problème posé par le postulat de l'opposition de la comparaison et de la métaphore. L'auteur rappelle aussi une autre tentative de réduction des autres figures,

---

19 L'article fut publié dans le numéro 16 de la revue *Communications*, puis dans *Figures III* en 1972.

20 Jean-Baptiste Renault, *Théorie et esthétiques de la métaphore : la métaphore et son soupçon entre correspondances et dissemblances, métaphores linguistiques et iconiques, Musique, musicologie et arts de la scène*, thèse soutenue à l'Université de la Sorbonne Nouvelle – Paris III, 2013, p. 175.

tentative ayant eu pour conséquence d'offrir à la métaphore le statut de "trope des tropes" (Sojcher), "figure de figures" (Deguy), le noyau, le cœur et finalement l'essence et presque le tout de la rhétorique[21]. » (*ibid.*, p. 165). La métaphore atteindrait ce statut en absorbant la métonymie et en la faisant une partie d'elle-même (*ibid.*). La métaphore « est un des rares termes survivant du grand naufrage de la rhétorique, et cette survie miraculeuse n'est pas évidemment ni fortuite ni insignifiante » (*ibid.*, p. 166), souligne Genette. Et il s'étonne également que des rhétoriciens comme ceux du groupe de Liège, malgré leur connaissance et savoir, aient introduit la métaphore comme « la figure *centrale* de toute rhétorique » (*ibid.*). La poétique moderne a, selon lui, voulu faire disparaître « les partages », afin de conduire à une « valorisation absolue de la métaphore, liée à l'idée d'une métaphoricité essentielle du langage poétique – et du langage en général » (*ibid.*, p. 168-169).

Que peut retenir le traductologue, puis le traducteur, de la position de Genette ?

On peut se rapporter à l'étude éclairante de Proust que fait Genette. Dans le texte source, il ne s'agirait pas de se borner à un travail taxinomique préalable de la métonymie d'une part et de la métaphore d'autre part. Il s'agirait davantage, comme il l'est dit dans *Figures III*, de « montrer la présence et l'action des relations de "coexistence" à l'intérieur même du rapport d'analogie : le rôle de la métonymie dans la métaphore » (Genette, 1972, p. 42). C'est donc cette interconnexion, cette « croisée d'une trame métonymique et d'une chaîne métaphorique » assurant « la cohérence nécessaire du texte » (*ibid.*, p. 60) qui intéresse Genette et qui est susceptible d'intéresser le traducteur. Genette restreint en fait la métonymie à un rapport de contiguïté référentielle, une « proximité (spatiale, temporelle, psychologique) » (*ibid.*, p. 45) pour souligner la motivation réciproque de la métonymie et la métaphore. Ernesto Laclau commente l'exemple tiré de Proust : « la chaîne de réminiscences va, par la voie métonymique, bien au-delà de l'analogie d'origine (dans *Du côté de chez Swann*, la tasse conduit à la réminiscence de la chambre, puis on va de la chambre à la maison, puis au village et de là à la région entière)[22] ». Genette explique :

21 Genette mentionne que « Proust baptisait métaphore toute figure d'analogie » (*ibid.*, p. 165).

22 Ernesto Laclau, « L'articulation du sens et les limites de la métaphore », Centre Sèvres, Archives de Philosophie, n° 4, 2007, t. 70, p. 601.

> L'essentiel ici est de noter que cette première explosion [le *détonateur* analogique] s'accompagne toujours, nécessairement et aussitôt, d'une sorte de réaction en chaîne qui procède, non plus par analogie, mais bien par contiguïté, et qui est précisément le moment où la contagion métonymique (ou, pour employer le terme de Proust lui-même, l'*irradiation*) prend le relais de l'évocation métaphorique (Genette, 1972, p. 56).

Le traducteur s'interrogera donc sur la façon de rendre cette connexion lorsque la « contagion métonymique » prend le dessus sur l'« évocation métaphorique ». Nous avons choisi un autre exemple extrait de *La Recherche*, situé au début de « Combray » :

> Mais j'avais revu tantôt l'une, tantôt l'autre, des chambres que j'avais habitées dans ma vie, et je finissais par me les rappeler toutes dans les longues rêveries qui suivaient mon réveil ; chambres d'hiver où quand on est couché, on se blottit la tête dans un nid qu'on se tresse avec les choses les plus disparates : un coin de l'oreiller, le haut des couvertures, un bout de châle, le bord du lit, et un numéro des Débats roses, qu'on finit par cimenter ensemble selon la technique des oiseaux en s'y appuyant indéfiniment [...][23].

Ici, au sein de l'activité de réminiscence, le détonateur analogique, le « réveil » au creux d'un lit protecteur, associe métaphoriquement, par analogie, la chambre du narrateur à un « nid », et s'ensuit une « réaction en chaîne » procédant par « contiguïté », le nid étant alors « contaminé » par une série de métonymies dans la construction du nid. Il faut donc montrer « cet état mixte » entre « les deux axes du langage » (Genette, 1972, p. 61), ceux définis par Jakobson, d'une part comme la dimension prosaïque (ici la métonymie) et la dimension poétique (la métaphore). Le traducteur pourra, par exemple, accentuer ou, tout du moins, garder le côté prosaïque dans la traduction des termes comme « coin de l'oreiller », « le haut des couvertures », etc., ne pas métaphoriser ces expressions. Comme le dit Florence Lautel-Ribstein dans un article portant, entre autres, sur la traduction en anglais des métonymies dans ce passage, la dimension prosaïque prend la forme de

> l'illusion de l'objet sans rapport avec le sujet, constitué géométriquement par la somme de ses parties et ses sonorités bien concrètes : *a corner of the pillow, the top of the blankets, a bit of a shawl, the edge of the bed and a copy of the Débats roses*[24].

23 Marcel Proust, *Du côté de chez Swann*, éd. Jean Milly, Paris, Flammarion, 1987, p. 6. C'est moi qui souligne.

24 Florence Lautel-Ribstein en coll. avec France Dupuis, « Motivations, profilages et thématisations dans la traduction de *Du côté de chez Swann* en anglais : pour une nouvelle

Et pour traduire en anglais la métaphore filée des actions du narrateur devenu oiseau dans la chambre-nid, actions

> marquée[s] par les constructions verbales suivantes : « être couché », « se blottir », « se tresser », « finir par cimenter », et enfin « dormir » [...] il faudra [les] rendre affines puisqu'elles profilent le nid qui aboutira à la stabilisation de la thématique de l'intime, de la vie intérieure : *cimenting into one whole* (plutôt que *together*) rejoint *bury your head in a nest* par la sonorité qui fait sens, qui renvoie à l'espace clos et à l'abri (*a hole*) (*ibid.*).

Il s'agit donc bien dans la traduction de reproduire la connexion entre les instants métonymiques et une métaphorisation généralisée.

RICŒUR ET LA DÉFENSE DE LA MÉTAPHORE

Dans *La Métaphore vive*, Ricœur se pose en défenseur de la métaphore, même si, comme le remarque assez justement Jean-Baptiste Renault, « sa dimension violemment polémique passe largement inaperçue et, quand elle est identifiée, elle est trop facilement disqualifiée en invoquant les options religieuses de leur auteur » (Renault, 2013, p. 174).

Pour bien comprendre la métaphore, Ricœur suit un « itinéraire qui commence à la rhétorique classique, traverse la sémiotique et la sémantique, pour atteindre finalement l'herméneutique » (Ricœur, 1997, p. 7). Ricœur déplore que les trois domaines traditionnels de la rhétorique d'Aristote, « une théorie de l'argumentation », « une théorie de l'élocution » et « une théorie de la composition du discours », ne se limitent plus au cours du temps qu'à la seule élocution, réduite encore plus tard à une simple théorie des tropes jusqu'à faire disparaître la discipline de la rhétorique des origines lorsque ses liens avec la philosophie disparurent. Il déplore également que la métaphore ait été définie dès Aristote « sur la base d'une sémantique qui prend le mot ou le nom pour unité de base » (*ibid.*, p. 8 et 9). Il déplore encore que la théorie primaire de la signification, composée d'un nombre de principes qui ensemble forment « le modèle implicite de la tropologie » (*ibid.*, p. 65), soit encore trop souvent, même partiellement selon les cas, la source d'inspiration des penseurs de la langue à l'époque contemporaine. Nous énumérons en les résumant ces postulats :

---

méthodologie du traduire », *Traduire À la recherche du temps perdu*, Paris, Classiques Garnier, 2015, p. 420.

1. « postulat du propre et de l'impropre ou du figuré[25] » ;
2. « postulat de la lacune sémantique[26] » ;
3. « postulat de l'emprunt[27] » ;
4. « postulat de l'écart[28] » ;
5. « axiome de la substitution[29] » ;
6. « postulat du caractère paradigmatique du trope[30] » ;
7. « postulat de la paraphrase exhaustive[31] » ;
8. « postulat de l'information nulle[32] » ;
9. La « fonction décorative » du trope[33] (*ibid.*, p. 65-66).

Il déplore aussi que l'obsession taxinomique de Fontanier vis-à-vis des figures de l'écart, les tropes, « échoue à rendre compte de la production même de la signification, dont l'écart au niveau du mot est seulement l'effet » (*ibid.*, p. 8). Il déplore enfin que les adeptes de la sémantique de la phrase laissent de côté le problème essentiel pour lui ; « celui de la création de sens dont témoigne la métaphore d'invention » (*ibid.*, p. 8).

Car pour Ricœur, tout l'intérêt de la métaphore se situe dans l'« innovation sémantique » qu'elle suscite :

> La métaphore, c'est la capacité de produire un sens nouveau, au point de l'étincelle de sens où une incompatibilité sémantique s'effondre dans la confrontation de plusieurs niveaux de signification, pour produire une signification nouvelle qui n'existe que sur la ligne de fracture des champs sémantiques. Dans le cas du narratif, je m'étais risqué à dire que ce que j'appelle la synthèse de l'hétérogène ne crée pas moins de nouveauté que la métaphore, mais cette fois dans la composition, dans la configuration d'une temporalité racontée, d'une temporalité narrative[34].

25 « Certains noms appartiennent en propre à certaines sortes [...] de choses ; [...] Par contraste, la métaphore et les autres tropes sont des sens impropres ou figurés. »

26 « Certaines [...] choses sont appelées d'un terme "impropre" ». Cela « résulte soit d'un choix de caractère stylistique, soit d'un réel manque ».

27 Pour combler le vide sémantique, on utilise un terme étranger.

28 « Le terme d'emprunt est appliqué de la sorte de chose considérée au prix d'un écart entre le sens impropre ou figuré du mot d'emprunt et son sens propre [...] ».

29 La substitution est prise ici comme l'inverse de la catachrèse.

30 « [...] dans le cas de la métaphore, la structure paradigmatique est celle de la ressemblance. »

31 « [...] c'est donc restituer le terme propre auquel un terme impropre a été substitué » par la paraphrase.

32 Lorsque le mot figuré n'apporte aucun renseignement nouveau.

33 Le trope « est destiné à plaire en ornant le langage, en donnant de la "couleur" au discours, un "vêtement" à l'expression nue de la pensée. »

34 Paul Ricœur, *Philosophie, éthique et politique. Entretiens et dialogues*, éd. Catherine Goldenstein, Paris, Seuil, 2017, p. 157.

Et cette métaphore devenue vive, véritable « poème en miniature », possède cette capacité à « redécrire la réalité » :

> Le processus rhétorique par lequel le discours libère le pouvoir que certaines fictions comportent de redécrire la réalité. En liant de cette manière fiction et redescription, nous restituons sa plénitude de sens (Ricœur, 1997, p. 11).

Mais Ricœur va plus loin et conclut que la métaphore dépasse de très loin le cadre linguistique :

> le « lieu » de la métaphore, son lieu le plus intime et le plus ultime n'est ni le nom, ni la phrase, ni même le discours, mais la copule du verbe être. Le « est » métaphorique signifie à la fois « n'est pas » et « est comme ». S'il en est bien ainsi, nous sommes fondé à parler de vérité métaphorique [...] (*ibid.*, p. 11).

C'est ici que Ricœur rejoint Aristote dans sa dimension ontologique, ou même, d'une certaine façon, précède l'Aristote de Lauxerrois lorsqu'il met le doigt sur la remarque peut-être la plus intéressante de la *Rhétorique*, celle concernant l'*energeia*, qu'il décrit ainsi sans la nommer :

> [...] L'interprétation de l'être-comme nous fait ressouvenir, à son tour, d'une énigmatique remarque d'Aristote, demeurée sans écho, à ma connaissance, dans le reste du *corpus* aristotélicien : que veut dire, pour la métaphore vive, « mettre sous les yeux » (ou, selon les traductions, « peindre », « faire tableau ») ? Mettre sous les yeux, répond *Rhétorique*, III, c'est « signifier les choses en acte » (1411 *b* 24-25). Et le philosophe précise : quand le poète prête vie à des choses inanimées, ses vers « rendent le mouvement et la vie : or l'acte est mouvement » (1412 *a* 12) (*ibid.*, p. 388-389).

Donnant ainsi une position plus importante à la poétique qu'à la rhétorique, à l'unité de la phrase ou du discours qu'à l'unité singulière du mot, au verbe qu'au nom (*ibid.*, p. 22), Ricœur nous montre à travers les énoncés métaphoriques que, selon l'expression de Jean Greisch, c'est « le langage le moins directement référentiel qui dit le mieux le secret des choses[35] ». La métaphore « a le pouvoir de projeter et de révéler un monde » (Ricœur, 1997, p. 120). C'est l'explication ontologique de la référence qui est donc le point commun entre Aristote et Ricœur et c'est elle qui – tout en s'appuyant sur le fondement de la métaphore vive, l'innovation

35 Jean Griesch, « RICŒUR PAUL (1913-2005) », *Encyclopædia Universalis*, http://www.universalis.fr/encyclopedie/paul-ricoeur/ (consulté le 10/12/2021).

sémantique qui redécrit la réalité et qui dit « l'expérience vive » (*ibid.*, p. 391) –, apporte de l'eau au moulin de la réflexion traductologique.

Les conclusions traductologiques tirées de l'ouvrage de Ricœur sur la métaphore[36] peuvent donc selon nous s'ordonner autour de quatre pôles :

- Le traducteur doit tenir compte de l'importance du rôle de *l'énoncé* dans la production du sens métaphorique et non plus du seul mot sur lequel porterait la métaphore ou de l'expression métaphorique de façon isolée. Il faut considérer l'énoncé tout entier avant de traduire car il est « le milieu contextuel » où le sens est déplacé (*ibid.*, p. 87). Il influence donc les choix traductifs. De plus, l'énoncé métaphorique trouve une nouvelle signification dans le contexte et peut alors être considéré comme *événement* parce que c'est dans ce contexte-là que l'invention linguistique prend place (*ibid.*, 127).
- Le traducteur doit attacher plus d'importance à l'énoncé métaphorique, doit mettre en valeur la fonction poétique du texte, car c'est elle qui hisse le texte au rang de texte littéraire. De la pertinence de la traduction des métaphores d'abord, et non du sens linguistique, dépend la réussite du texte cible. Car dans le texte littéraire, « l'auto-destruction du sens [...] est seulement l'envers d'une innovation de sens au niveau de l'énoncé entier » (*ibid.*, 289).
- Le traducteur doit faire ressortir l'événement constitué par cette *innovation sémantique*. Il ne s'agit pas seulement de faire preuve de simple créativité dans le discours cible, mais de faire preuve d'esprit novateur et de proposer un énoncé métaphorique ressenti comme inédit afin de créer l'événement sémantique. « Les métaphores authentiques, c'est-à-dire les métaphores vives, sont en même temps événement et sens », dit Ricœur (*ibid.*).
- La *dimension ontologique* du langage, perceptible dans l'énoncé métaphorique, transforme le traducteur en philosophe qui fait voir la réalité de la chose suggérée en elle-même, autrement l'être de la chose. Le traducteur devrait donc théoriquement être capable de montrer que « les connotations libérées » de l'énoncé métaphorique renvoient, dans le langage, à « l'anté-prédicatif », le « pré-catégoriel » (*ibid.*,

36 Nous nous en tenons ici à Ricœur, théoricien du langage, et laissons volontairement de côté pour l'instant, Ricœur le traductologue, tel qu'il apparaît, par exemple, dans plusieurs essais republiés dans l'ouvrage *Sur la traduction* de 2004.

p. 387). Seule une langue-cible suffisamment tournée, non vers le descriptif, mais « vers le dedans » (*ibid.*) saura se faire porteuse « d'un monde pré-objectif où nous nous trouvons déjà de naissance, mais aussi dans lequel nous projetons nos possibles » (*ibid.*). Davantage qu'un choix de lexique, de registre, etc., c'est une qualité, une propriété que devra insuffler le traducteur à la référence et non au sens, car comme le soulignait Frege dans son article de 1892 « Sens et Référence », le sens, « c'est ce que dit une expression linguistique ; la référence, c'est ce au sujet de quoi cela est dit ». Mais comme le dit aussi Renault, « la métaphore est une conquête, un pari, celui d'un plus haut niveau de conscience », mais « rien ne garantit a priori la pertinence de l'intuition qui préside à la figure » (Renault, 2013, p. 999). Et, pouvons-nous ajouter, rien ne garantit non plus en un domaine aussi peu appréhendable l'intuition du traducteur…

Mais donnons un exemple tiré de l'incipit de *The Hunger Games* :

> *I steel myself and climb the steps* (Collins, 2008, p. 23).

Guillaume Fournier l'a traduit par « Je redresse le buste et gravis les marches » (Collins/Fournier, 2009, p. 20). Le verbe *to steel oneself* se traduit généralement par la métaphore lexicalisée « s'armer de courage ». Considérons d'abord, comme nous y invite Ricœur, le contexte de l'énoncé où s'inscrit la métaphore. La narratrice et héroïne, Katniss Everdeen, se dévoue pour prendre la place de sa petite sœur Primrose, tirée au sort pour participer aux « Hunger Games », jeux annuels cruels créés par le gouvernement totalitaire du Capitole où une fille et un garçon entre 12 et 18 ans sont choisis dans chacun des douze districts du pays pour combattre à mort dans une arène. Il s'agit donc là d'un acte héroïque qui confère d'emblée à la narratrice un rôle de sauveur et de chef guerrier. Le choix de *steel* n'est pas sans rappeler les armures des gladiateurs qui s'affrontaient dans l'arène par paires. Le Capitole, tout comme les politiques à la fin de la République romaine et les princes dans l'empire romain, souhaitent afficher la puissance des gouvernants sur les gouvernés. Donc « redresser le buste » semble ne pas traduire tout le courage et toutes les connotations de combat impliquées par le geste de l'héroïne. On peut alors penser provisoirement à une solution comme « Tel un gladiateur, je gravis les marches ».

D'autre part, l'énoncé métaphorique doit être relativement innovant (relativement car il ne s'agit plus tout à fait d'une métaphore vive) et mis en valeur pour conférer au texte sa valeur littéraire ou poétique : « redresser le buste » n'est ni innovant ni même une métaphore. Mais « Tel un gladiateur » est une comparaison et non une métaphore et relie la scène à un contexte peut-être trop typiquement romain. D'autre part, il ne montre pas le processus de transformation forcée du personnage à l'œuvre dans le verbe pronominal à l'emploi réfléchi. On pourrait alors penser à : « M'étant revêtue de l'armure du combat, je gravis les marches ».

Enfin, Ricœur parle d'énoncé métaphorique ressenti comme inédit afin de créer l'événement sémantique, plus adapté, il est vrai, au domaine de la poésie à proprement parler. La dernière proposition de traduction pouvant être interprétée comme non-métaphorique par un lecteur pressé, on pourra penser à une expression clairement métaphorique et plus frappante comme : « Me drapant d'acier, je gravis les marches » qui montre le courage soudain et fait entrevoir le combat des armes. Mais on peut aussi penser à l'adresse à l'arc de la narratrice : « M'arquant pour le combat, je gravis les marches », qui anticipe la réalité de la chose suggérée par la métaphore, autrement dit l'archère victorieuse telle qu'en elle-même.

LA MÉTAPHORE VUE PAR LA SÉMIOTIQUE
Umberto Eco

D'après Thomas Broden[37], nous devons l'introduction du terme « sémiotique », discipline qui s'occupe du sens, « matière informe [...] qu'elle s'efforce d'organiser et de rendre intelligible[38] », au linguiste danois Hjelmslev. Et c'est sous l'inspiration de l'œuvre de ce linguiste que A. J. Greimas et Roland Barthes ont amorcé leur « aventure sémiotique » (Broden, 2014, p. 1-2), Umberto Eco ayant développé la sémiotique de

37 Thomas Broden, « La sémiotique greimassienne et la sémiotique peircienne : visées, principes et théories du signe », *Estudos semioticos*, vol. 10, n° 2, 2014, p. 1.

38 Jacques Fontanille, *Sémiotique du discours*, Limoges, PULIM, 1999a, p. 21.

Peirce en Italie (*ibid.*, p. 2). La sémiotique s'est peu à peu constituée en une théorie qui s'occupe du discours tout entier et des textes, et non plus seulement des signes : « La théorie sémiotique est donc conçue », nous dit le sémanticien français Jacques Fontanille, « pour rendre compte des articulations du discours considéré comme un tout de signification[39] ». Et il ajoute : « Cette sémiotique était donc plutôt destinée à l'approche des textes, des ensembles signifiants, des discours vivants, qu'à celle des signes proprement dits » (Fontanille, 1999b, p 2).

Fontanille, comme beaucoup d'autres sémioticiens d'ailleurs, ne consacre pas d'analyse particulière à la métaphore et se contente de l'évoquer au passage. Ainsi, avant d'aborder brièvement la métaphore, la resitue-t-il dans sa conception générale du sens pris dans le langage, lieu de passage et phénomène de flux qui se transforment sans cesse :

> [...] le sens humain n'est saisissable que dans le changement, établi après coup : il n'y a pas de sens « fixé », affecté à une situation détachée de tout contexte, à un état unique, à un terme isolé, il n'y a de sens que dans le passage d'une situation à une autre, d'un état à un autre, et dans la relation entre au moins deux termes (*ibid.*, p. 6-7).

La métaphore étant le transfert de sens d'un mot à un autre, elle s'oppose au sens figé et c'est la relation entre les termes (surtout la relation comparative) qui y joue un rôle de premier plan. Fontanille parle de différence : « [...] il n'y a de sens que dans la différence entre les termes, et non dans les termes en eux-mêmes [...] » (*ibid.*, p. 7). Fontanille reconnaît qu'« [...] en chaque figure [dont la métaphore] deux contenus au moins sont en concurrence – deux versions d'un même fait, deux énoncés contradictoires, ou deux univers sémantiques –, et leur coexistence en même place dans le discours n'est possible que s'ils n'ont pas, pour l'instance de discours, le même *mode d'existence* » (*ibid.*, p. 10).

On voit donc que la portée d'une telle position n'est pas évidente pour la traduction. À peine peut-on en retenir que la traduction de la métaphore devrait nécessairement faire appel, dans la langue cible, à un choix métaphorique mettant en lumière deux univers nettement distancés tant par le registre du choix lexical que par le champ sémantique auquel ce même lexique appartient.

39 Jacques Fontanille, *Sémiotique et littérature : essais de méthode*, Paris, PUF, 1999b, p. 1.

Umberto Eco est indéniablement plus bavard. Pour lui, la métaphore figure parmi les cinq concepts-clés des débats sémiotiques[40]. Elle est, aux dires de l'auteur, « le plus lumineux et [...] le plus nécessaire » des tropes, ceci pour différentes raisons : elle a toujours été dès l'Antiquité « l'objet d'une réflexion philosophique, linguistique, esthétique, psychologique » (Eco, 1998, p. 139) ; elle est une « activité rhétorique dans toute sa complexité » et pour la plupart des chercheurs, elle est « toute figure de rhétorique en général » ; « traiter de la métaphore signifie traiter aussi [...] de : symbole, idéogramme, modèle, archétype, rêve, désir, délire, rite, mythe, magie, créativité, paradigme, icône, représentation – ainsi que, c'est évident, de langage, signe, signifié, sens » (*ibid.*, p. 139-140). Mais la plupart des écrits sur la métaphore reprennent les quelques « concepts fondamentaux énoncés par Aristote » (*ibid.*, p. 140).

Eco fonde les débats autour de la métaphore sur la conception du langage et de la langue : « le langage est, par sa nature et par origine, métaphorique, le mécanisme de la métaphore fonde l'activité linguistique et toute règle ou convention postérieure naît afin de réduire, de discipliner [...] la richesse métaphorique qui définit l'homme comme animal symbolique » ; et « la langue (et tout autre système sémiotique) est un mécanisme conventionné [...] » dont la métaphore est « la panne », « l'issue inexplicable » mais aussi « le moteur de son renouvellement » (*ibid.*). D'autre part, « si la métaphore est le scandale de cette théorie », le sujet que le langage aborde serait « quelque chose » qu'il ne peut définir (*ibid.*, p. 141). La métaphore est scandaleuse « parce qu'elle est en fait un mécanisme sémiotique qui apparaît dans presque tous les systèmes de signes, mais de façon telle qu'elle renvoie l'explication linguistique à des mécanismes sémiotiques qui ne sont pas propres à la langue parlée » (*ibid.*). La problématique fondamentale que l'auteur entame dans ce travail, c'est « de savoir si la métaphore est une modalité expressive qui a *aussi* une valeur cognitive » (*ibid.*). Pour Eco, elle ne peut être que simple ornement car si elle avait seulement le rôle d'orner le discours, « elle serait totalement explicable en termes d'une théorie de la dénotation » (*ibid.*). Or la métaphore, c'est le règne des connotations. Dans la logique de sa démonstration, Eco montre que faire des métaphores, c'est en quelque sorte mentir : celui « qui fait une métaphore ment apparemment, il parle de façon obscure et surtout

40 Umberto Eco, *Sémiotique et philosophie du langage*, Paris, PUF, 1988, p. 9.

il parle d'autre chose, en fournissant une information vague » (*ibid.*, p. 142). Plus précisément, faire des métaphores, par rapport aux « *règles conversationnelles* », c'est « violer la maxime de la Qualité[41] [...], celle de la Quantité[42] [...], celle de la Manière[43] [...] et celle de la Relation[44] [...] » (*ibid.*, p. 142).

Pour le traducteur, se contenter de « négocier » à chaque difficulté rencontrée, métaphorique ou autre, comme le dit Eco dans *Dire presque la même chose, expériences de traduction*[45], ouvrage sur la traduction trop général pour constituer une méthodologie ou une réflexion nouvelle sur l'acte de traduire[46], laisse largement le traducteur sur sa faim. Eco affirme d'ailleurs dans *Kant et l'ornithorynque* : « C'est souvent par approximation que l'on réagit devant un phénomène inconnu[47] » ! Par contre, sa philosophie du langage ouvre des portes que l'auteur n'a pas cru bon d'explorer plus avant pour la traduction, en particulier, lorsqu'il parle d'ontologie.

C'est ainsi qu'à propos de l'interprétation et de l'utilisation d'un texte, et à propos de l'existence de critères d'interprétation textuels, Eco cite un débat avec Richard Rorty qui élargit « la discussion aux critères d'interprétation des choses qui sont dans le monde » (Eco, 1999, p. 39) et lui donne ainsi l'occasion de mettre en avant son concept d'« affordances perceptives », ou de « lignes de résistance » (*ibid.*, p. 40), et de « socle dur de l'être » (*ibid.*) :

> En parlant de « socle dur », je ne pense pas à quelque chose de solide et de tangible, comme s'il s'agissait d'un « noyau » que nous pourrions, en mordant dans l'être, mettre un jour à nu. Le socle dont je parle n'est pas la Loi des lois. Nous cherchons plutôt à identifier des lignes de résistance, peut-être mobiles, flottantes, qui provoquent un grippage du discours, de façon à ce que, même en l'absence de toute règle préalable, se manifeste le fantôme, le soupçon d'une anacoluthe ou le blocage d'une aphasie (*ibid.*, p. 40-41).

---

41 « Fais en sorte que ta contribution à la conversation soit vraie » (*ibid.*).

42 « Fais en sorte que ta contribution soit informative autant que le requiert la situation d'échange » (*ibid.*).

43 « Sois clair » (*ibid.*).

44 « Ne parle pas pour ne rien dire » (*ibid.*).

45 Umberto Eco, *Dire presque la même chose, expériences de traduction*, Paris, Grasset, 2007.

46 On peut regretter que dans de nombreux passages, Eco y aborde sans grande originalité de nombreuses problématiques bien connues comme les notions de perte et de gain, d'équivalence, de sourcier/cibliste, etc.

47 Umberto Eco, *Kant et l'ornithorynque*, Paris, Grasset, 1999, p. 48.

Ces « fantômes » perceptifs sont ceux qui seront développés plus tard par une certaine linguistique, en particulier chez les sémanticiens constructivistes comme Cadiot et Visetti qui s'appuient sur une phénoménologie de la perception et où des esquisses de sens, des « formes sémantiques » correspondent bien à des lignes d'objectivation du sens, « lignes de résistance, peut-être mobiles, flottantes ».

Hélène Mazaleyrat, quant à elle, semble, peut-être un peu rapidement (?), voir dans cette position des parentés avec celle d'autres linguistes français :

> Si elle continue à être assimilée à un faisceau de propriétés que doit posséder l'entité à laquelle le mot qui lui est associé réfère (elle reste en effet descriptive en ce que les différents référents doivent satisfaire à la définition abstraite formulée), elle n'a pas de correspondant référentiel univoque et n'est associée à aucune catégorie de référents. Autrement dit, la signification abstraite et invariante des unités lexicales n'est pas une description immédiate du référent. Elle prend différents noms et différentes formes selon les écoles théoriques : sens schématico-dynamique (B. Victorri), forme schématique (J. J. Franckel, D. Paillard, S. de Vogüe), opérateur (C. Fuchs), signifié de puissance que nous avons présenté dans le chapitre précédent (G. Guillaume, J. Picoche) [...][48].

Dans cette perspective, le processus de traduction de la métaphore y gagne indubitablement car il permet de fixer une cadre de développement du sens dans l'élaboration de l'énoncé cible en mettant l'accent dans chaque expression métaphorique sur un premier matériau sémantique non référentiel à proprement parler. Pour donner une idée du principe onomasiologique à l'œuvre dans ces « affordances perceptives » qui font la propriété du mot, de l'expression ou du texte, et qui permettent dans la métaphore, de souligner ces capacités créatrices produisant de nouvelles acceptions, prenons ce bref exemple métaphorique dans le troisième ouvrage de la quadrilogie de *The Hunger Games*, *Mockingjay* :

> *A pang of jealousy hits me* (Collins, 2010, p. 176).

Le traducteur français, Guillaume Fournier l'a traduit par : « Une bouffée de jalousie m'envahit. » (p. 154).

48 Hélène Mazaleyrat, *Vers une approche linguistico-cognitive de la polysémie : Représentation de la signification et construction du sens*, thèse de linguistique, Université Blaise Pascal – Clermont-Ferrand II, 2010.

Pourquoi cette traduction est-elle discutable et doublement discutable si l'on s'en tient aux propos d'Eco ? Essentiellement parce qu'elle reflète une conception référentialise de la langue.

D'une part, le traducteur a traduit sans tenir compte du contexte élargi dans lequel le lexème *pang* est plongé[49]. Il a traduit indépendamment *pang of jealousy* d'abord. Or, dans cet épisode, il s'agit d'un contexte de crise paroxystique, d'une opération militaire impliquant la diffusion d'un gaz et l'explosion d'une bombe ayant occasionné blessures et souffrances, donc de nombreuses victimes et des blessés graves, parmi eux un couple enlacé et fusionnel dont l'indivisibilité suscite la jalousie de la narratrice. Le traducteur a sans doute, s'il ne le savait déjà, consulté le sens *isolé* des lexèmes dans un dictionnaire, comme celui de Cambridge qui donne comme définitions : pour *pang*, « *a sudden sharp feeling* » ; pour *jealousy*, « *a feeling of unhappiness and anger because someone has something or someone that you want* » ; et pour *hit*, « *to have an unpleasant or negative effect on* ».

Mais si l'on examine les emplois de *pangs* : *pangs of love*, *pangs of remorse*, *pangs of loneliness*, *pangs of conscience*, mais aussi *hunger pangs*, *a pang in his heart*, etc., on voit bien que les « affordances perceptives », les profilages sémantiques ne prennent pas leur source dans un lexème primitif, mais renvoient à des propriétés communes (soudaineté, intensité, caractère éphémère et douloureux) et en amont à un noyau sémantique perceptif qui est celui du sentiment de destruction d'un équilibre, qu'il soit physique, psychologique, moral, etc. Or le traducteur a opté pour « bouffée », que l'on retrouve dans « bouffée de vent », « bouffée de chaleur », « bouffée de colère », « d'orgueil » etc. Mais les affordances perceptives de ce lexème ne font transparaître de ce phénomène de « bouffée » que la soudaineté, l'intensité plus ou moins développée, le caractère éphémère, mais pas la douleur et la destruction systématique. Donc, en soi « bouffée » est inapproprié. D'autre part si on le relie à son contexte direct, aux deux autres lexèmes qui composent cette expression métaphorique, le constat est encore plus flagrant. En effet, *jealousy* exprime aussi un mal qui détruit l'équilibre psychologique. Quant au verbe *hit*, il exprime toujours la force, la soudaineté, et combiné à *pangs*,

49 *Cf.* François Rastier, Marc Cavazza et Anne Abeillé, *Sémantique pour l'analyse : de la linguistique à l'informatique*, Paris, Masson, 1994, p. 28 : « Le signe isolé hors contexte est en lui-même un artefact, et c'est un caractère notable des langues que leurs signes ne fonctionnent pas isolément ».

la conséquence négative, la souffrance par un mal, ici psychologique. Enfin dans un contexte élargi, celui de l'épisode et celui du roman, le discours exprimé ici est celui d'une perception douloureuse d'une perte. Le traducteur a donc omis la dimension textuelle et discursive du roman, s'est cantonné dans les limites de la phrase et, en cherchant une équivalence approximative de sens, a complétement laissé de côté un parcours de « lignes de résistance, peut-être mobiles, flottantes, qui provoquent un grippage du discours », autrement dit des impressions perceptives en train de se fixer. Une traduction possible aurait été, par exemple : « Un sentiment aigu et douloureux de jalousie m'assaillit », plus propice à un contexte de mal généralisé et de souffrances en tout genre.

SÉMANTIQUES ET MÉTAPHORE

LA MÉTAPHORE ET LES THÉORIES DE L'ÉNONCIATION

Les bases de l'analyse du discours[50] ont été élaborées en France dans les années 60 grâce aux travaux du linguiste Michel Pêcheux et du philosophe historien des sciences Michel Foucault. L'analyse du discours s'intéresse à l'étude de l'organisation de tout énoncé plus grand que la phrase et aux conditions dans lesquelles il se produit[51]. La réflexion scientifique sur l'analyse du discours a été abordée également par Jean Dubois à partir d'un article rédigé par le linguiste américain Zellig Harris, « Discourse Analysis[52] » en 1952[53].

Selon Harris, l'analyse du discours a pour objet les divers composants d'un « texte particulier » et non ceux en dehors du texte, ce qui n'est pas du tout la façon de procéder dans la linguistique descriptive. Par conséquent, l'analyse textuelle s'intéresse à l'agencement d'un texte particulier et des faits langagiers qui y sont présents. Ainsi, même sans comprendre

50 Dominique Maingueneau la qualifie de « discipline carrefour ». Dominique Maingueneau, *Les Termes clés de l'analyse du discours*, Paris, Seuil, 1996a, p. 3.

51 *Cf.* http://www.larousse.fr/encyclopedie/divers/analyse_de_du_discours/43835 (consulté le 11/01/2022).

52 Zellig S. Harris, « Discourse Analysis », *Language*, vol. 28, nº 1, janv.-mars 1952, p. 1-30.

53 *Cf.* la présentation qu'en fait Dominique Maingueneau dans « Énonciation et analyse du discours », *Corela*, nº 19, 2016, https://journals.openedition.org/corela/4446 (consulté le 11/01/2022).

le texte, nous apprenons comment il s'exprime[54] : « le matériau consiste simplement en une séquence de formes linguistiques disposées en phrases successives » (*ibid.*, p. 13). En se concentrant sur les « éléments qui figurent dans le texte, il serait alors possible d'étudier l'aspect corrélationnel, le rapport des éléments les uns avec les autres » (*ibid.*, 14), « dans les limites de cette séquence de phrases – que ce soit un paragraphe ou un livre ». Si l'on suit la méthodologie de Harris, on note que « nous ne nous intéressons donc pas, en général, à tel ou tel élément choisi à l'avance » (*ibid.* p. 13). Il est donc évident que l'on ne peut donner aux métaphores telle ou telle signification en dehors du discours auquel elles appartiennent.

Au cours du temps, cette thèse se modifie et devient plus complexe. Selon Maingueneau, spécialiste de l'analyse du discours, on assiste à une diversité des approches des recherches sur le discours. C'est aussi l'avis de Shiffrin[55] et d'autres linguistes qui mettent en avant la variété des « disciplines du discours[56] ». Maingueneau ne distingue pas le terme « approche » de celui de « courant » :

> Par « courant » il faut entendre à la fois a) une certaine conception du discours, b) de la finalité de son étude, c) des méthodes pertinentes pour l'analyser (*ibid.*, p. 7).

Si l'on se tourne vers la métaphore, en particulier lorsqu'il s'agit de la traduire, il est évident que l'on doit s'interroger en amont sur le type de discours auquel elle appartient. Cette notion de *courant* ou d'*approche* semble assez adéquate et peut servir de point d'appui à une méthodologie d'analyse du discours, elle-même créatrice d'une possible méthodologie du traduire de l'énoncé métaphorique.

Toutefois, il faut insister sur la double démarche inhérente à l'analyse du discours :

> [...] [cette analyse est] partagée entre une démarche « analytique » et une démarche « intégrative ». La première a été bien illustrée par la problématique de Michel Pêcheux [...] : dans ce courant, fortement influencé par la

54 Zellig S. Harris, et Françoise Dubois-Charlier, « Analyse du discours », *Langages*, n° 13, 1969, p. 8.

55 Deborah Schiffrin, *Approaches to Discourse*, Oxford, Blackwell, 1994.

56 *Cf.* Dominique Maingueneau, « L'analyse des discours constituants », *Les analyses du discours en France*, éd. Dominique Maingueneau, *Langages*, n° 117, 1995, p. 112-125. Voir aussi Dominique Maingueneau, « L'analyse du discours et ses frontières », éd. Dominique Maingueneau, *Analyse du discours. État de l'art et perspectives*, revue *Marges linguistiques*, n°9, 2005, p. 6.

> psychanalyse, l'analyse du discours visait avant tout à défaire les continuités, de manière à faire apparaître dans les textes des réseaux de relation invisibles entre énoncés. La démarche « intégrative », en revanche, vise à articuler les composants de l'activité discursives, saisie dans sa double dimension sociale et textuelle (*ibid.*, p. 9).

Il apparait clairement que la démarche analytique seule n'est pas suffisante pour rendre compte de l'analyse du discours métaphorique et a fortiori de sa traduction. En effet l'énoncé métaphorique sous-entend des continuités qui se déploient dans tout le texte, créant ainsi un véritable réseau sémantique. Or, la démarche analytique parcellise le discours. Quant à la démarche intégrative, elle met au jour le lien social de la métaphore et, dans le processus de traduction, la re-situe entre deux langues-cultures mais aussi à l'intérieur d'un registre particulier (littéraire, technique, etc.) ou d'un genre de discours :

> L'intérêt qui gouverne l'analyse du discours, ce serait d'appréhender le discours comme intrication d'un texte et d'un lieu social, c'est-à-dire que son objet n'est ni l'organisation textuelle ni la situation de communication, mais ce qui les noue à travers un dispositif d'énonciation spécifique [...]. Ici la notion « lieu social » ne doit cependant pas être appréhendée de manière trop immédiate : il peut s'agir d'un *positionnement* dans un champ discursif (politique, religieux...). Dans tous les cas l'analyste du discours doit accorder un rôle central à la notion de genre de discours, qui par nature déjoue toute extériorité simple entre « texte » et « contexte » (*ibid.*, p. 3).

Pour donner un exemple précis, on peut prendre un énoncé métaphorique tiré du premier tome de *The Hunger Games* :

> *People to weed out before the real fun begins* » (Collins, 2008, p. 36).

Ce passage a été traduit par Guillaume Fournier de cette manière : « Des adversaires à éliminer avant que les choses sérieuses ne commencent pour de bon » (Collins, 2009, p. 31). L'énoncé source doit être considéré comme partie intégrante d'un texte où le lien social montre deux tendances opposées dans « un jeu d'équilibres instables entre diverses forces qui, à certains moments, bascule pour prendre une nouvelle configuration » (Maingueneau, 1996a, p. 14). Le champ discursif « n'est pas homogène : il y a toujours des dominants et des dominés, des positionnements centraux et d'autres périphériques » (*ibid.*).

Dans ce passage, il s'agit du discours de la protagoniste et narratrice Katniss Everdeen, qui décrit la situation très particulière des combats pendant les Jeux organisés par le Capitole. Elle utilise la métaphore *weed out* pour décrire le sort de certains êtres humains appartenant à cette société : il s'agit de vingt-quatre adolescents – dont Katniss – tirés au sort, qui sont mis en compétition dans une lutte sanglante dont un seul devra sortir vainqueur. Ces êtres, opprimés par un système tyrannique, sont d'avance condamnés à mort par le Capitole, gouvernement cruel qui organise chaque année des Jeux télévisés où ces combats sont retransmis. Ces pauvres participants sont qualifiés par Katniss de « mauvaises herbes » (*weeds*) car sa propre survie dépend de leur défaite. Marc Bordier souligne que cette société rappelle

> le mythe de Thésée (le sacrifice rituel de la jeunesse orchestré par l'appareil d'État), le *Léviathan* de Hobbes (la guerre de tous contre tous dans une société à l'état de nature), *Sa Majesté des mouches* de William Golding (la violence et la cruauté des enfants livrés à eux-mêmes dans un environnement naturel hostile et isolé), le darwinisme social de Herbert Spencer (la compétition sociale comme facteur de progrès) ou les jeux du cirque dans l'antiquité romaine (le divertissement des foules par des spectacles violents et sanglants)[57].

La narratrice dénonce donc cette société fondée sur la loi du plus fort, cette réification des êtres humains assimilés à de vulgaires plantes dont il faut se débarrasser. Cette métaphore, tout en rappelant le genre fantastique de ce récit, souligne également, comme elle le ferait dans un texte romanesque ou un récit tiré du réel, que les êtres humains peuvent être confrontés à un pouvoir qui les déshumanise. Le traducteur a, à notre sens, éliminé la marque de déshumanisation présente dans la métaphore utilisée par Collins (*weed out*). Au lieu d'insister sur la comparaison entre ces êtres humains et des mauvaises herbes, il a traduit le sens général de *out* et a oublié l'image. Il a ainsi proposé « des adversaires à éliminer » pour *weed out*, et en traduisant *before the real fun begins* par « avant que les choses sérieuses ne commencent pour de bon ». Il a fait fi de la monstruosité du traitement infligé aux adolescents et de l'ironie amère de l'énoncé, pourtant clairement exprimées si l'on considère que ce spectacle, pour les gens du Capitole, est simplement gâché par ces « mauvaises herbes ».

57 Marc Bordier, « The Hunger Games – Suzanne Collins », *Carnet de lecture*, 12 mai 2012, http://www.carnetlecture.com/litterature-anglaise/the-hunger-games-suzanne-collins/ (consulté le 25/01/2022).

L'expression « mauvaise herbe » a souvent un emploi métaphorique comme l'attestent les deux proverbes et la citation qui suivent :

> La mauvaise herbe pousse mieux que la bonne.
> Mauvaise herbe croît toujours.
> Une mauvaise herbe est une plante dont on n'a pas encore trouvé les vertus. (R. W. Emerson)

Dans tous ces exemples, on peut trouver un écho du rapport entre la narratrice du roman, Katniss, et le contexte sociétal des trois premiers tomes où elle est considérée comme de la mauvaise herbe parce qu'elle vient du district 12, district soi-disant le pire et dont les tributs ont rarement été parmi les vainqueurs (seulement deux fois en 74 ans). Elle devrait donc théoriquement être éliminée dès le départ. Mais les choses ne tournent pas comme on aurait pu l'imaginer et Katniss, la mauvaise herbe, s'avère « pousser » mieux que les autres, ses vertus se trouvant révélées au cours du combat. Elle donne raison au proverbe de la mauvaise herbe qui croît toujours. Elle continue à pousser même après la destruction par bombardement et incendie du district 12. La solution traductive aurait été d'introduire l'image de ces « mauvaises herbes », par exemple : « Des gens à éliminer comme des mauvaises herbes avant que le véritable spectacle ne commence ». Si la seconde partie de l'énoncé de la traduction officielle (« avant que les choses sérieuses ne commencent pour de bon ») est compréhensible dans la mesure où il n'existe pas d'expression équivalente en français, néanmoins, le contraste entre l'amusement des spectateurs et l'horreur de la destinée des combattants n'est pas souligné. Nous avons ainsi préféré introduire la notion de « spectacle » qui rappelle les jeux du cirque à l'époque romaine et le destin macabre inéluctable de certains gladiateurs.

LA CONCEPTUALISATION BIPARTITE DU COGNITIVISME

On considère généralement qu'il y a deux mouvements dans le cognitivisme : le courant objectiviste et le courant constructiviste. C'est seulement sur la sémantique constructiviste que nous entendons nous pencher. Même si le premier mouvement a contribué à l'analyse de la métaphore, nous ne nous y attarderons pas, que ce soit chez Langacker ou chez Victorri.

La position avancée par les représentants du courant objectiviste n'a effectivement pas d'autres incidences en ce qui concerne l'approche traductive que celles déjà relevées à propos de Fontanier. Le sémantisme d'un polysème se traduit pour les objectivistes par des listes de traits référentiels descriptifs alors que pour les constructivistes l'essentiel est de saisir l'unité. En effet, cette unité éclaire le chemin du traducteur et lui donne une certaine méthode qui l'accompagne dans sa lecture du texte source et dans ses choix traductifs.

Par ailleurs, dans la sémantique cognitive de Langacker[58], l'opposition entre sens littéral et sens figuré que l'on trouve chez Fontanier devient l'opposition entre deux structures, la « structure d'approbation » et la « structure cible », qui amène une « conceptualisation bipartite », ou double sens. D'après Gréa, « de façon analogue à la rhétorique de Fontanier, la grammaire cognitive est une approche dont l'un des objectifs est de distinguer, de séparer, de disjoindre les emplois métaphoriques des autres emplois. » (Gréa, 2001, p. 47). La question qui se pose dans ces conditions est la suivante : comment faire pour retrouver un noyau dur perceptif[59], noyau qui s'éparpille dans les formes perceptives, afin de rendre le mieux possible la richesse sémantique du texte pris dans sa totalité ? Car, dans cette approche objectiviste, il manque une vision unifiée de la langue sur laquelle le traducteur pourrait s'appuyer.

Dans la sémantique lexicale de Victorri et Fuchs[60], force est de constater que la métaphore repose seulement sur la notion de paraphrase : à partir d'un mot polysémique, plusieurs énoncés paraphrastiques émergent d'un fond sémantique commun. Ces énoncés peuvent être assimilés à des « scènes verbales » qui mettent l'accent sur les interactions, les échos, tous les mouvements complexes entre les composants de la métaphore :

> Ce terme correspond bien à l'idée qu'une unité peut ainsi présenter plusieurs faces, dans ses interactions, un peu à la manière de ces molécules biochimiques dont la conformation présente plusieurs sites potentiellement actifs : suivant que l'un ou l'autre de ces sites sert de siège à une interaction, la molécule se déforme en conséquence et joue un rôle métabolique spécifique[61].

Dans ce paysage objectiviste, seul l'ouvrage de 1980 du linguiste George Lakoff et du philosophe Mark Johnson, *Metaphors We Live*

58 *Cf.* Ronald W. Langacker, *Foundations of Cognitive Grammar : Theoretical Prerequisites*, vol. 1, Stanford, Stanford University Press, 1987.

59 Nous avons employé la terminologie d'Eco.

60 Bernard Victorri et Catherine Fuchs, *La Polysémie : construction dynamique du sens*, Paris, Hermès, 1996.

61 Bernard Victorri, « La polysémie : un artefact de la linguistique ? », *Revue de sémantique et de pragmatique*, n° 2, 1997, p. 58.

By[62], nous guide à travers l'univers des métaphores conceptuelles, le long d'une route un peu mieux fléchée et plus tangible. Ces auteurs, tout en s'attachant à un sens littéral, qu'ils nomment « sens de nature expérientielle », et à un sens figuré, introduisent tout de même une idée nouvelle, à savoir l'idée que notre pensée abstraite possède une nature métaphorique : effectivement, nous ne pouvons penser l'abstrait sans métaphores[63]. Comment le traducteur peut-il alors procéder pour traduire ces métaphores conceptuelles ? Yvon Keromnes tente d'y répondre dans son article intitulé « Les Métaphores – et leur traduction – dans la vie quotidienne[64] » :

> [...] si l'importance de telles métaphores se révèle à travers les expressions métaphoriques que nous employons dans la vie quotidienne sans y prêter attention, est-il possible de proposer en français et en allemand des expressions métaphoriques correspondant à celles de l'ouvrage de départ et tout aussi idiomatiques, ce qui laisserait supposer l'existence des mêmes métaphores conceptuelles dans les trois cultures ? La réponse est oui... dans une large mesure (*ibid.*, p. 68).

D'après Keromnes, ces métaphores, supposées être universelles sont soit orientationnelles (ex. orientation haut/bas), soit ontologiques (besoin de réifier ou de personnifier quelqu'un ou quelque chose) soit encore structurales (association d'un concept source concret et d'un concept cible abstrait). Elles sont présentes dans toutes les langues car « le fonctionnement de notre pensée est caractérisé par notre corporéité. Il porte directement la marque de l'expérience que nous avons de notre propre corps et du monde physique qui nous entoure » (*ibid.*, 73). Après s'être interrogé sur un certain nombre de points précis, l'auteur en arrive à la conclusion suivante :

> La traduction de l'expression linguistique d'une métaphore conceptuelle est-elle idiomatique ? L'expression traduite est-elle métaphorique ? Et enfin, renvoie-t-elle à la même métaphore conceptuelle ? Une réponse affirmative à ces trois questions confirmerait l'idée que la même métaphore conceptuelle existe dans les cultures source et cible (*ibid.*, p. 77).

62 George Lakoff et Mark Johnson, *Metaphors We Live By*, Chicago & Londres, The University of Chicago Press, [1980] 2003.

63 George Lakoff et Mark Johnson, *Philosophy in the Flesh : the Embodied Mind and its Challenge To Western Thought*, New York, Basic Books, 1999, p. 3.

64 Yvon Kermones, « Les Métaphores – et leur traduction – dans la vie quotidienne », revue *Des mots aux actes*, n° 5, 2013, p. 68-87.

Cette approche, même si elle se veut en concordance avec celle des auteurs, est critiquable car elle ne met en lumière que la difficulté à traduire l'idiomaticité des langues, et ceci, hors contexte textuel. Elle pose également une sorte d'équivalence de langue à langue, même en tenant compte des modulations possibles des points de vue culturels. De plus, on constate que l'accroissement de la richesse des métaphores structurales conduit à un manque d'expressions idiomatiques correspondantes. La problématique n'est donc pas résolue pour le traducteur à moins qu'il ne cède lui-même à l'idée encore très répandue que la métaphore appartient à une langue-nomenclature qu'il convient de transposer dans la langue cible. François Rastier met le doigt sur l'origine de cette erreur, la méthode sémasiologique :

> Quand elle traite de la polysémie, la méthode sémasiologique conduit souvent, pour pouvoir structurer l'inventaire des acceptions, à conserver le préjugé métaphysique que chaque mot aurait un sens principal, naturel ou commun, dont dériveraient tous les autres. La notion de sens prototypique est l'aboutissement de cette tradition qui donne le primat à l'ordre référentiel, quand elle suppose un objet prototypique représenté par un concept prototypique. Par ce primat, la méthode sémasiologique définit les mots par les choses, et maintient l'illusion archaïque que la langue est une nomenclature[65].

C'est sa position que nous aborderons à présent.

LE PARCOURS INTRALINGUISTIQUE DE LA SÉMANTIQUE INTERPRÉTATIVE

Dans un article consacré aux rapports entre la linguistique et la traductologie, François Rastier affirmait en 2011 « la nécessité d'un modèle du sens textuel qui tienne pleinement compte de la contextualité, de la textualité comme de l'intertextualité[66] ».

La sémantique de Rastier est en effet une sémantique textuelle qui, théoriquement, rejette le concept de référence extralinguistique au profit d'une référence se formant en discours à partir du *sème*, « unité minimale de signification non susceptible de réalisation indépendante »,

---

65 François Rastier, Marc Cavazza et Anne Abeille, *Sémantique pour l'analyse : de la linguistique à l'informatique*, Paris, Masson, 1994, p. 45.

66 François Rastier, « Linguistique interprétative et traduction », *De la linguistique à la traductologie*, éd. Tatiana Milliaressi, Villeneuve d'Ascq, Presses Universitaires du Septentrion, 2011, p. 30.

et qui « ne se réalise jamais qu'au sein d'une configuration sémantique, c'est-à-dire d'un faisceau de sèmes qui caractérise le sens du morphème et que l'on appelle sémème[67] ». Les sèmes s'élaborent en contexte et sont instables, tout comme par exemple l'unité de base, le « prototype » peut l'être dans une approche cognitive, celle de Fauconnier et Turner, entre autres[68]. La première conséquence pour la traduction est que les expressions linguistiques, métaphoriques et autres, ne peuvent être traduites hors contexte car, dit Rastier :

> En dépouillant un énoncé de son contexte et de son entour pour le réduire à une phrase, on le prive pour l'essentiel de sa signification, et à coup sûr de son sens. On a beau jeu encore d'appeler "sens littéral" le résidu, et d'énumérer les "sens dérivés possibles"[69].

D'autre part, on peut dégager plusieurs niveaux de significations dans le texte. Un premier niveau comprend les *sèmes* de la langue, un second le regroupement des sèmes en *isotopies* ou molécules. L'isotopie engendre une impression sémantique ou « impression référentielle ». Rastier appelle molécule sémique un groupement d'au moins deux sèmes co-récurrents, par exemple, un même mot, utilisés au moins deux fois ensemble dans une même unité sémantique. À une molécule correspond un groupe d'isotopies (faisceau isotopique) qui indexent plus ou moins les mêmes signifiés. Ainsi, Rastier décrit la métaphore « comme une conflation ou une bifurcation entre isotopies, selon que sont mis en saillance les traits spécifiques communs ou opposés[70] ». Voici un exemple précis pris dans le poème *Zone* d'Apollinaire aux vers 19 et 20 :

> *Le matin par trois fois la sirène y gémit*
> *Une cloche rageuse y aboie vers midi*

Dans ces deux vers on repère une isotopie générique qui découle d'une suite de trois sèmes :

67 Catherine Fuchs, « article SEME, *linguistique* », *Encyclopedia Unversalis*, http://www.universalis.fr/encyclopedie/seme-linguistique/ (consulté le 06/02/2022).

68 *Cf.* Gilles Fauconnier et Mark Turner, *The Way We Think Conceptual Blending and The Mind's Hidden Complexities*, New York, Basic Books, 2002.

69 François Rastier, *Sens et textualité*. Paris, Hachette, 1989, p. 37.

70 François Rastier, « Rhétorique et interprétation ou le miroir et les larmes », *Sémantique et rhétorique*, éd Michel Ballabriga, Toulouse, Éditions universitaires du sud, 1998, http://www.revue-texto.net/Lettre/Rastier_Rhetorique.html (consulté le 06/02/2022).

- le sème d'une souffrance plus ou moins marquée à travers les verbes « gémit », « aboie », et l'adjectif « rageuse » ;
- le sème de la dimension sonore : « sirène », « cloche » ;
- le sème du temps qui règle la vie des hommes : « matin », « trois fois », « midi ».

Donc les trois sèmes créent une impression référentielle qui aboutit à l'isotopie de la modernité de la ville. La connexion entre les sèmes aboutit à la métaphore de l'humanité souffrante dans un monde industrialisé. Le premier sème évoque des cris plus ou moins douloureux d'animaux qui évoquent en fait la révolte étouffée des travailleurs soumis aux impératifs stricts d'horaires que rappelle le bruit des sirènes et de la cloche. Soulignons que Rastier donne la définition suivante de la métaphore :

> Nous appellerons métaphorique toute connexion entre sémème (ou groupes de sémèmes) lexicalisés telle qu'il y ait une incompatibilité entre au moins un des traits de leur classème, et une identité entre au moins un des traits de leur sémantème[71].

Rastier souligne aussi qu'il existe trois classes lexicales ou sémantiques : les *taxèmes*, les *domaines* et les *dimensions*. Mais seuls les *domaines* et les *dimensions* peuvent nous intéresser ici. En effet, « les métaphores s'établissent généralement entre domaines différents, et tirent leurs effets des différences de valorisation entre domaines » (Rastier *et al.*, 1994, p. 62). Dans cet exemple, la métaphore surgit entre la différence de valorisation entre les deux domaines que sont le monde de la ville industrielle et celui du monde animalier.

Le champ sémantique peut également être rangé selon une dimension qui oppose l'humain et l'animal ou l'animé et l'inanimé etc. Ici la dimension humaine s'oppose à la dimension inanimée, celle de la division artificielle du temps imposée à l'homme ou celle du bruit des usines par l'intermédiaire des sirènes et des cloches. L'être humain est rabaissé au rang d'animal et l'opposition devient assimilation, les ouvriers n'étant plus capables de s'exprimer que comme des bêtes souffrantes.

Dans la traduction, il faudra veiller à mettre en lumière les différents sèmes ainsi que les domaines et les dimensions mis en valeur par

---

71 François Rastier, *Sémantique interprétative*, Paris, Presses universitaires de France, 1987, p. 187.

l'auteur, dans un souci d'écho sémantique. On peut ainsi proposer pour ces deux vers :

> *In the morning three times running the siren moans*
> *Towards noon a raging bell will snarl*[72]

Le verbe *moans* s'applique à la fois à un animal ou un être humain tout comme le verbe *raging*. Le choix de *snarl* souligne l'émotion contenue dans le verbe « aboie » et la touche d'agressivité quasi canine, une des significations du verbe *snarl* étant de montrer les dents.

Notre tentative d'exploiter les principes de la sémantique interprétative de Rastier ne doit pas occulter le fait que les principes mis en avant par le linguiste restent assez abstraits pour le traducteur. De plus ces principes ne font pas partie d'une véritable méthode générale de traduction qui engendrerait des principes directeurs. Ce seul exemple n'est guère qu'une tentative, très personnelle, d'application possible, mais toujours discutable de quelques notions de cette sémantique interprétative.

APPROCHES NON-RÉFÉRENTIALISTES ET THÉORIE DES FORMES SÉMANTIQUES

On doit la théorie des formes sémantiques aux réflexions du linguiste Pierre Cadiot et du mathématicien Yves-Marie Visetti. Ceux-ci ont proposé une nouvelle conception du sens et de sa construction en discours dans leur ouvrage de référence, *Pour une théorie des formes sémantiques : motif, profil, thème*. La base sur laquelle se fonde cette théorie est cette conviction d'un parallélisme de constitution du sens entre activité de perception et activité de langage. La théorie doit beaucoup à l'esprit et aux thèses de la phénoménologie, celle de Merleau-Ponty et de sa phénoménologie de la perception[73] en particulier, mais aussi aux pensées philosophiques et psychologiques de la *Gestalt*-théorie ou théorie de la forme et d'Aron Gurwitsch dans sa *Théorie du champ de la conscience*[74]. Une mention toute particulière doit être faite des thèses du philosophe Ernst Cassirer et de son étude sur les formes

72 Alain Lautel, éd. et trad., *Guillaume Apollinaire*, Zone. *Texte français / Traduction anglaise*, Paris, La TILV éditeur, coll. « BIP » 1993.

73 Maurice Merleau-Ponty, *Phénoménologie de la perception*, Paris, Gallimard, 1945.

74 Aron Gurwitsch, *Théorie du champ de la conscience*, Paris, Desclée de Brouwer, 1957.

symboliques[75]. La notion de forme y est donc dominante. Les problématiques phénoménologiques et gestaltistes « permettent de mieux rapprocher, et en même temps de mieux distinguer, construction perceptive et construction du sens, en les considérant toutes deux comme des constructions de formes » (Cadiot et Visetti, 2001a, p. 1).

La théorie des formes sémantiques s'insurge en premier lieu contre cette tendance quasi obsessionnelle en linguistique à ne voir que la face dénominative d'un mot, et donc à adhérer aux « approches théoriques orientées par les notions de sens premier et son corrélat, la notion de dérivation » (Gréa, 2001, p. 105) dans un cadre référentialiste. Cette vision du sens ne permet pas de rendre compte véritablement de la nature de la métaphore, mais aussi de la polysémie, de la catachrèse ou de la métonymie, et plus largement, de tout le processus linguistique qui conduit à un changement de sens. Aux dires de G. Kleiber, dans la plupart des théories référentialistes, « le caractère linguistique ou pertinent (c'est-à-dire distinctif) des sèmes n'est rien d'autre que la manifestation de leur caractère de critère nécessaire d'applicabilité référentielle[76] ». Cadiot, quant à lui, insiste sur « la notion de forme linguistique interne (Humboldt), qui permet de ne pas confondre le sens des mots quel qu'il soit avec une première intuition, ou encore avec un prototype psychologique dominant, comme le veulent bien des théories concurrentes[77] ».

Selon la théorie de Cadiot et Visetti, la formation du champ perceptif s'élabore de la même manière que la constitution du sens d'un texte. Il faut entendre la perception dans un sens large qui renvoie non seulement au monde des sens mais aussi à celui des émotions et également à la capacité d'évaluer, de juger etc., bref à tout ce processus perceptif mis en route lors de l'appréhension par étapes des objets du monde :

> Ce doit être d'emblée une perception *sémiotique*, une perception qui se constitue comme relation à…, accès vers…, chemin pour…, une perception d'identités qualitatives et de valeurs, qui discerne corrélativement, comme sens incorporés

75 Ernst Cassirer, *La Philosophie des formes symboliques. 1. Le langage* Paris, Les Éditions de Minuit, [1972] 1991.

76 Georges Kleiber, *La Sémantique du prototype : catégories et sens lexical*, Paris, PUF, 1990.

77 Pierre Cadiot et Florence Lautel-Ribstein, « Entretien avec Pierre Cadiot et Florence Lautel-Ribstein. Théorie des formes sémantiques : un tournant épistémologique en traduction », *Traductibilité des noms propres*, éd. Georgiana Lungu-Badea, *Revue Translationes*, n° 3, Université Ouest de Timisoara, 2011, p. 262.

> à l'apparaitre, des motifs d'agir et des mouvement expressifs : ceux du sujet, ceux d'autrui, ceux de la chose même, qui se présente comme animée par des propensions, emmenée par une intériorité animatrice [...] une perception de l'invisible, une perception de l'intériorité comme de l'extériorité, une perception immédiate et pourtant munie d'horizons, qui soit un accès immédiat à la médiation sémiotique. Une telle perception n'est donc jamais une simple mise en présence, mais toujours une mise en perspective, et une suggestion d'enchaîner (Cadiot et Visetti, 2001a, p. 63-64).

Il est donc crucial de comprendre que nous avons accès aux choses par les mots :

> [...] le sens des mots n'est pas un problème de catégorisation [...]. Le problème de la polysémie nominale est sans rapport avec la question de l'appartenance catégorielle. Il ne s'agit pas pour les mots (qua mots) de quelque façon que ce soit de regrouper des objets, mais bien d'indiquer des accès. Loin de procéder par abstraction à partir d'une Gestalt commune hypothétique, ou par relâchement à partir d'un prototype, l'emploi d'un mot a pour fonction d'indiquer comment l'objet doit être pris et/ou perçu. L'iconicité des mots est subordonnée à leur fonction indexicale[78].

Les auteurs battent en brèche la notion même de catégorisation qui est inadéquate quand il s'agit de décrire un mot. Ils vont donc à l'encontre de l'immense majorité des approches sémantiques.

Tout comme le linguiste Culioli avant eux, Cadiot et Visetti affirment qu'il existe une strate universelle et archaïque que l'on peut retrouver à l'intérieur de toute unité lexicale ou grammaticale (Cadiot et Visetti, 2001a, p. 2). C'est cette strate qui permet l'accès au sens, « qui fait intervenir la perception, l'interaction et l'évaluation. » (Gréa, 2001, p. 111). On peut parler ici d'un continuum de sens qui sert de base à la construction générale de l'énoncé.

Diverses couches de sens apparaissent sur un fond tout comme les formes ou *Gestalt* de la *Gestalt*-théorie, « théorie universelle des formes et des organisations, ayant vocation à valoir dans une pluralité de champs scientifiques dont elle aurait constitué un principe d'unification[79] ». Rappelons que les tenants de la *Gestalt* appartiennent au courant de la

---

78 Pierre Cadiot et François Némo, « Propriétés extrinsèques en sémantique lexicale », *French Language Studies*, n° 7, 1997b, p. 144.

79 Victor Rosenthal et Yves-Marie Visetti, « Sens et temps de la Gestalt », *Intellectica*, n° 28, 1999 : 1, p. 147.

phénoménologie et affirment que la « perception d'autrui se tient en amont de toute distinction entre intériorité et extériorité, elle est directe dans sa couche première, bien avant que de s'élaborer en inférences, ou de se détacher en une attitude réflexive. » (*ibid.*, p. 197). Si dans la *Gestalt* théorie la perception est décrite comme un processus qui se déploie à l'aide de formes ou *Gestalten*, dans la TFS ces formes deviennent « des formes de l'organisation intentionnelle présente à tous les niveaux de signification. » (Cadiot et Visetti, 2001a, p. 73). On retrouve ces formes partout dans la langue, que ce soit dans les emplois polysémiques, catachrétiques, métaphoriques ou autres, etc. Pour plus de commodité les auteurs ont classé ces formes en trois régimes de sens correspondant à trois niveaux de stabilisation du sens qui sont : le *motif*, le *profil* et le *thème*.

Disons à présent quelques mots de chaque régime de sens. Nous reviendrons alors sur les quelques vers d'Apollinaire abordés précédemment, ceci pour mettre en valeur les apports de le TFS pour la traduction de la métaphore. C'est ainsi que la différence entre la TFS et la sémantique interprétative apparaîtra clairement.

Qu'est-ce qu'un motif ? Le *motif* est la base de la TFS. C'est la propriété en devenir la plus fondamentale du sens. Il n'existe rien en deçà du motif. C'est donc une germination du sens qui n'est pas encore fixé. On peut dire que c'est une simple coloration du sens. À l'opposé du « sème » de la sémantique interprétative de Rastier, où le sens est déjà fixé, le motif est une *propriété* perceptive d'un sens qui ne se précisera que petit à petit. Il correspond dans le processus de perception à ce qu'on nomme une esquisse perceptive. Le motif n'appartient pas à l'ordre référentiel, il est de l'ordre de l'indéterminé, de l'instable (*cf.* Cadiot et Visetti, 2001a, p. 58). Cadiot et Visetti en parlent comme un « attracteur » de sens (*ibid.*, p. 123). Il est intéressant de considérer les sens donnés par le dictionnaire à l'entrée « motif ». Dans la citation qui suit, proposée par Cadiot, la deuxième et la troisième définition s'appliquent à un domaine précis, celui de la peinture, mais il est évident que l'on pourrait facilement y substituer la littérature :

> (i) motif au sens de motivation ;
>
> (ii) motif au sens d'unité plastique récurrente dans un tableau ou dans une œuvre ;
>
> (iii) motif au sens de (relation directe au) thème pictural déployé face au peintre (*ibid.*, p. 127).

Le motif correspond donc à ces trois définitions. Il ne peut être assimilé à aucune catégorie lexicale et grammaticale, mais se retrouve tout aussi bien dans les morphèmes, les mots, les phrases ou les textes et constitue la base des divers « paliers d'intégration » du sens (*cf. ibid.*, p. 122). Le motif sert donc de lien entre toutes les formes de construction du sens :

> Si [...] l'on entend penser la théorie linguistique comme une théorie des formes, il importe que ce soient des formes de relations, des germes de formes si l'on veut, ou encore des formes de construction d'une indéfinité de formes. Ces germes, instables par nécessité, sont faits d'affinités, de mises en transaction entre des dimensions du sens qu'il n'y a pas lieu de dissocier à ce niveau, sur le mode des ontologies[80].

Notons que le *motif* permet l'accès au sens par trois instances de discernement (la perception, l'action, l'évaluation) que l'on retrouve dans la phénoménologie et la *Gestalt* théorie. L'accès au sens se fait donc sur un mode gestaltiste de formes et autant à l'aide de sensations que d'un processus d'évaluation, par exemple (*cf.* Cadiot et Visetti, 2001b). Tentons d'illustrer ces trois instances.

Si l'on s'en tient aux noms, pour la première instance, celle de la perception, on peut considérer des mots comme « montagne », « bulle », « cran ». L'accès au sens se fait par perception visuelle. On saisit la verticalité de la montagne, la rotondité de la bulle et les entailles du cran. Mais les *Gestalten* peuvent aussi renvoyer à une action. Par exemple, le mot « porte » correspond au motif fonctionnel d'entrée et de sortie. De même le mot « chausson » fait ressortir la couverture et la protection. Quant au mot « loquet », l'accès au sens se fait par une modalité d'action qui est celle du blocage. Pour la troisième instance, celle de l'évaluation, on constate que certains mots sont investis de qualités qui reposent sur un jugement de valeur. Par exemple le mot « fard » sous-entend une désapprobation morale, « se farder » étant synonyme de « réalité déguisée », de tromperie, en vue de séduire par exemple. Le mot « perle », bien que de sens totalement opposé, présuppose aussi un jugement moral et renvoie à une opinion signifiant l'excellence et même la perfection (« cette femme est une perle »). En conclusion, on voit donc

80 Pierre Cadiot et Yves-Marie Visetti, « Motifs, profils, thèmes : une approche globale de la polysémie », *Cahiers de Lexicologie*, n° 79 : 2, 2001b, http://formes-symboliques.org/IMG/pdf/doc-26.pdf, p. 4 (consulté le 01/03/2022).

que les mots sont le résultat de modalités ou d'états de perception, de jugement, etc. Il est important de retenir que les mots ne sont que des figurations de rapports à des domaines de l'expérience, que ces rapports soient perçus, ressentis, actés ou évalués.

Le *profil* est le deuxième régime du sens, il correspond au moment où le sens commence à se fixer, à s'objectiver, à se stabiliser, bref à se spécialiser. Le profil n'a plus l'instabilité du motif. Les profils peuvent très bien conjuguer plusieurs motifs. Parfois le processus de construction du sens prend des formes très variées. Citons l'analyse que fait Gréa du mot « créneau » et de ses différents profilages possibles.

> [...] ainsi l'intervalle en question peut être spatialisé (*faire un créneau*), temporalisé (*créneau horaire*), mais aussi devenir une opportunité (*un bon créneau*) ou le signe d'une non-conformité (*hors-créneau*). En d'autres termes, sa transposition dans de nouveaux domaines provoque aussi un profilage particulier, un enrichissement du motif initial et par extension, une certaine spécialisation (Gréa, 2001, p. 116).

Enfin, le troisième régime est celui d'une objectivation claire du sens. Le *thème*, que l'on peut appeler également thématisation, correspond à un plus grand moment de stabilisation lorsque le sens se déploie dans un domaine d'activité humaine précis.

Si l'on se tourne à présent vers la métaphore dans la TFS, force est de constater que Cadiot et Visetti refusent la séparation sens premier / sens second ou sens dénotatif / sens connotatif, au contraire de bon nombre de linguistes. On peut citer Kleiber, dans un article sur le sens et la référence qui définit le *sens dénotatif* comme « la partie stable d'une signification » et le sens connotatif comme la partie non-stable, variant « selon le contexte[81] ». Dans la TFS, l'opposition sens propre / sens figuré devient caduque, car elle « privilégie une première couche sensorielle et sémantique, qui renvoie à un monde pratique artificiellement promu ». Cadiot donne cet exemple très éclairant :

> Ainsi le mot « niche » est présenté comme renvoyant à un petit abri campagnard pour chien domestique, alors que ses autres usages (niche en économie, en sociologie, ou dans tout domaine de recherche) sont bien plus fréquents, en tout cas dans le monde actuel. On comprend ainsi qu'il est absurde de

81 Georges Kleiber, « Sens, référence et existence : que faire de l'extra-linguistique ? », *Langue, praxis et production du sens*, éd. Paul Siblot, *Langages*, n° 127, 1997, p. 22.

> prétendre dériver niche d'emplois de niche pour chien. La notion de motif insiste sur le caractère très générique et par ailleurs très « relationnel » de la notion de « niche » (point de concentration auquel on n'accède pas immédiatement) [...]. En résumé, comme les mots renvoient non aux objets, mais aux rapports aux objets, le sens propre n'est qu'un sens figuré parmi d'autres ! (Cadiot et Lautel-Ribstein, 2011, p. 264).

En fait, c'est la notion de *motif* qui permet de ne pas séparer l'usage littéral de l'usage métaphorique. Le motif est présent dans l'ensemble des usages par un accès au sens limité mais commun. Pour donner un exemple précis de métaphore, on peut citer l'exemple donné par Cadiot de métaphore animalière du type « cet individu est un ours » dont l'accès au sens se fait par un type de comportement qui est perçu et jugé négatif par notre sensibilité. Il renvoie à une ou plusieurs scènes réelles ou imaginées où l'homme se comporte comme un animal. Il faut évidemment considérer la métaphore en fonction aussi de la langue-culture dans laquelle elle se trouve. Cadiot donne ces deux exemples en français et en allemand : « *ours* en français est renfrogné, sauvage ; *Bären* (son équivalent allemand) véhicule une image de force, de massivité, d'intensité (*bärenstark, Bärenhitze*)[82] »[83]. D'où la conclusion tirée par l'auteur que les mots, « loin d'être des données premières, sont en fait le résultat d'une sorte d'élaboration où la langue relaie nécessairement la perception » (*ibid.*, p. 267). C'est ainsi que la langue se fait l'écho de la perception en employant des termes qui peuvent appartenir à un autre domaine. Et c'est la raison pour laquelle Cadiot soutient que c'est toute la langue qui possède une nature métaphorique.

Revenons à présent à l'exemple d'Apollinaire cité plus haut afin de dégager une application possible de la thèse de la TFS. Disons d'emblée que ni Cadiot ni Visetti n'ont élaboré de méthodologie sur le sujet[84]. C'est Florence Lautel-Ribstein qui œuvre dans ce domaine depuis une décennie. Pour ce passage, nous proposons la traduction qui suit :

---

82 Pierre Cadiot, « Théorie des formes sémantiques : quelques pistes pour la traduction de la métaphore », *Les Tiges de mil et les pattes du héron II*, éd. Julie Brock, Paris, CNRS Éditions, 2013, p. 266.

83 À titre indicatif, l'expression en persan signifie tout autre chose. Elle renvoie simplement à la taille et à la corpulence de quelqu'un.

84 Pierre Cadiot, décédé en 2013, avait pourtant commencé à jeter les bases d'une réflexion sur le sujet avec Florence Lautel-Ribstein. *Cf.* entrée bibliographique commune.

« Le matin par trois fois la sirène y gémit
Une cloche rageuse y aboie vers midi »

Three times every morning the siren wails
Towards noon a raging belle bellows

La propriété commune, la germination du sens ou *motif*, semble bien être cette propriété qui à la fois limite, écrase et attriste, voire désespère l'homme. Florence Lautel-Ribstein la nomme souvent « la saturnisation » du discours. On constate deux profilages, un premier procède d'un accès au sens par la sensation, faite de gémissements, de colère, d'aboiements, donc de souffrances. On a donc affaire à une *Gestalt* perceptive qui souligne la souffrance des ouvriers dont la voix devient celle de la sirène et de la cloche. Un second profilage procède également d'une *Gestalt* perceptive et met en avant la perception d'un temps mécanique qui régit une vie de labeur répétitive : les ouvriers entendent toujours le même son le matin, toujours le même son à midi. Cette existence au sein des usines est vécue comme un carcan, voire un emprisonnement. L'expression « par trois fois » souligne cette incapacité à sortir de cette vie réglée d'avance. Rajoutons que l'emploi du temps présent qui a ici une valeur répétitive, renforce donc la destinée sans espoir des travailleurs.

Dans la traduction, pour accentuer la mécanique bien huilée de cette existence dont souffre l'homme, on peut remplacer *in the morning* par *every morning* et déplacer « par trois fois » à l'incipit : *Three times every morning.* Dans la première traduction citée, l'auteur a introduit le verbe *to moan* pour sauvegarder un écho sonore avec *morning* et créer ainsi un effet d'équilibre qui peut aussi se percevoir comme un effet négatif de répétition. Ce verbe *to moan* renforce la personnification de la sirène. Toutefois, il nous semble que le verbe *to wail* a l'avantage de faire écho à *raging*, établissant ainsi un lien entre les deux expressions de la souffrance plutôt qu'une simple répétition sonore sans véritable dimension sémantique. D'autre part le verbe *to wail*, outre le fait qu'il s'emploie plus communément pour le son d'une sirène, contribue au processus de réification de l'être humain qui est indirectement décrit ici. Les objets, la sirène et la cloche sont décrits comme éprouvant la souffrance des animaux, mais ces animaux font penser aux hommes dans les usines. Pour la traduction du verbe « aboyer », on pourrait donc penser à *to bellow* qui évoque une certaine puissance dans l'intensité du cri, au contraire de *to snarl* qui se rapporte à un animal simplement énervé. La dimension sonore de *bellow* elle-même a quelque chose qui renvoie à une expression beaucoup plus profonde et instinctive, et tend à projeter l'image d'un homme devenu monstrueux, le verbe *bellow* ne pouvant guère s'appliquer à de petits animaux. Soulignons enfin que l'allitération produite par sa proximité avec *bell*, renforce cette propriété de limitation et de répétition qui qualifie l'existence de ces habitants de la modernité.

LA MÉTAPHORE ET SA TRADUCTION
Quelques remarques conclusives

Ce long voyage de la métaphore semble encore aboutir aux XXe et XXIe siècles à une catégorisation qui se borne à deux pôles : d'un côté la métaphore vive, de l'autre la métaphore morte. D'où la remarque de Ronald Landheer qui s'interroge non sans ironie pour savoir si cette catégorisation ne serait pas une question de vie ou de mort[85]. Il finit par souligner que la métaphore se décline en réalité en une multiplicité de catégories : métaphore poétique ou créative, vive, courante, codée, cliché, usée, morte, etc. (*ibid.*). Les normes typologiques sont à l'évidence à revoir. C'est également l'avis de Sylvie Remi-Giraud[86] qui plaide en faveur d'une conception plus large de la typologie des métaphores : « métaphore vive, créative, métaphore lexicalisée, congelée, endormie, éteinte, morte » (*ibid.*, p. 61). Charlotte Dilks[87], quant à elle, met l'accent sur les métaphores conventionnalisées qui « peuvent être importantes pour l'impression que produit un texte » (*ibid.*, p. 11). Il est clair que toutes ces réflexions sur la nature de la métaphore ne changent pas le

85 Ronald Landheer, « La métaphore, une question de vie ou de mort ? », *SEMEN*, n° 15, 2002, http://semen.revues.org/2368 (consulté le 18/03/2022).

86 Sylvianne Rémi-Giraud, « De la création à l'extinction : métaphore(s) et mondes de discours », *Cahiers de praxématique* n° 46, 2006, http://praxematique.revues.org/612 (consulté le 19/03/2022).

87 Charlotte Dilks, « Approches théoriques : la métaphore, la sémantique interprétative et la sémantique cognitive », *Revue Texto*, vol. XVI, n° 2, 2011, http://www.revue-texto.net/index.php?id=2857 (consulté le 20/03/2022).

fait que celle-ci s'appuie encore sur une vision dualiste. On se souvient qu'Aristote parlait d'un simple « transfert » de sens. Plus tard, Fontanier parlera de sens propre opposé au sens figuré. Plus près de nous, Langacker mentionne sens littéral et sens figuré. Et Michele Prandi[88] évoque une distinction entre tropes diffus et tropes ponctuels.

En conséquence, il semble malheureusement évident que toutes ces analyses sur la classification de la métaphore et sur sa nature n'offrent pas une très grande aide aux traducteurs et même aux traductologues puisqu'elles se limitent à des controverses sur des questions typologiques. Ainsi, toute modélisation qui pourrait engendrer des principes directeurs de traduction est inexistante.

Nous avons constaté que lorsque l'analyse du texte source s'élargit au discours tout entier, et lorsque la métaphore n'est pas perçue comme une figure prise séparément, il est possible de trouver des pistes menant à des principes traductifs. Certains linguistes ont ouvert la voie, le premier étant Ricœur qui considérait que l'on ne peut isoler un énoncé de son contexte. C'est aussi l'avis de Prandi pour qui le changement de signifié doit se localiser à l'intérieur de la phrase dans son ensemble et non dans le simple mot. Dilks met, quant à elle, l'accent sur le lien entre énoncé et connaissances du monde (Dilks, 2011, p. 1). Notre point de vue est que l'œuvre littéraire est un tout organique dont les éléments sont impossibles à dissocier. La métaphore s'inscrit dans un texte où les effets, qu'ils soient rythmiques, sonores ou lexicaux, sont à prendre en compte dans l'acte de l'interprétation et celui de la traduction. Maingueneau résume cette position qui tient beaucoup de l'esthétique romantique : « l'œuvre littéraire y est conçue comme l'expression de la conscience d'un Sujet, l'écrivain, qui "exprime" à travers son œuvre une "vision du monde" personnelle[89] ». Cette position a l'avantage de ne pas opposer l'intérieur et l'extérieur de texte puisqu'il propose un dispositif à la fois textuel et socio-linguistique en passant du texte au contexte. C'est la position de Rastier et également de Cadiot et Visetti.

---

88 Michele Prandi, « Métonymie et métaphore : parcours partagés dans l'espace de la communication », *SEMEN*, n° 15, 2002, http://journals.openedition.org/semen/2386 (consulté le 01/04/2022).

89 Dominique Maingueneau, « Linguistique et littérature : le tournant discursif », *Vox Poetica*, 2012b, http://www.vox-poetica.org/t/articles/maingueneau.html (consulté le 02/04/2022).

Dans les deux vers que nous avons traduits du texte *Zone* d'Apollinaire, il était clair que l'on ne pouvait séparer la métaphore animalière utilisée pour évoquer le bruit de la sirène et de la cloche indépendamment d'une prise en compte de la phrase et de tout le contexte de cette expression poétique de la modernité. L'exemple pris dans le tome 1 de *The Hunger Games*, « *People to weed out before the real fun begins* » allait dans le même sens.

À travers le dédale de positions théoriques, seules les positions de Ricœur avec son analyse de l'énoncé, d'Eco avec son interrogation sur la nature métaphorique du langage et son concept d'affordances perceptives, ou encore de Rastier et ses isotopies à l'intérieur de la sémantique interprétative, nous ont semblé de nature à soutenir un peu le traducteur dans son entreprise. Il est évident toutefois que la théorie des formes sémantiques avec ses régimes de sens et en particulier ses motifs et profilages, a retenu particulièrement notre attention. Elle seule offre les bases suffisamment précises de l'élaboration d'une véritable méthodologie de la traduction. Bien d'avantage que les sèmes et les isotopies fonctionnant au sein de connexions métaphoriques chez Rastier et qui nous dépeignent encore la dimension référentialiste, les formes sémantiques mettent le doigt sur un noyau premier d'élaboration du sens en amont des usages linguistiques, qu'ils soient métaphoriques ou non, et qui peuvent être perçus à différents niveaux d'expression du texte. Ces formes permettent d'affiner la traduction tout en suivant la construction interne du sens du texte source. Une des premières conséquences est le gain en homogénéité et en naturel de la traduction. Le texte cible devient un tout composé de maillages et non plus un assemblage disparate de parties prises isolément. La TFS nous force *ipso facto* à voir le langage comme métaphorique par nature.

Enfin, un des mérites de la TFS est de mettre en lumière *l'expérience* de l'acte de lecture puis de l'acte de traduction. Elle induit presque naturellement une méthodologie que le traducteur peut appliquer, ce que ne font pas les réflexions sur les typologies de la métaphore ou les catégorisations des genres de discours. La TFS répond de façon plus générale à l'attente des sciences du langage dont parle le linguiste Maingueneau :

> Il faut faire intervenir les sciences du langage selon deux modes. Même si le partage entre ces deux types d'intervention est impossible à faire dans le détail, inévitablement les savoirs linguistiques que l'on va ainsi convoquer

> relèveront à la fois de catégories de langue (aspect, détermination, temporalité, fonctions syntaxiques...) et de catégories où l'énoncé est envisagé comme acte de communication rapporté à un dispositif d'énonciation (cohérence textuelle, contrat, lois du discours, genre de discours, scène d'énonciation, éthos, champ littéraire ...) qui informent les premières et les intègrent (*ibid.*).

En mettant en avant la couche la plus archaïque du langage, sa strate mythique parsemée de formes symboliques basiques ou *motifs*, en attente de stabilisation du sens, la TFS a réussi le pari d'engendrer une vision holiste du texte en prenant en compte tous les niveaux d'expression. Si l'on tire les conclusions logiques de cette théorie, la traduction est à même de révéler tout le parcours de constitution du sens du texte.

LA TRADUCTION DE LA MÉTAPHORE D'APRÈS LES TRADUCTOLOGUES CONTEMPORAINS

BRÈVE INTRODUCTION AUX APPROCHES THÉORIQUES DE LA TRADUCTION DE LA MÉTAPHORE

> [...] il est désormais interdit de réduire l'exercice de la traduction à une portion congrue qui en ferait l'estafette entre une présumé « original » et son produit « dérivé » : la traduction est un vecteur de transformation des valeurs et d'élargissement des horizons, non moins qu'une amorce discrète mais effective des mutations de paradigme et des révolutions conceptuelles[1].

Nous aborderons à présent les positions contemporaines des théoriciens de la traduction face à la métaphore. Nous nous placerons dans le cadre de la traduction littéraire puisque c'est au sein de la littérature de jeunesse que j'ai déterminé mon corpus. Notons d'emblée qu'il y a eu au cours de l'histoire des études sur la métaphore beaucoup plus de philosophes, puis de linguistes à s'y intéresser que de traductologues, même si un regain d'intérêt parmi ces derniers semble se manifester au XXIe siècle[2].

Je partirai de cette idée que la métaphore dans un texte littéraire montre le rapport de ce dernier au langage. Dans l'acte de traduction, ce rapport est encore davantage mis en lumière. À partir de là, à travers les diverses analyses de la métaphore des traductologues de ces dernières décennies, on peut distinguer deux courants, d'abord un

1 Laurent Lamy, *Parallaxes : Lectures tangentes d'historiographie critique et d'épistémologie de la traduction*, thèse de traductologie, Université de Montréal, 2017, p. 4.

2 Parmi les derniers ouvrages sur le sujet, on notera : Maryvonne Boisseau, éd., *Traduire la figure de style*, revue *Palimpsestes*, n° 17, 2005 ; Julie Brock et Florence Lautel-Ribstein, éd., *Traduire les métaphores du fond du cœur*, revue *La TILV*, n° 55, mai 2013.

courant, qu'on peut qualifier de « fonctionnaliste » dans son ensemble, héritier conscient ou inconscient d'une rhétorique à la Fontanier et d'une stylistique atomisée qui sépare souvent fond et forme. Dans ce courant, on reconnaît facilement, malgré des points de divergences importants, la théorie interprétative de Danica Seleskovitch et Marianne Lederer, la théorie du skopos de Hans Vermeer et Katharina Reiss, la théorie du polysystème de Toury Gideon et Itamar Even-Zohar et les positions du « tournant culturel » édictant des normes sociologiques ou éthiques comme celle d'Antoine Berman ou Lawrence Venuti. Un second courant considère que la métaphore révèle, grâce à la richesse de son lexique, une *expérience*, qui n'est pas le récit d'une expérience subjective, mais plutôt l'expérience de la subjectivité dans le langage, et devient donc un *mode de connaissance*. Dans ce second courant, on range des traducteurs-poètes comme Yves Bonnefoy, les deux théoriciens de la traduction, Georges Steiner et Henri Meschonnic aux positions souvent très divergentes, mais défenseurs d'une poétique de la traduction, des traductologues/traducteurs phénoménologues comme la sémioticienne Magdalena Nowotna qui s'appuie sur les thèses de la théorie des instances énonçantes de Jean-Claude Coquet et Florence Lautel-Ribstein qui modélise une pratique du traduire en reprenant la position d'Ernst Cassirer sur les formes symboliques et celle de Cadiot et Visetti sur les formes sémantiques. Tous ont en commun de s'insurger contre la traductologie vue comme la seule linguistique descriptive appliquée à la traduction. Les trois derniers proposent de nouveaux instruments d'analyse qui consistent soit à faire en sorte que la traduction apparaisse comme la « contribution à une pratique théorique de l'homogénéité entre signifiant et signifié propre à cette pratique sociale qu'est l'écriture[3] », soit dans une perspective philosophico-sémiotique à examiner de façon plus précise la forme à partir du contenu de la conscience dans laquelle toute forme aurait son équivalent conscientiel.

Cette distinction entre deux courants ne s'agit évidemment pas, en arrière-plan, de créer un avatar de l'ancienne opposition du XIXe siècle entre d'un côté, néo-positivistes qui critiquent toute spéculation qui ne serait pas réductible à un raisonnement formalisable, et de l'autre,

3 Henri Meschonnic, *Pour la poétique II. Épistémologie de l'écriture. Poétique de la traduction*, Paris, Gallimard, 1973, p. 330.

partisans d'une sorte de « métaphysique » linguistique qui voudrait remonter le parcours jusqu'aux causes premières, ici du sens, opposition qui réactiverait ainsi la bataille désuète du « comment » et du « pourquoi », mais de montrer qu'un tournant épistémologique où une nouvelle approche philosophique du langage au sens large redessine la conception de la métaphore et donc de sa traduction. Ce que pressentait déjà en 1945, le psychiatre et essayiste Binswanger, pour qui l'expérience littéraire, proprement phénoménologique, vient bousculer l'ancienne dichotomie entre le subjectif et l'objectif :

> Nous ne pouvons plus éviter de devoir reconnaître aujourd'hui deux modes d'expérience scientifique, l'expérience discursivement inductive au sens d'une description, d'une explication et d'une dénomination de « processus naturels » ; et l'expérience phénoménologique au sens d'une exhaustion ou interprétation méthodiquement critique de contenus phénoménaux. C'est l'opposition Goethe-Newton [...][4].

Il s'agirait, plutôt, de la différence qui existe aujourd'hui entre analyse logique et analyse phénoménologique, entre l'idée de constitution du sens telle une reconstruction rationnelle et arbitraire du monde, comme on la trouve chez le philosophe Carnap, par exemple, et celle d'une constitution qui équivaudrait à « se-constituer » telle qu'on la trouve, par exemple, dans la phénoménologie de Husserl[5].

Dans mon analyse, je ne me suis arrêtée qu'aux auteurs qui s'étaient exprimés sur la métaphore dans un cadre théorique ou dont les travaux pouvaient avoir des conséquences sur la façon d'aborder la métaphore, ou encore aux auteurs qui commentaient leur(s) propre(s) traduction(s) de la métaphore ou celles d'autres traducteurs. Certains noms de traductologues qu'on s'attend peut-être à voir mentionnés dans le paysage contemporain ne sont pas présents ici, soit parce que leurs propos restent trop éloignés du sujet pour en tirer une quelconque conclusion, théorique ou pratique, sur la traduction de la métaphore (c'est le cas de Jean-René

4 Ludwig Binswanger, *Analyse existentielle et psychanalyse freudienne*, trad. Roger Lewinter, Paris, Gallimard, [1947] 1970, p. 52.

5 Cette opposition a été récemment critiquée par Jean-Baptiste Fournier dans une thèse de 2015 intitulée « Du flux de vécus au monde objectif : le concept de constitution chez Edmund Husserl et Rudolf Carnap » où l'auteur fait valoir un modèle commun, celui de modèle logico-mathématique du formel dont ils héritent, et dont leur système de constitution présente le déploiement.

Ladmiral par exemple[6]), soit parce qu'ils ne sont jamais passés de la description à la pratique et que leurs thèses restent donc en suspens.

D'autre part, nous ne traiterons que de quelques exemples de traduction de métaphores mortes, figées, etc., donc lexicalisées ou en voie de lexicalisation, bien que toute catégorisation en la matière soit sujet à discussion comme nous l'avons déjà rappelé. Nous ferons aussi un choix de métaphores vives, plus nombreuses dans le texte littéraire – même si aucun texte, même aucun technolecte, ne lui échappe –, phénomènes linguistiques frappant par leur originalité, faisant appel à la créativité du traducteur et dont le fonctionnement nous renvoie, comme on vient de le voir, à tout un questionnement sur le langage. D'autre part, la part toujours présente de créativité dans la métaphore vive engendre une difficulté particulière dans le passage au texte cible où il conviendra de recréer une autre métaphore dont les nouveaux effets seront les seconds gardiens de ce talent novateur. C'est tout du moins ce que font de plus en plus de traducteurs littéraires, même si certains font encore le choix de rendre le soi-disant « sens » de la soi-disant figure du style, sans la recréer dans la langue cible, introduisant ainsi un « silence métaphorique[7] ». Notons aussi que d'autres, encore moins nombreux, comme l'angliciste Henri Suhamy, prônent la traduction littérale, par exemple la transposition littérale de l'ordre des mots du texte source, prétextant l'absence d'idiomaticité du texte cible[8]… ! Dans ces deux cas extrêmes, on voit ressurgir la métaphore comme simple procédé stylistique, comme surplus décoratif et on constate une absence de réflexion en amont sur l'analyse du discours et la construction du sens. De là, une réflexion comme celle de Marie-Christine Lala :

> Non seulement, [la métaphore] contraint le chercheur à clarifier sa position théorique dans la mesure où elle découvre sans concession le point de vue épistémologique adopté, mais elle contraint aussi le linguiste à faire retour sur sa propre pratique car elle soulève quelques apories de sa discipline. Avec

6 Il faut noter également que Jean-René Ladmiral, philosophe de formation, n'a traduit que de la philosophie. Ses exemples ne portent jamais sur la traduction littéraire.

7 Voir à ce sujet l'article de Maryvonne Boisseau, « "Je brûle pour Thésée". Réflexions sur les opérations linguistiques engagées dans la traduction d'une métaphore de Phèdre », éd. Maryvonne Boisseau, *Traduire la figure de style*, revue *Palimpsestes*, n° 17, 2005, p. 25-40.

8 Voir la discussion autour de Shakespeare et de Scott dans l'article d'Henri Suhamy, « La traduction des métaphores et des hypallages dans Shakespeare et dans Scott : quand l'intertextualité s'en mêle », éd. Maryvonne Boisseau, *Traduire la figure de style*, revue *Palimpsestes*, n° 17, 2005, p. 55-70.

> la métaphoricité du langage, c'est la perspective infinie du langage poétique qui s'ouvre, et l'on comprend que l'approche du linguiste et celle de l'analyste vont se différencier puisque « le connu et l'inconnu ne se divisent pas de la même façon » pour l'un et pour l'autre[9].

On pourrait renchérir sur cette remarque en ajoutant que ces affirmations sont d'autant plus vraies lorsqu'elles s'appliquent au traducteur.

TRADUIRE LA MÉTAPHORE AVEC LA THÉORIE INTERPRÉTATIVE

La théorie du sens ou la théorie interprétative de la traduction est née à la fin des années 1970 au sein de l'ESIT (École supérieure d'interprètes et de traducteurs) de Paris, fondée en 1957. Elle est l'œuvre de Danica Seleskovitch (1921-2001) et de Marianne Lederer et a influencé des chercheurs comme Jean Delisle au Canada et Amparo Hurtado en Espagne. Cette théorie est encore très vivace dans les écoles de traduction. La principale avancée de cette théorie, qu'on peut définir comme une linguistique textuelle (« une textologie » selon Jean Delisle[10]), consiste à avoir mis en avant la nécessité d'analyser le sens en discours. La traduction interprétative est une traduction par « équivalences » entre textes par opposition à la théorie linguistique qui parlait de « correspondances » entre éléments linguistiques.

La méthode de traduction mise au point par Seleskovitch, qui fut longtemps interprète de conférence[11], est bien connue. Elle se fonde sur l'étude du « sens » :

> Celui-ci est de nature non verbale parce qu'il concerne aussi bien ce que le locuteur a dit (l'explicite) que ce qu'il a tu (l'implicite). Pour saisir ce « sens », le

9 Marie-Christine Lala, « La métaphore et le linguiste », *Figures de la psychanalyse*, revue *ERES*, n° 11, 2005 : 1, p. 145-161.

10 Jean Delisle, *L'Analyse du discours comme méthode de traduction : initiation à la traduction française de textes pragmatiques anglais : théorie et pratique*, Ottawa, Éditions de l'Université d'Ottawa, 1984, p. 50.

11 Ceci est un point important. Les détracteurs de la théorie interprétative font valoir, non sans quelques raisons, que toute cette théorie se fonde sur le contexte oral de l'interprétation (interprétariat) et sur des énoncés en langue pragmatique.

> traducteur doit posséder un « bagage cognitif » qui englobe la connaissance du monde, la saisie du contexte et la compréhension du vouloir-dire de l'auteur[12].

Le protocole de traduction est un déroulé en trois étapes : *interprétation* ou compréhension (saisir sa composante linguistique et extralinguistique à l'aide d'un bagage cognitif, d'une connaissance du monde, à l'intérieur d'un contexte), *déverbalisation* (séparation mentale des idées ou des concepts du discours, le « sens » reste dans la conscience du traducteur), *reformulation* (choix dans la langue cible de moyens expressifs par associations successives d'idées et par analogie).

Dans cette perspective où le sens se réduit à un sens premier, à une dimension dénotative, qui plus est conceptuelle, totalement dégagé de l'expression – la forme –, la métaphore est nécessairement envisagée comme un écart par rapport à la norme. De plus sa dimension connotative – ceci même si la figure est envisagée dans le discours et non dans une phrase –, sera appréhendée par « association », voire analogie, concept dont le socle conceptuel est mal défini. Cette méthode associative sous-entend une approche des choix traductifs en grande partie par synonymies, donc encore une fois s'appuyant sur la conviction qu'il existe des dérivés d'un sens ontologique. La méthode frappe donc surtout par son manque d'approfondissement de notions telles que le sens ou la signification, la polysémie, l'implicite et donc de tout le processus de métaphorisation.

Voici ce que dit Marianne Lederer de la différence entre sens et signification :

> « Signification » s'applique à des mots et à des phrases isolées. La signification des phrases résulte des significations lexicales et grammaticales. Les significations lexicales sont décrites dans les dictionnaires. Elles relèvent de la langue et représentent un « pouvoir signifier » non actualisé. Dans les phrases, elles sont déterminées par le contexte verbal autant que par leur signification initiale au plan de la langue ; dans le discours, elles le sont en outre par le domaine cognitif et par la particularité d'emploi d'un auteur. Les significations pertinentes des mots sont le produit de ces déterminations. Seules les significations pertinentes participent à la formation du sens[13].

---

12 Zuzana Raková, *Les Théories de la traduction*, Brno, Masarykova univerzita, 2014, p. 145.

13 Marianne Lederer, *La Traduction aujourd'hui. Le modèle interprétatif*, Paris, Hachette, 1994, p. 216.

On voit donc que dans les deux cas, « sens » et « signification » veulent dire la même chose ... qu'il soit question d'un segment textuel ou d'un texte en entier. L'analyse ne va pas plus loin.

De même on voit bien que le sens, défini comme « l'idée ou si l'on préfère le vouloir dire du locuteur, et chez l'auditeur, le compris[14] », c'est seulement l'aspect cognitif, l'idée séparée de la forme, ce qui en analyse littéraire est très difficilement applicable, à moins de penser que l'écrivain ait écrit en deux temps, le premier pour coucher des « idées » – idées, il faut le remarquer, qui parfois sont absentes ou volontairement hermétiques ou absurdes... – et le second pour trouver des procédés stylistiques décoratifs.

Dans la période où la théorie interprétative battait son plein, un commentateur, Raymond Van Den Broeck, a mis le doigt sur la source des difficultés à traduire la métaphore en soulignant le fait qu'il n'existait pas de réflexion suffisamment générale qui rende compte de la traduction de la métaphore :

> *Presumably one of the main obstacles for a theory of translation to overcome is the intuitively subscribed and generally accepted "inadequacy of any single generalization about the translatability of metaphor*[15].
>
> « Selon toute vraisemblance, l'un des principaux obstacles qu'une théorie de la traduction doit surmonter est l'inadéquation, à laquelle on souscrit intuitivement et qu'on accepte en général, de n'importe quelle généralisation sur la traduisibilité de la métaphore. »

On aurait pu ajouter qu'il n'existait pas non plus, dans les années 70, au sein de la traductologie, de repères conceptuels menant à une réflexion linguistique approfondie sur le processus métaphorique. L'absence de recours à une analyse philosophique et/ou sémantique ou sémiotique est flagrante parmi les adeptes de cette théorie. La bataille sans fin et sans objet à laquelle on pouvait (et on peut encore) assister parmi les partisans de cette théorie, entre ceux qui pensent la métaphore traduisible et ceux qui la pensent intraduisible est bien la preuve de ce manque. De plus, les raisons de sa prétendue intraduisibilité se limitent dans cette logique

---

14 Danica Seleskovitch et Marianne Lederer, *Interpréter pour traduire*, Paris, Didier érudition, 1984, p. 256.

15 Raymond Van Den Broeck, « The Limits of Translatability Exemplified by Metaphor Translation », *Poetics Today*, n° 2 : 4, 1981, p. 73.

à des facteurs culturels (il n'existe pas de correspondances culturelles dans la langue cible) ou des facteurs linguistiques (il n'existe pas de correspondance syntaxique et/ou lexicale). Or, on sait parfaitement que la correspondance entre langues est un mythe.

Il me semble discutable de croire, comme Kirsten Mason, qu'« une fois le problème interprétatif résolu, la traduction de la métaphore ne présente pas plus de problème que la traduction d'un quelconque segment linguistique, qu'il faut replacer dans son contexte discursif[16] ». Si comprendre, comme le soutient la théorie interprétative, se limite à comprendre la *fonction* d'une métaphore dans un genre de texte bien appréhendé, on passe complètement sous silence la spécificité et de la richesse de l'écriture d'un auteur qui ne se résume pas à la représentation d'images cognitives suscitées par un sens premier qu'on croit reconnaître parce qu'il préexisterait, en attente de désigner les choses du monde. C'est tout un ensemble de perceptions, de sensations, de jugements, etc., tout ce dont est aussi porteur le langage, qui est oublié.

Prenons un exemple tiré de *La Peau de chagrin* de Balzac, cité et commenté par Dinh Hong Van, adepte de la théorie interprétative :

> En regardant Raphaël quitter la table de jeu après avoir perdu sa dernière pièce d'or, un des joueurs dit : « C'est un cerveau brûlé qui va se jeter à l'eau [...][17]. »

Cette phrase a été traduite en vietnamien par deux traducteurs différents, respectivement par (rétro-traductions) « C'est un fou, il va sauter dans le fleuve » et par « Ce type est fou, il va sauter dans le fleuve, on va voir ». La lecture du texte source que fait Dinh Hong Van, en vue de comparer les traductions vietnamiennes de cet extrait, est la suivante. Les limites de la réflexion sous-tendant une telle théorie apparaissent de façon claire :

> [...] les traducteurs n'ont pas traduit les premières significations du mot « cerveau » par leurs correspondances vietnamiennes. Et un lecteur vietnamien comprend parfaitement le message. Ce résultat satisfaisant s'expliquerait par le fait qu'en vietnamien, « bộ óc », la correspondance de « cerveau », désigne rarement un être humain, d'autant plus que « Bộ óc này sẽ nhảy xuống

16 Kirsten Mason, « Metaphor and Translation », *Babel*, n° 28 : 3, 1982, p. 141.

17 Dinh Hong Van, « La théorie du sens et la traduction des facteurs culturels », *Synergies, Pays riverains du Mékong*, n° 1, 2010, p. 145.

> sông. » / (traduction linguistique : *Ce cerveau va sauter dans le fleuve.* / ne se dit pas en vietnamien. Dans ce cas, les traducteurs ont dû s'appuyer sur le contexte verbal et la situation pour saisir le sens. Et une fois le sens saisi, ils l'ont restitué en vietnamien par les moyens tout à fait vietnamiens. Ainsi, on voit que le sens est imprévisible et fonction de plusieurs paramètres dont le contexte. Par conséquent, ce phénomène nous amènerait à dire que le sens serait infini et que c'est le sens qui apporterait des significations nouvelles aux unités linguistiques [...]. Le sens n'est donc pas à confondre avec la signification des mots d'une langue ; il naît dans une situation d'interlocution ou de communication où s'unissent le savoir linguistique et le savoir extralinguistique (composé de connaissances relatives à cette situation et de connaissances générales) pour permettre la compréhension (Hong Van, p. 146).

Le raisonnement est le suivant : pour bien traduire ce segment métaphorique, il faut connaître le contexte linguistique, sinon le risque encouru est de confondre le sens concret « cerveau », l'organe, et le sens abstrait, les facultés mentales, et de pas voir qu'il s'agit ici d'une métonymie, le cerveau représentant alors le personnage de la nouvelle. Était-il vraiment nécessaire de le préciser ?! Cela semble une évidence. Mais la connaissance d'un contexte élargi à tout le récit s'avérait plus importante encore. On peut noter que les traducteurs n'ont pas bien saisi l'allusion anticipée à la situation dans laquelle va se retrouver le héros : celui-ci va être confronté à une situation typiquement faustienne, son cerveau va donc métaphoriquement brûler, rencontrer le feu de l'enfer en la personne d'un antiquaire diabolique qui lui fera signer un pacte pour se sortir de sa tragique situation financière. Ne traduire que « l'idée » aboutit à un appauvrissement de l'écriture de l'auteur faite de clairs obscurs à tous les étages (lexique, images, rythme, voire sonorités) où le mal rôde pour faire chuter l'être humain au bord du précipice. Il fallait donc créer une nouvelle métaphore, symbolique de l'esprit, pas seulement prêt à se noyer pour mettre fin à ses jours, mais potentiellement prêt à vendre son âme au Diable. Il aurait donc été souhaitable de lire tout le discours, mais il semble que le discours, pour les traducteurs en soit resté à l'énoncé proche.

Dans une version anglaise de 1888, on trouve déjà le même type de traduction s'appuyant sur une dissociation fond/forme, une réduction du sens à « l'idée », et une lecture insuffisante du contexte : *He's half crazy now and he'll be found in the Seine.* On aurait pu, par exemple, rester dans le registre de *dare-devil* en anglais et tout simplement traduire par *It's just burnt into his brain* qui garde une partie au moins de la connotation des feux de l'enfer et du mal qui s'insinue (*into*), puis rajouter *the dare-devil will jump into the Seine*, pour montrer la collusion prochaine avec le Diable. À noter que dans les deux segments de la phrase, une allitération renchérit sur le registre moral (*burnt/brain* ; *dare/devil*), mais jamais ce type de réflexion traductologique n'apparaît au sein de la théorie interprétative.

La théorie interprétative nous semble donc peu satisfaisante lorsqu'il s'agit de traduire des textes littéraires ou tout du moins des textes dont la littérarité est complexe. Elle se fonde probablement sur une vision « rationaliste » de la littérature. William Marx du Collège de France, parle de ce courant dans un article consacré à Paul Valéry, écrivain aux antipodes, chantre du texte-épiphanie et de l'approche philosophique de la littérature :

> [...] il y eut en France dans l'entre-deux-guerres un moment rationaliste représenté par des figures telles que Souday, Alain, Benda, Thibaudet ou Maurras, moment rationaliste que ne doit pas occulter le développement, relativement marginal à son époque, d'un mouvement tel que le surréalisme [...] c'est alors que Valéry retourne à la parole intérieure, à tout ce qui relève d'une production naturelle et non plus artificielle [...] ;
>
> Un texte comme *Eupalinos* propose une conception épiphanique de l'art presque contemporaine de celle que développe dans un tout autre contexte Martin Heidegger. En des temps où l'on reconnaît aisément les excès auxquels le formalisme a pu conduire parfois la critique littéraire, la poétique ésotérique, lyrique et épiphanique de Valéry ouvre une voie peut-être salutaire qu'il vaut la peine d'explorer[18].

Paul Valéry, dans « Poésie et pensée abstraite », et bien d'autres avant et après lui, ont montré qu'il y a indissolubilité de la forme et du fond dans les textes littéraires :

> Ainsi, entre la forme et le fond, entre le son et le sens, entre le poème et l'état de poésie, se manifeste une symétrie, une égalité d'importance, de valeur et de pouvoir, qui n'est pas dans la prose ; qui s'oppose à la loi de la prose – laquelle décrète l'inégalité des deux constituants du langage[19].

En conclusion, si la déverbalisation, étape cruciale et incontournable de la théorie interprétative, trouve des applications en traduction

---

18 William Marx, « Les deux poétiques de Valéry », *Fabula / Les colloques*, « Paul Valéry et l'idée de littérature », http://www.fabula.org/colloques (consulté le 20/12/2021).

19 Paul Valéry, *Œuvres I*, Pairs, Gallimard, 1939, p. 1132.

pragmatique et dans le cadre du travail d'un interprète qui doit travailler rapidement, elle est impuissante à rende toute la spécificité de l'écriture littéraire. La traduction de la métaphore devient un exercice mécanique où l'énoncé métaphorique se retrouve souvent atrophié et réduit à la peau de chagrin (!) qu'est le sens dit premier et où rendre les « connotations » est laissé au talent du traducteur solitaire qui peut alors se tourner vers un dictionnaire des synonymes s'il manque d'inspiration.

TRADUIRE LA MÉTAPHORE AVEC LA THÉORIE DU SKOPOS

La théorie du skopos est due à l'Allemand Hans Vermeer qui l'a mise au point à la fin des années 1970. Christiane Nord et Margaret Ammann comptent parmi ses successeurs. Katharina Reiss l'a développée. Cette théorie s'appréhende dans « le contexte d'une théorie de l'action qui affirme que toute action reçoit son sens du but auquel elle tend[20] ».

Cette théorie porte essentiellement sur les textes pragmatiques, bien qu'elle affiche sa volonté de prendre en compte les textes littéraires, et se concentre sur leurs fonctions dans la culture cible. Les stratégies de traduction dépendent du *skopos* du texte à traduire, c'est-à-dire de sa finalité communicationnelle déterminée par le commanditaire de la traduction. Ces stratégies doivent respecter deux critères, la règle de cohérence (le destinataire doit comprendre le texte cible) et la règle de fidélité (les deux textes doivent maintenir un lien).

Vermeer tiendra compte plus tard de la typologie des textes établie par Katharina Reiss[21] (informatifs, expressifs, opérationnels), ce qui permettra au traducteur de « rattacher le texte source à un type textuel ou à un genre discursif » et qui est censé l'aider « à mieux résoudre les problèmes qui se poseront à lui dans le processus de traduction » (Raková, 2014, p. 172). Vermeer souligne également que la finalité du

20 Ioana Balacescu et Bernd Stefanink, « Modèles explicatifs de la créativité en traduction », *META*, XLVIII, n° 4, 2003, p. 515.

21 *Cf.* Katharina Reiss, *Problématiques de la traduction*, trad. Catherine A. Bocquet, Paris, ECONOMICA, 2009, p. 107-122.

texte peut ne pas être la même dans le texte source et le texte cible. Un texte littéraire, par exemple, peut très bien, dans un certain contexte professionnel, universitaire ou culturel, être traduit pour un public qui ne voudra connaître que certains « thèmes » de l'auteur, ou encore être traduit dans le cadre d'une adaptation, auquel cas le texte cible se trouvera largement différer du texte source. Si le skopos est le même,

> Vermeer et Reiss parlent de *permanence fonctionnelle* ; s'il varie, ils parlent de *variance fonctionnelle*. Dans un cas, le principe de la traduction est la *cohérence intertextuelle*, dans l'autre, l'*adéquation au skopos*. La nouveauté de l'approche consiste dans le fait qu'elle laisse au traducteur le soin de décider quel statut accorder au texte source. En fonction du skopos, l'original peut être un simple point de départ pour une adaptation ou bien un modèle à transposer fidèlement. Cela signifie qu'un même texte peut avoir plusieurs traductions acceptables, chacune répondant à un skopos particulier. Le skopos est le critère d'évaluation suprême (Raková, 2014, p. 172-173).

S'il est vrai que pour des besoin spécifiques et ponctuels, tout type de traduction a son utilité, que ce soit la traduction interlinéaire, la traduction littérale, la traduction philologique, etc., il faut clairement souligner que pour la théorie du skopos, la traduction reste dans tous les cas une « performance communicationnelle[22] », selon le mot de Christiane Nord. Et c'est ce point qui est discutable.

Katharina Reiss range les textes littéraires dans une catégorie qu'elle baptise *textes expressifs*, donc à forte composante « esthétique », où les choix « stylistiques » produisent un « effet esthétique » sur le lecteur. On pourra regretter le manque de compréhension et d'explications des notions aussi complexes que « esthétique », « style », « effet ». De nombreux critiques ont souligné la non-pertinence de ces notions, héritières de la rhétorique d'un Fontanier. Henri Meschonnic, par exemple, redéfinit le concept d'oralité dans son ouvrage de 1999 *Poétique du traduire* – ouvrage donnant les principes fondateurs reliant l'acte de traduire à la littérature –, et en fait le critère qui définit toutes les formes d'écriture, littéraire en premier lieu : « La littérature est la réalisation maximale de l'oralité[23] ». La tâche du traducteur littéraire sera d'entendre l'*oralité* et de la récréer dans le texte cible. Car pour Meschonnic, l'oralité s'appuie sur le rythme

22 Christiane Nord, *La traduction : une activité ciblée. Introduction aux approches fonctionnalistes*, trad. Beverly Adab, Arras, Artois Presses Université, 2008, p. 22.

23 Henri Meschonnic, *Poétique du traduire*, Paris, Verdier, 1999, p. 117.

qui n'est pas une métrique, mais une « forme de mouvement » (*ibid.*, p. 334) dans laquelle le sens est généré. Le sens n'est donc pas séparé du rythme qui n'est pas un « effet esthétique » et donc ne prend plus part à une fonction esthétique de la littérature. La modalité rythmique fait partie de la signifiance du texte et doit être traduite. Meschonnic rejette ainsi l'opposition entre fonction esthétique de la littérature et « langage ordinaire » car, selon lui, une poétique du rythme peut tout à fait intégrer une théorie du langage ordinaire : « Le poème n'est pas fait de signes, bien que linguistiquement il ne soit composé que de signes. Le poème passe à travers les signes[24] ». La poétique du texte littéraire ou de tout autre texte est donc la particularité de sa *signifiance.*

Il est évident que de tels raisonnements, et il n'est pas le seul à le faire[25], font s'écrouler l'assimilation des textes de communication aux textes littéraires, l'acte fondateur de ces textes devenant alors respectivement, l'acte de communication pour les premiers et l'acte de transmission pour les seconds. Car selon Meschonnic, la nature du langage même, et donc du texte littéraire où s'inscrit la subjectivité du sujet dans une oralité se manifestant par le rythme, proscrit toute visée fonctionnaliste. La théorie du skopos est donc facilement attaquable.

Qu'en est-il précisément de la traduction de la métaphore ? Ce n'est pas une question de créativité pour la théorie du skopos. Pour Katharina Reiss, il ne s'agit pas en premier lieu de trouver des images équivalentes dans une autre langue-culture, mais de déterminer sa *fonction* dans le texte source et de la reproduire dans le texte cible. Dans les textes communicatifs, dont la fonction est de communiquer un contenu d'information, il s'agit de trouver une image produisant le même *effet* communicationnel ou, en cas de soi-disant impossibilité, de paraphraser pour garder au moins le « sens », c'est-à dire l'« idée ». Dans les textes dits expressifs, il s'agit de trouver une métaphore *équivalente* dans le texte cible. Pour Snell-Hornby[26], la métaphore sera traduite selon ses degrés de métaphoricité, selon qu'elle est plus ou moins vive, fraîche, créative ou au contraire conventionnelle, fanée, usée, etc. La créativité

24 Henri Meschonnic, *Critique du rythme. Anthropologie historique du langage*, Paris, Verdier, 1982, p. 72.

25 On vient de citer celui de Valéry.

26 *Cf.* Mary Snell-Hornby, « The Unfamiliar Image : Metaphor as a Problem in Translation », *Anglistentag 1987*, éd. Hans Werner Ludwig, Tübingen, Vorträge ; Hoffmann, Griessen, 1988, p. 267.

sera donc calquée sur la catégorisation préalable de la métaphore. Dans les deux cas, on voit clairement que ce qui guidera le traducteur, c'est d'abord la définition qu'il donnera de la métaphore et ensuite sa propre créativité. On s'éloigne ainsi des difficultés précises de la pratique réelle du traducteur et on note également que le terme de créativité reste dans un vide définitoire total. Ses aspects communément admis, à savoir son caractère nouveau et son caractère approprié, ne font même pas l'objet d'une étude. D'autres caractéristiques plus pointues, comme la capacité à transformer la contrainte (*Transformation of constraint*) et la condensation du sens (*condensation*), pourtant mises en évidence dès 1967 par Jackson et Messick[27], ne sont pas non plus abordées. En conséquence, on retiendra que pour traduire la métaphore vive, la théorie du skopos reste dans un certain flou :

> Face à l'exigence du maintien de l'effet produit sur le récepteur, le traducteur doit prendre en considération les éventuels écarts entre les deux cultures en présence et développer une créativité proportionnelle à cet écart (Balacescu et Stefanink, 2003, p. 515).

Prenons tout de même un exemple de métaphore à traduire tiré de *The Hunger Games*. Dans le troisième tome, la narratrice, retrouvant les membres de son équipe, blessés suite à des tortures diverses lors de leur emprisonnement, décrit les lieux où on les a enfermés et fait ce commentaire à propos du sol :

> *The stains of human misery that must have been hosed off these white tiles* (Collins, 2010, p. 49).

Guillaume Fournier propose la traduction suivante :

> « Les souillures de misère humaine qu'on a dû nettoyer au jet sur ces carreaux blancs » (Collins/Fournier, 2011, p. 45).

Dans la théorie du skopos, l'énoncé métaphorique doit tenir compte d'abord de la réception par le lecteur. Cet énoncé se situe ici dans un texte de littérature de jeunesse appartenant au genre de la science-fiction et le

27 Philip W. Jackson et Samuel Messick, « The Person, the Product, and the Response : Conceptual Problems in the Assessment of Creativity », éd. J. Kagan, *Creativity and Learning*, Boston, Houghton Mifflin, 1967, p. 10.

traducteur devra donc d'une part garder en mémoire les traits inhérents à ce type de récits avant d'opérer ses choix traductifs et d'autre part moduler sa traduction en fonction du lectorat cible. Ici le contexte de violence physique a été préservé ainsi que l'aspect cru et détaché de la seconde partie de la description qui file la métaphore et qui est assez typique des récits de science-fiction, quel que soit l'âge du lecteur : les êtres humains y sont couramment réifiés ou détruits sans états d'âme, *hosed off* / « nettoyer au jet », évoquant aussi le sort probable réservé à ces prisonniers s'ils n'avaient pas été sauvés à temps par la narratrice.

D'autre part, la narration est caractérisée par deux fonctions, l'une informative – la narratrice relatant des faits – et l'autre esthétique – l'expression métaphorique « *stains of human misery* », télescopant deux registres, concret (*stains*) et abstrait (*human misery*) et formant une sorte d'hypallage, le terme *stains* ne s'appliquant sémantiquement qu'aux conséquences concrètes d'une action humaine et non à la condition humaine dans son ensemble. Dans la théorie du skopos, la fonction informative veut que les normes linguistiques et stylistiques dominantes de la langue cible soient respectées, ce qui est le cas ici. La fonction esthétique exige le recours à une créativité dans les choix stylistiques visant la production d'un effet esthétique semblable sur le lecteur. Ici le traducteur a opté pour « souillures » au lieu de « taches ». Il a choisi un terme qui d'une part appartient à la fois au registre concret et moral, et qui, d'autre part, est susceptible de diverses interprétations puisque « souillures » ne renvoie pas seulement à « ce qui salit », ce qui tache, à des « produits de déjection, d'excrément » (dictionnaire CNTRL), mais également à des « taches » morales, ce qui est le cas dans le contexte. En effet, le traducteur a voulu accentuer le ton moralisateur du discours de la narratrice qui ne cesse d'exprimer sa culpabilité au début de ce troisième tome face aux conséquences tragiques qu'a engendré son rôle dans la guerre. En conclusion, si l'on suit les directives de la théorie du skopos, le traducteur aurait rempli pleinement son rôle. Devant maintenir l'effet produit sur le récepteur, le traducteur a tenu compte des écarts entre les deux cultures en présence et a développé une créativité proportionnelle à cet écart.

Mais si l'on approfondit toutes les pistes que peut engendrer une analyse de la notion de créativité, on pourra être amené à proposer d'autres solutions traductives. Sans aller peut-être jusqu'à la position extrême d'une des thèses défendues dans l'ouvrage de 1985 *The Manipulation of Literature : Studies in Literary Translation*[28], qui part du principe que la traduction étant par nature « manipulation », toute forme de créativité est alors admise et tout texte cible peut être classé comme traduction si son auteur le souhaite. Lakoff et Johnson, par exemple, ont mis en lumière des « enchaînements associatifs » qui peuvent être exploités de façon pertinente en traduction. L'exemple retenu par Balacescu et Stefanink mérite d'être cité :

> [Lakoff] montre, par exemple, comment nous associons les concepts de « anger » et « lust » par le biais de représentations métaphoriques qui ont certains points communs. Dans l'imagination populaire, en effet, « anger » est associé à « feu » comme en témoignent les citations suivantes : *Those are inflammatory remarks. He was breathing fire. Your insincere apology just added fuel to the fire. After the argument, Dave was smoldering for days, etc.* [...] La même idée de feu se retrouve dans le scénario de « lust » : *She is an old flame. He was consumed by desire. She's hot stuff. Hey, baby light my fire, etc.* [...] Lakoff en conclut que, par le biais de ces représentations métaphoriques, les deux catégories « anger » et « lust » peuvent se trouver associées (Balacescu et Stefanink, 2003, p. 517).

Lakoff et Johnson mettent donc en lumière des sortes d'invariants, des prototypes, mais culturellement marqués, en fonction desquels semble s'organiser l'enchaînement significatif que l'auteur du texte source ou le traducteur devrait être capable d'entendre et qui stimulent la créativité. Pour la théoricienne roumaine de la poïétique Irina Mavrodin, qui développe la notion « d'éclairs associatifs », « plus les entités entre lesquelles l'individu doit trouver un élément commun sont sémantiquement éloignés, plus son potentiel créatif est élevé[29] », faisant en cela le lien entre cognitivisme et poétique. On pourrait tenter de trouver dans l'exemple relevé des enchaînements associatifs. Notons que nous sommes ici dans une perspective représentationnelle et non perceptuelle, dans une perspective typiquement cognitiviste où un invariant commun à des images prenant naissance dans l'esprit à la lecture d'énoncés métaphoriques est recherché. La métaphore est donc uniquement un véhicule de compréhension et non de perception.

---

28 Theo Hermans, éd., *The Manipulation of Literature : Studies in Literary Translation*, Londres, Croom Helm, 1985.

29 Ioana Balacescu et Bernd Stefanink, « Poïétique, herméneutique et cognitivisme. Hommage à la grande dame de la poïétique : Irina Mavrodin », *L'Histoire de la traduction en question(s), Atelier de traduction*, n° 7, 2012, p. 131.

On pourrait ainsi proposer « Ces rebuts de la misère humaine dont ils avaient dû vouloir débarrasser le carrelage blanc au jet », *stains* dans ce contexte et *off* revoyant tous deux par association mentale à l'image de ces objets ou personnes, les « rebuts », dont on veut se débarrasser pour qu'ils ne laissent plus de traces. On aurait ici le résultat d'un processus de visualisation d'une « scène », pour reprendre la notion de Lakoff fondée sur la sémantique de Fillmore, dans un cadre linguistique[30].

TRADUIRE LA MÉTAPHORE DANS LES *TRANSLATION STUDIES*

Les *Translation Studies* recouvrent en fait deux écoles de traductologie, celle de James Holmes de l'université d'Amsterdam et celle de la théorie du polysystème née à l'université de Tel-Aviv sous la bannière de Itamar Even-Zohar et Gideon Toury. Les *Translation Studies* s'intéressent beaucoup à la traduction littéraire et élargissent leur réflexion sur la traduction à une dimension culturelle et politique. Si la théorie du skopos insistait sur la fonction du texte cible comme une sorte d'usage prévisionnel du texte cible, les *Translation Studies*, influencées par le formalisme russe et le structuralisme tchèque, envisagent la fonction d'un texte littéraire comme la position centrale ou au contraire périphérique au sein d'un système littéraire national et international[31]. Plus précisément, elles examinent la situation des traductions dans le cadre d'une littérature nationale spécifique, mais aussi les rapports qui existent entre les différentes littératures nationales. Elles se penchent également sur les normes qui président à la réception des traductions et enfin sur toutes les influences idéologiques dans l'acte de traduire.

Dans un article de 1978, "The Position of Translated Literature Within the Literary Polysystem", Itamar-Even Zohar s'interroge donc sur la position de la littérature traduite au sein du polysystème. Cette

30 *Cf.* la notion de *scenes* et de *frames* » dans Charles J. Fillmore, « Scenes-and-Frames Semantics », *Linguistic Structures Processing*, ed. Antonio Zampolli, Amsterdam, N. Holland, 1976, p. 55-88.

31 *Cf.* Anthony Pym, *Exploring Translation Theories*, Abingdon & New York, Routledge, 2010, p. 9.

position est-elle privilégiée ou secondaire ? Si elle occupe une place privilégiée, c'est pour la raison suivante :

> *Through the foreign works, features (both principles and elements) are introduced into the home literature which did not exist there before. These include possibly not only new models of reality to replace the old and established ones that are no longer effective, but a whole range of other features as well, such as a new (poetic) language, or compositional patterns and techniques. It is clear that the very principles of selecting the works to be translated are determined by the situation governing the (home) polysystem : the texts are chosen according to their compatibility with the new approaches and the supposedly innovatory role they may assume within the target literature*[32].
>
> « À travers les œuvres étrangères, des traits (à la fois des principes et des éléments) sont introduits dans la littérature nationale qui n'y existaient pas auparavant. Ceux-ci incluent vraisemblablement non seulement de nouveaux modèles de réalité pour remplacer les modèles anciens et établis qui ne sont plus opérants, mais également toute une gamme d'autres caractéristiques, comme un nouveau langage (poétique) ou des modèles et des techniques de composition. Il est clair que les principes mêmes de sélection des ouvrages à traduire sont déterminés par la situation qui régit le polysystème (national) : les textes sont choisis en fonction de leur compatibilité avec ces nouvelles approches et du rôle prétendument novateur qu'ils peuvent assumer au sein de la littérature cible. »

Mais la littérature traduite peut tout aussi bien jouer un rôle conservateur et maintenir une certaine littérature dans un rôle secondaire. On pourra donc repérer à travers la traduction des énoncés métaphoriques de *The Hunger Games*, par exemple, si le but du traducteur est de positionner le genre littéraire de la science-fiction auquel cette littérature de jeunesse appartient au premier ou au second plan. S'il y a volonté que l'acte de traduction contribue à créer un nouveau type de littérature, le traducteur aura tendance à transgresser les conventions littéraires de son propre système et à adopter, à reproduire le système textuel du texte source.

C'est Gideon Toury, dans son ouvrage *Descriptive Translation Studies and Beyond* de 1995[33], qui met en avant cette façon de procéder en insistant sur le concept sociologique de « normes » dans l'activité de traduction. La norme correspond pour lui à :

---

32 Itamar Even-Zohar, « The Position of Translated Literature Within the Literary Polysystem », *Poetics Today*, vol. 11 : 1, 1990b, p. 47.

33 Gideon Toury, *Descriptive Translation Studies and Beyond*, Amsterdam/Philadelphia, John Benjamins, 1995.

> [...] *the translation of general values or ideas shared by a community – as to what is right and wrong, adequate and inadequate – into performance instructions appropriate for and applicable to particular situations, specifying what is pre-scribed and forbidden as well as what is tolerated* [...] (Toury, 1995, p. 55).

> « [...] la traduction des valeurs générales partagées par une communauté – comme ce qui est correct et ce qui est incorrect, adéquat et inadéquat – dans des instructions appropriées pour l'application dans des situations particulières, spécifiant ce qui est prescrit, ce qui est interdit et ce qui est toléré [...]. »

Il sera donc possible de procéder à une évaluation du texte cible en établissant une comparaison des énoncés, métaphoriques dans notre cas, du texte source et du texte cible dans le but de mettre au jour les normes choisies par le traducteur au cours de l'élaboration de sa traduction.

Il apparaît donc que les *Translation Studies* sont un outil intéressant en critique des traductions, mais dans une perspective qui se situe a posteriori de l'acte de traduction. C'est une approche essentiellement descriptive qui peut alerter le traducteur des dangers de l'adoption de telle ou telle norme d'un système de référence et des conséquences pour le devenir de l'œuvre littéraire à laquelle il travaille, mais les *Translation Studies* ne fournissent pas véritablement de méthodologie de la traduction, à part une aide pour déterminer un cadre de normes culturelles dans lequel se situer. Toury souligne certains traits récurrents dans les traductions qui peuvent empêcher un genre littéraire d'émerger au sein d'un polysystème : la tendance à simplifier l'information du texte source, par exemple en le diminuant de toute forme de répétition comme les circonlocutions, ou bien l'application de la « loi de la standardisation croissante » / *The law of growing standardization* (*ibid.*, p. 267-274) qui vise à imposer dans le texte cible un trait linguistique qui n'existe que dans le genre littéraire du texte cible, ce qu'Anthony Pym résume ainsi : « *a source-text feature in some way specific to that text will tend to be replaced by a feature from the stock held in waiting in the target-language genre*[34] ». Cette tendance, rappelle-t-il, est aussi celle de la « loi de conversion » : « *textual relations obtaining in the original are often modified* [...] *in favour of (more) habitual options offered by a target culture* » (Toury, 1995, p. 268). On peut aussi avoir recours à la « loi d'interférence » / *the law of interference*

34 Anthony Pym, « On Toury's Laws of How Translators Translate », 2008, https://www.researchgate.net/publication/254000343_On_Toury's_laws _of_how_translators_translate, p. 5 (consulté le 24/04/2022).

(Toury, 1995, p. 274 *sq.*) dont Toury donne la définition suivante : « *In translation, phenomena pertaining to the make-up of the source text tend to be transferred to the target text* » (Toury, 1995, p. 275). Ce *make-up*, provient des normes du texte cible : « *the normal, codified practices of the target system* » (*ibid.*). Pym résume de façon très synthétique les conclusions qu'on peut tirer de cette loi appliquée à la traduction : « *the transfer may be negative (when the translation deviates from what is normal in the target-system) or positive (when it does not)* » (Pym, 2008, p. 6).

On pourra ainsi juger de la traduction de Guillaume Fournier en fonction de la loi de standardisation. Dans le chapitre 1 du tome 1, on lit, respectivement dans le texte source, puis dans la traduction française :

> *We have to joke about it because the alternative is to be scared out of your wits* (Collins, 2008, p. 8).
>
> « Nous préférons en rire plutôt qu'avoir une frousse de tous les diables » (Collins/Fournier, 2009, p. 9).

L'énoncé métaphorique lexicalisé « *to be scared out of your wits* », en devenant « avoir une frousse de tous les diables », imprime sur le texte cible plusieurs traits linguistiques qui n'existent pas dans le texte source. En effet, on remarque une triple rupture de registre : l'énoncé passe du registre source standard à un registre cible nettement familier, « frousse » pour *scared*, puis à un registre proche du juron, « de tous les diables » pour *out of your wits* ; on souligne aussi le caractère désuet de l'expression française – appartenant plutôt à la langue des XVIIe-XIXe siècles – qui ne correspond guère au discours au lexique simple et très contemporain des personnages de science-fiction du début du XXIe siècle. L'impression est donc que le traducteur a remplacé un énoncé métaphorique assez banal, tant par le lexique et le registre, par un autre énoncé métaphorique n'appartenant qu'à la culture du texte cible et à la sienne. Là où l'on attendait « plutôt que d'être morts de peur », on observe une conversion vers les idiosyncrasies du traducteur.

Un autre exemple, plus courant, révèle le processus de standardisation. Il s'agit du même chapitre :

> *Through the crowd, I spot Gale looking back at me with a ghost of a smile* (*ibid.*, p. 20).
>
> « À travers la foule, je repère Gale, qui me fait un mince sourire » (*ibid.*, p. 18).

La métaphore *ghost of a smile*, certes lexicalisée en anglais, mais sémantiquement très riche, est dépouillée de tout son réseau connotatif pour être standardisée et réduite à une expression banalisée, compréhensible de tous. Or dans le roman, *ghost of a smile* convient tout à fait pour décrire un décor où la mort rôde sans cesse et d'autre part pour marquer la connivence qui existe entre les deux personnages, dont l'un, Gale, est amoureux de l'autre, la narratrice, mais ne le laisse que peu transparaître. C'est donc tout un jeu sémantique à différents niveaux qui s'entrecroise dans cette expression. Il était primordial de le garder, par exemple dans une traduction comme : « … je repère Gale qui se retourna vers moi en esquissant l'ombre d'un sourire ». À noter aussi qu'il faut réintroduire *looking back*, oublié dans la traduction et qui montre le besoin de Gale de regarder l'héroïne.

Sur le plan général de la traduction, on s'interrogera sur la notion de fidélité à une culture, telle que l'a explorée Lawrence Venuti dans son ouvrage *The Translator's Invisibilty* de 1995[35] qui se situe dans une hypothèse polysystémique et dans une visée éthique. Venuti insiste sur les deux stratégies de traduction qui s'offrent au traducteur, *foreignization* et *domestication*, dépaysement ou étrangéisation[36] et domestication. La domestication correspond à l'invisibilité du traducteur dans le processus traductif, le dépaysement à sa visibilité.

En domestiquant le texte cible, on adapte un contexte culturel étranger à une culture cible en rendant le texte intelligible au lecteur. C'est très souvent l'attitude adoptée lorsqu'il s'agit de traduire la littérature de jeunesse. Certains vont parler alors d'adaptation, et non plus vraiment de traduction au sens strict, à la culture cible. Les marques de la culture source ont donc tendance à disparaître. Au contraire en dépaysant le texte cible, en l'étrangéisant, on laisse les marques de la culture source dans la culture cible. Le lecteur sait alors qu'il lit une traduction. Le risque est alors un certain degré d'inintelligibilité du texte cible. Venuti évoque ainsi la notion de *transparency* dans le sens de *fluent discourse*, comme étant le résultat des efforts des traducteurs pour assurer une lisibilité au texte cible : « *easy readability by adhering to current usage, maintaining continuous syntax, fixing a precise meaning* » (Venuti, 1995, p. 1) / « une lisibilité facile en adhérant à l'usage courant, en maintenant une syntaxe

35 Lawrence Venuti, *The Translator's Invisitbility*, Londres / New York, Routledge, 1995.

36 Le terme *foreignization* est également utilisé en français.

continue, en fixant un sens précis ». Mais si les traducteurs font tous leurs efforts pour créer des textes transparents, c'est aussi parce que les éditeurs et les lecteurs le réclament :

> *A translated text, whether prose or poetry, fiction or nonfiction, is judged acceptable by most publishers, reviewers, and readers when it reads fluently, when the absence of any linguistic or stylistic peculiarities makes it seem transparent, giving the appearance that it reflects the foreign writer's personality or intention or the essential meaning of the foreign text—the appearance, in other words, that the translation is not in fact a translation, but the "original"* (*ibid.*).
>
> « Un texte traduit, qu'il s'agisse de prose ou de poésie, de fiction ou pas, est jugé acceptable par la plupart des éditeurs, des critiques et des lecteurs lorsqu'il se lit couramment, lorsque l'absence de toute particularité linguistique ou stylistique le fait paraître transparent, donnant l'impression qu'il reflète la personnalité ou l'intention de l'écrivain étranger ou le sens essentiel du texte étranger – en d'autres termes, l'apparence que la traduction n'est pas en fait une traduction, mais l'"original". »

La langue-culture source est donc malheureusement, selon Venuti, trop souvent soumise aux normes culturelles et linguistiques de la langue-culture cible :

> *...to bring back a cultural other as the same, the recognizable, even the familiar; and this aim always risks a wholesale domestication of the foreign text* (*ibid.*, p. 18).
>
> « afin de ramener un "autre" culturel comme le semblable, le reconnaissable, voire le familier ; et ce but fait toujours prendre le risque d'une domestication massive du texte étranger. »

Toutefois ce risque peut être contrôlé car il appartient au traducteur de choisir sa stratégie, plus ou moins violente, et de faire porter la violence de ses convictions sur le plan langagier :

> *Although I have construed translation as the site of many determinations and effects—linguistic, cultural, economic, ideological—I also want to indicate that the freelance literary translator always exercises a choice concerning the degree and direction of the violence at work in any translating* (*ibid.*, p. 19).
>
> « Bien que j'aie interprété la traduction comme le lieu de nombreuses déterminations et effets – linguistiques, culturels, économiques, idéologiques – je tiens également à indiquer que le traducteur littéraire indépendant exerce toujours un choix en ce qui concerne le degré de violence et la direction dans laquelle elle s'exerce dans toute traduction. »

Venuti dénonce aussi des tentatives d'imposer une façon de penser le monde, voire des idéologies dans la tendance inverse des traducteurs à étrangéiser, exotiser le texte cible pour imposer les valeurs d'une culture dite dominante. Ce serait donc théoriquement le cas lorsque des textes sont traduits de l'américain vers une culture jugée moins dominante. Mais est-ce bien le cas ?

Car il faut signaler que le raisonnement de Venuti repose sur la liberté de l'auteur, comme du traducteur, liberté qui n'est pas la même selon les pays. Dans la culture anglo-saxonne, la notion d'auteur libre et indépendant est reine :

> *...individualistic conception of authorship* [...] *continues to prevail in Anglo-American culture* [...]*; According to this conception, the author freely expresses his thoughts and feelings in writing, which is thus viewed as an original and transparent self-representation, unmediated by transindividual determinants (linguistic, cultural, social) that might complicate authorial originality* (*ibid.*, p. 6-7).

> « ... la conception individualiste d'autorialité [...] continue de prévaloir dans la culture anglo-américaine [...]; Selon cette conception, l'auteur exprime librement ses pensées et ses sentiments par son écriture, ce qui, en conséquence, est considéré comme une auto-représentation originale et transparente, sans médiation de déterminants (linguistiques, culturels, sociaux) qui pourraient compliquer l'originalité de l'auteur. »

DE L'INDICIBLE À LA POÉTIQUE DANS LA TRADUCTION DE LA MÉTAPHORE
De Steiner à Meschonnic

GEORGES STEINER

Si pour Steiner la traduction est un acte de communication et d'individualisation du discours qui par nature nécessite une approche herméneutique sans cesse renouvelée, elle se heurte parfois à la présence d'un indicible dans le texte, à ce que l'auteur appelle une « objection préjudicielle ». Toute la position de Steiner prend appui sur la présence de cet indicible, sur la conviction que le langage est, par nature, a-conceptuel. Il se plaît à rêver que dans le futur, « les mots se débarrasseront "du fardeau d'avoir à signifier quelque chose" et ne seront plus qu'eux-mêmes, lisses et pleins comme des galets » (Steiner, 1978, p. 404). Cette conviction provient d'une réflexion sur la métaphore qui imprègne notre capacité de concevoir, même les univers les plus lointains. Car seule la métaphore arrive à transcender les barrières du temps et de l'espace :

> Un animal métaphorise-t-il ? Ce n'est pas seulement que la langue est saturée de métaphores. Il y va de notre compulsion, de notre capacité de concevoir et d'examiner d'autres mondes, de construire des possibilités logiques et narratives au-delà de toute contrainte empirique. La métaphore défie, surmonte la mort – comme dans la fable d'Orphée de Thrace – lors même qu'elle transcende le temps et l'espace. Frustrante est notre incapacité de situer, ou même de concevoir l'heure à laquelle un agent humain de la Grèce antique et de l'Ionie vit que l'océan avait la couleur sombre du vin, que l'homme dans la bataille était devenu un lion vorace. Ou de saisir comment l'auteur de Job vit les étoiles faire pleuvoir leurs lances[37].

La métaphore est de l'ordre de l'indicible. Cet indicible est contenu dans des universaux qu'on ne peut percevoir mais qui sont présents dans toutes les langues. Ils ne sont pas perceptibles par la raison. C'est pourquoi l'indicible engendre l'intraduisible :

> L'existence d'universaux de forme profonds... implique que toutes les langues soient bâties sur le même modèle, mais non pas qu'il y ait entre des langues particulières une correspondance point par point. Elle n'implique pas, par exemple, qu'il existe nécessairement pour les langues une procédure raisonnable de traduction [...]. La possibilité qu'une procédure raisonnable existe pour traduire deux langues arbitrairement choisies dépend de l'existence en nombre suffisant d'universaux de substance. En fait, bien que l'on ait de fortes raisons de penser que les langues sont dans une grande mesure construites sur le même modèle, il n'y a guère de raison de supposer que des procédures raisonnables de traduction soient possibles de façon générale (cité par Steiner, 1978, p. 108).

On pourrait rétorquer qu'indicible n'est pas synonyme d'intraduisible et que cet intraduisible n'est pas synonyme d'aporétique. Genette, par exemple, refuse de parler d'intraduisible et substitue à cette notion celle de « dommageabilité ».

> Il vaudrait mieux distinguer non entre textes traduisibles (il n'y en a pas) et textes intraduisibles, mais entre textes pour lesquels les défauts inévitables de la

37 George Steiner, *Poésie de la pensée*, trad. P.-E. Dauzat, Paris, Gallimard, 2011, p. 38.

> traduction sont dommageables (ce sont les littéraires) et ceux pour lesquels ils sont négligeables : ce sont les autres, encore qu'une bévue dans une dépêche diplomatique ou une résolution internationale puisse avoir des conséquences fâcheuses[38].

Une autre façon de considérer l'intraduisible est de mettre de côté l'indicible pour ne s'attacher qu'aux limites de chaque langue-culture, tant il est vrai que tel concept ou tel néologisme peut n'exister que dans une seule langue-culture. De façon plus banale ou évidente, l'intraduisibilité peut simplement être la conséquence d'une compétence plus ou moins développée du traducteur quand elle n'est pas le fruit d'interdits idéologiques ou religieux. On sait que certains textes dits sacrés sont intouchables.

Évidemment, ces différents constats d'intraduisibilité ont tendance à mettre de côté la richesse et l'inventivité du langage. Car il ne faudrait pas oublier que la littérature – et *a fortiori* la poésie – est une exacerbation des procédés langagiers. Robert Larose définit ainsi le poème :

> Le poème n'est pas une manifestation contingente de la langue, mais *le produit d'un langage suractivé* qui ne se laisse cerner que grâce à un ensemble de *lectures tangentes*. Par suractivé, il faut entendre le parallélisme et la convergence des divers plans de la langue : son, rythme, allitération, assonance, consonance, contours d'intonation, structures morphologiques et syntaxiques, répartition d'éléments lexicaux et structures sémantiques[39].

Lamy parle de la priorité qu'il y a à examiner les multiples éléments qui font la musique particulière d'un texte :

> Il s'agit simplement de comprendre qu'avant de se mettre à deviser sur l'indicible ou l'ineffable, il vaut mieux interroger la richesse du matériau, la polysémie générée par l'agencement des vocables, la composante rythmique qui innerve la trame du poème noué dans la scansion du souffle et la tessiture de l'intonation qui traduisent l'unicité d'une voix qui s'y incarne en irradiant une palette singulière de chromatismes qui contient le clair et l'obscur (Lamy, 2017, p. 285).

L'aporie serait un faux problème. François Ost voit ainsi l'intraduisible, comme la possibilité de stimuler la créativité : « il est au contraire son possible le plus propre, la frontière intérieure qui le met en mouvement.

38 Gérard Genette, *Palimpsestes. La littérature au second degré*, Paris, Seuil, 1982, p. 295.

39 Robert Larose, *Théories contemporaines de la traduction*, Sillery, Presses de l'Université du Québec, 1987, p. 133-134.

L'énergie (la langue comme *energeia* et non comme *ergon*) que le bon traducteur s'emploie à réactiver[40] ». Michael Hanne va jusqu'à établir un parallèle entre acte de traduction et création de métaphores. L'art de traduire est donc précisément l'art de créer de nouvelles métaphores dans le texte cible.

> *Metaphor is, according to Haack, pre-theoretical in the sense that an innovative thinker needs to try out a series of metaphors, sliding from one to another, because each illuminates a different aspect of the problem, on the way to constructing a fully developed theory*[41].
>
> « La métaphore est, selon Haack, pré-théorique dans le sens où un penseur inventif a besoin d'essayer une série de métaphores, glissant de l'une à l'autre, car chacune éclaire un aspect différent du problème et conduit à la construction d'une théorie pleinement aboutie. »

En résumé, Steiner nous aide à prendre conscience de l'indicible véhiculé par la métaphore et qui est inhérent au langage. L'intuition de Steiner se heurte toutefois dans la pratique au manque d'applications concrètes de son positionnement pour le traducteur.

HENRI MESCHONNIC

Si l'on se tourne vers la théorie du langage chez Meschonnic, l'accent est mis sur la nécessité de sortir du cadre strict de la communication pour entrer dans celui de la poétique. La dimension herméneutique est également critiquable dans la mesure où pour lui, ce n'est pas le nom ou même le mot mais le discours tout entier qui constitue l'unité de traduction. Pourquoi ? Parce que le discours est celui d'un sujet « qui fait quelque chose au langage ». Tout texte littéraire est une nouvelle façon de dire le monde et devient donc une forme-sujet. Cette nouvelle oralité lui fait considérer le rythme comme le lien entre le langage et le corps du sujet, comme l'attestent tous ses ouvrages de *Pour la poétique II* (1973) à *Poétique du traduire* (1999). C'est la raison pour laquelle l'absence de reconnaissance de ce rythme, marqueur de subjectivité, révèle à coup sûr un positionnement idéologique très discutable chez l'auteur du texte source ou celui du texte cible. Elle correspond à un trop grand attachement au signe et au sens :

---

40 François Ost, *Traduire – Défense et illustration du multilinguisme*, Paris, Fayard, 2009, p. 172.

41 Michael Hanne, « Metaphors for the Translator », *The Translator as Writer*, éd. Susan Bassnett & Peter Bush, Londres & New York, Continuum, 2006, p. 211.

> Dans l'état actuel de la théorie du langage et de la littérature, confronter les deux termes de rythme et de traduction ne consiste plus à rappeler, banalement, stylistiquement, qu'il y a du rythme dans un texte, et que la traduction doit en tenir compte. Ce serait en rester au sens traditionnel du rythme, et à la théorie traditionnelle. Le rythme met en question la régie du signe, le primat du sens. Le rythme transforme la théorie du langage tout entière. Il y a à en tirer les conséquences pour la théorie et la pratique de la traduction. Ce qu'on n'a guère fait jusqu'ici. Et qui déclenche des résistances. En quoi traduire apparaît comme le révélateur des théories, et une pratique qui impose de théoriser. Il s'agit de montrer que le rythme, comme donnée immédiate et fondamentale du langage, et non plus dans sa limitation formelle et traditionnelle, renouvelle la traduction et constitue un critère pour l'historicité des traductions, leur valeur. Leur poétique et leur poéticité (Meschonnic, 1999, p. 123).

Pour bien traduire il faut donc traduire le sujet dans le rythme. Le sujet est ce qui permet de relier tous les éléments du discours. D'où l'insistance de Meschonnic sur le refus de séparer artificiellement forme et sens. Autre conséquence : l'acte de traduire ne consiste plus à trouver un passage entre deux langues-cultures, à rechercher à tout prix des équivalences linguistiques, mais à créer une nouvelle subjectivité dans le rythme du texte cible. Il va sans dire qu'isoler le texte en unités est, dans cette perspective, inacceptable. Cette approche traductive, très répandue dans le structuralisme et la sémiotique, est le fruit d'un amalgame entre signe et concept. Le traducteur se doit donc de marquer le texte d'une nouvelle subjectivité. Les concepts comme l'intraduisibilité ou le génie de la langue deviennent caducs. Cristina Henrique da Costa résume cette position ainsi :

> Le contexte argumentatif est d'une étonnante clarté ; un traducteur n'a pas affaire à de l'intraduisible ; il ne doit pas chercher à disparaître, (et Luther n'a pas disparu), et il ne peut pas devenir neutre ; il n'est ni fidèle, ni infidèle, car il n'existe ni génie de la langue ni esprit d'une nation ; il n'y a finalement, aucun rapport entre deux langues ni entre une langue et une culture (rapport d'implication, d'inclusion, d'exclusion) si ce n'est dans les discours qui informent ce rapport. Par conséquent, traduire le rythme signifie traduire la différence en devenant la différence ; ce qui explique d'ailleurs, comme le dit Meschonnic, que la bonne traduction, de même que les bons textes, vieillisse[42].

42 Cristina Henrique da Costa, « Peut-on entièrement traduire ce que le poème fait au langage ? », https://yorkspace.library.yorku.ca/xmlui/bitstream/handle/10315/27985/ /YS%20 PAL%2003%20Da%20Costa.pdf?sequence=1&isAllowed=y (consulté le 24/04/2022).

Il peut s'avérer utile de prendre un exemple pour illustrer la traduction d'un énoncé métaphorique qui suivrait les principes généraux de la théorie du rythme de Meschonnic. Voici un extrait tiré du tome 2 de *The Hunger Games* suivi de sa traduction officielle[43]. La première phrase, qui contient un énoncé métaphorique, a été soulignée dans les deux langues.

> *The shoes pinch my toes as I crunch along the cinder street. Cutting down the alleys and through backyards gets me to Gale's house in minutes. His mother, Hazelle, sees me through the window, where she's bent over the kitchen sink. She dries her hands on her apron and disappears to meet me at the door* (Collins, 2009, p. 7).

> « Mes chaussures me font mal aux pieds tandis que je m'éloigne le long de la rue charbonneuse. En coupant par les ruelles et les arrière-cours, j'arrive chez Gale en quelques minutes. Sa mère, Hazelle, m'aperçoit par la fenêtre. Elle est penchée au-dessus de l'évier de la cuisine. Elle s'essuie les mains sur son tablier et vient m'ouvrir la porte » (Collins/Fournier, 2010, p. 8).

À l'inverse de la démarche communément pratiquée, l'approche meschonnicienne consistera à repérer les marqueurs de subjectivité dans le rythme : répétition sonore et rupture syntaxique, d'abord dans l'ensemble du passage, voire du tome 2, afin de mieux cerner la nature de la forme-sujet. Dans la perspective de ce poéticien, il est impossible de rendre compte de la voix du narrateur en divisant artificiellement le texte en segments plus ou moins courts. D'autre part, avant même d'avoir recours à une quelconque herméneutique, il faudra envisager les métaphores dans leur agencement sonore et spatial à travers un énoncé suffisamment vaste.

On constate trois formes métaphoriques dans cet exemple : *The shoes pinch / I crunch along / the cinder street.* Toute l'analyse consistera à prouver que c'est le rythme qui est métaphorique. Celui-ci se déroule entre moments d'accentuation et plages de tension réduite. Le narrateur veut ainsi insuffler une intensité émotionnelle qui vient occulter le rythme banal de la phrase. Il est évident que le traducteur ne s'est attaché qu'à ce qu'on appelle communément le sens et a réduit le rythme à une série d'unités sémantiques sans tenir compte du sujet dans le discours. Il a donc passé sous silence ce qu'on pourrait appeler la métaphoricité sonore, tout comme il a effacé la métaphoricité lexicale. Non seulement il s'est délesté du poids allitératif évident de cette première phrase, mais il a

43 Cet exemple a déjà été abordé dans le n° 10 de *Des mots aux actes* (2021, p. 92). Nous en proposons ici une lecture plus approfondie.

également neutralisé les métaphores lexicales ainsi que la métaphore proleptique contenue dans *cinder street*. En effet, dans le temps du récit du tome 2, la rue est recouverte d'une poussière de charbon qui s'échappe des mines avoisinantes. Toutefois, à la fin de ce tome, le district 12 est bombardé et c'est un paysage de mort qui nous est présenté, le monde étant littéralement en cendres. Cette métaphore par anticipation ne peut être éludée.

Voici la traduction que nous proposons :

> Mes chaussures me serrent les orteils et se mettent à crisser en descendant la rue en cendres.

Il semble qu'une des possibles façons de traduire serait de reproduire une intensification de l'expression en utilisant des rappels sonores qui créent une atmosphère lourde et tendue : Katniss est en proie à une angoisse qui trahit l'ambiguïté de la relation mi amoureuse mi amicale avec son ami Gale, employé à présent dans les mines de charbon, à qui elle tente de rendre visite à ce moment précis du récit. La phrase fait aussi transparaître la peur dans laquelle vit Katniss qui, malgré sa victoire aux Jeux, se sent constamment menacée par le président Snow, chef du Capitole. On a donc introduit des effets sonores en [r], en utilisant le verbe « serrent » en modulant *toes* en « orteils » et en préférant le verbe « crisser » au verbe « craquer » pour *crunch*. On a également gardé l'équivalent de, *cinder*, cendre qui, d'autre part, apporte une note sinistre à ce début de deuxième tome. On a sauvegardé quelques sonorités fricatives en [s] (« chaussures », « serre », « se », « crisser », « cendre ») dans le même esprit. L'association de ces deux sonorités redondantes contribue à superposer à la trame narrative une empreinte subjective, celle de Katniss, qui exprime ici à la fois l'angoisse qu'elle ressent dans sa vie personnelle et l'angoisse née d'une sorte de pressentiment quant à la destinée de son district, le district 12.

Le rythme est alors modifié par ces nombreux marqueurs sonores. Il suit les modulations de la peur à chaque nouvelle sonorité ainsi mise en valeur. Un contraste très net est établi entre cette phrase et la description, très visuelle et réduite à un minimum de la mère de Gale qui apparaît dans les phrases suivantes, contraste destiné à renchérir la dimension émotionnelle de l'incipit. La traduction a donc œuvré à décrire un état du sujet dans le langage.

Les deux métaphores lexicales, *the shoes pinch my toes* et *I crunch along*, se trouvent en quelque sorte englobées dans le rythme métaphorique général et le choix de « serrent » pour *pinch* et de « crissent » pour *crunch* participent de la même logique d'expression sourde d'une anxiété latente.

PHÉNOMÉNOLOGIE ET TRADUCTION DE LA MÉTAPHORE M. Nowotna et F. Lautel-Ribstein

Deux traductologues contemporaines prennent appui sur la phénoménologie dans leurs travaux de recherche, la sémioticienne Magdalena Nowotna qui a bâti une méthodologie de la traduction littéraire à partir de la théorie des instances énonçantes de Jean-Claude Coquet et la théoricienne et praticienne de la traduction littéraire, Florence Lautel-Ribstein, qui a élaboré une autre approche traductive en réfléchissant sur la philosophie des formes symboliques de Cassier et sur la théorie des formes sémantiques de Cadiot et Visetti. Même si la métaphore n'est pas directement au centre de leurs préoccupations, néanmoins leurs approches permettent d'envisager des pistes concrètes pour la traduction de cette figure.

MAGDALENA NOWOTNA

Le concept essentiel repris de Jean-Claude Coquet par Magdalena Nowotna, est celui de « saillance », bien que la théoricienne ait été également marquée par ses lectures de Paul Ricœur et du philologue et philosophe Jean Bollack[44]. Ces saillances sont des formes perçues par un sujet que l'auteur nomme, « instances corporelles ». L'instance corporelle passe ensuite le relais à une « instance judicative » « qui transformera cette perception en écriture[45] ». Ces deux instances sont des « instances énonçantes » et font partie des « piliers de l'œuvre »

44 Jean Bollack, *Sens contre sens : comment lit-on ? Entretiens avec Patrick Llored*, Genouilleux, La Passe du vent, 2000.

45 Magdalena Nowotna, « Sens et sensibilité en traduction », *Traduire À la recherche du temps perdu*, éd. Geneviève Henrot Sostero et Florence Lautel-Ribstein, Paris, Classiques Garnier, 2015, p. 30.

(*ibid.*, p. 30). Si l'on en croit Coquet, on peut trouver quatre catégories d'instances énonçantes, décrites ainsi par M. Nowotna : « L'instance corporelle (non sujet), l'instance judicative (sujet) et les deux forces, les deux tiers actants, l'une immanente (douleur, passion amoureuse, souffrance), l'autre transcendante (l'ordre social, lois, régime politique, religion, destin) » (*ibid.*). Il s'agira pour le traducteur de repérer les saillances produites par une ou plusieurs instances, saillances qui prennent la forme de « discursivisation, métaphorisation, figurativisation[46] » dans le texte. Les saillances mises ensemble forment la structure actantielle, une « cartographie » que l'on peut considérer comme « une grammaire rhétorique[47] ». C'est une forme « des formes, combinatoire des sens et des formes propres à un texte particulier, mais s'exprimant en termes universels et qui, s'élevant au-dessus de la langue source, permet le passage vers la langue cible » (Nowotna, 2015, p. 31). Cette structure avec ses formes-saillances devient le point d'appui du traducteur qui, dans sa tâche, la considérera en premier. Elle se révèle souvent à travers des processus de métaphorisation, là où le langage devient étrange. La sémioticienne définit ainsi la métaphore :

> La métaphore est une figure de langage composée de mots et de formes. Mystérieuse, elle produit en elle une étreinte des éléments, un mouvement de communication des formes qui sont proposées par le sujet énonciateur pour vivre (être) ensemble dans le but de réunir ce qui est épars, faire devenir familier ce qui est étranger l'un à l'autre, pour créer chaque fois une nouvelle forme du sens (Nowotna, 2013, p. 65).

Dans l'exemple qui suit, on tentera de repérer les diverses instances énonçantes à travers les saillances qui fonctionnent comme des lieux d'étrangeté langagière. Il ne sera jamais question, d'après Magdalena Nowotna, d'intraduisible ou bien d'indicible mais d'absence de familiarité.

Le passage est tiré du tome 1 de *The Hunger Games* :

> *In the woods waits the only person with whom I can be myself. Gale. I can feel the muscles in my face relaxing, my pace quickening as I climb the hills to our place, a*

46 Magdalena Nowotna, « La sémiotique et la traductologie. Le rapport de réciprocité », *Sémantique(s), sémiotique et traduction*, éd. Florence Lautel-Ribstein et Carmen Pineira-Tresmontant, revue *Des mots aux actes*, n° 7, 2018, p. 169.

47 Magdalena Nowotna, « Métaphores d'amour dans la poésie polonaise de Maria Pawlikowska-Jasnorzewska et Halina Poswiatowska », *Traduire les métaphores du fond du cœur*, éd. Julie Brock et Florence Lautel-Ribstein, revue *La TILV*, n° 55, mai 2013, p. 64.

> *rock ledge overlooking a valley. A thicket of berry bushes protects it from unwanted eyes. The sight of him waiting there brings on a smile. Gale says I never smile except in the woods* (Collins, 2008, p. 6).

> « Dans la forêt m'attend la seule personne avec laquelle je peux être moi-même. Gale. Les muscles de mon visage se détendent, et je presse le pas en grimpant la colline vers notre point de rendez-vous, une corniche rocheuse surplombant une vallée. D'épais buissons de mûres la mettent à l'abri des yeux indiscrets. En découvrant Gale, je souris. Gale prétend que je ne souris jamais, sauf dans la forêt » (Collins/Fournier, 2009, p. 7-8).

Pour bien comprendre quelles sont les instances en jeu, cherchons d'abord le(s) lieu(x) possible(s) où la langue devient métaphorique et singulière. Deux instances perceptives s'expriment ici, d'une part, Katniss, la narratrice, et d'autre part Gale, son ami et co-équipier qui affirme à la fin du passage *I never smile except in the woods.* La forêt est le lieu qui les unit. Katniss le nomme *our place.* C'est aussi un lieu d'apaisement qui lui permet de retrouver sa véritable identité, loin de la dictature de Panem : (« *In the woods waits the only person with whom I can be myself* »). Gale est donc assimilé à la nature environnante.

Si l'on se réfère à la théorie des instances énonçantes, on voit assez clairement la division du personnage de Katniss entre *logos* et *phusis*[48], c'est-à-dire entre sujet et non-sujet, ou encore entre un « prime actant » qui renvoie à un être de raison que l'on peut percevoir dans le segment « *as I climb the hills* », et un être de chair, un corps « qui échappe à toute contrainte logique[49] ». Au contraire du prime actant qui pourrait clamer « *I can be myself* » cette instance corporelle ne fait plus qu'un avec son organisme, perçoit la moindre de ses réactions intérieures : « *I can feel the muscles in my face relaxing, my pace quickening [...]. The sight of him waiting there brings on a smile* ».

Le tiers actant transcendant se manifeste dans le segment métaphorique *from unwanted eyes* dans le passage « *A thicket of berry bushes protects it from unwanted eyes* ». Le lieu de refuge, de paix et de protection qu'est la forêt est un lieu d'où le danger n'est pas exclu car il est interdit aux habitants du district 12 et se trouve en quelque sorte à la merci de la police de Panem. Toutefois un rempart de buissons, telle une nouvelle instance qui fait l'objet

48 *Cf.* Jean-Claude Coquet, *Phusis et Logos. Une phénoménologie du langage*, Saint-Denis, Presses Universitaires Vincennes, 2007.

49 Jean-Claude Coquet, « L'être et le passage ou d'une sémiotique à l'autre », *TLE*, n° 6, Saint Denis, Presses Universitaires de Vincennes, 1988, p. 98.

d'une personnification, fait office de génie protecteur et nourricier (*burry*). L'instance transcendante est ici le gouvernement de Panem qui surveille ses sujets. Il est donc évident que la traduction de Fournier, « la mettent à l'abri des yeux indiscrets » est très édulcorée. Une mise en lumière de participe passé *unwanted* qui surgit brusquement dans la phrase et fait écho aux méthodes violentes assimilables à celles d'une inquisition aurait été préférable. La traque des habitants jusqu'au dans la forêt, et le moyen de défense guerrière évoquée par les buissons épais pourraient donner lieu à la solution traductive suivante qui oppose deux expressions métaphoriques, l'une, militaire, en tête de phrase, l'autre, guerrière, à la fin : « Un rempart de buissons de mûres lui offre protection loin des regards inquisiteurs ». Il y a alors rapprochement entre la forêt devenue forteresse et la narratrice qui s'impose comme déesse guerrière tout le long du roman.

FLORENCE LAUTEL-RIBSTEIN

Cette théoricienne a remis à l'honneur la notion de « forme interne » qui s'avère fort utile en pratique de la traduction. Cette notion sous-entend comme le dit Wilhelm von Humboldt que la vision du monde s'enracine dans la langue (Humboldt, 1974). La langue n'est plus l'aboutissement d'un ensemble de mots choisis arbitrairement. Ce n'est plus un système conventionnel, mais elle porte en elle la projection des vécus de la conscience humaine, d'états qui sont la conséquence de l'impact des phénomènes du monde. Humboldt fait référence à un lien secret, qu'il qualifie de rapport « mythique » entre d'une part les choses du monde et les sons mêmes de la langue. Cette réflexion est aussi celle de la *Philosophie des formes symboliques* de Cassirer, mais les thèses du philosophe, d'après Florence Lautel-Ribstein, sont susceptibles de donner naissance à une réflexion traductologique voire à des applications en pratique de la traduction. Cassirer occupe une situation très particulière dans l'histoire des philosophies et des sciences. Nathalie Janz la résume ainsi :

> Cassirer se distance constamment des deux clans qui s'opposent dans l'histoire de la philosophie : les empiristes qui cherchent à « saisir en quelque sorte le concept entre leurs mains » et les idéalistes dogmatiques qui lui assignent « un lieu suprasensible » et y voient « un être substantiel, existant en ce lieu-là[50].

50 Nathalie Janz, « Une réception "indirecte" de Gaston Bachelard ? De l'utilité de quelques concepts bachelardiens pour l'épistémologie d'Ernst Cassirer », Jean Gayon *et al.*, *Bachelard dans le monde*, Paris, PUF, 2000, p. 187.

Cassirer remet ainsi en cause une certaine typologie des approches philosophiques et, par là même de certaines notions comme la différence entre le sensible et l'intellectuel. Voici ce qu'il souligne dans la partie consacrée à l'analyse du langage dans son ouvrage *La Philosophie des formes symboliques* :

> Pas plus que la théorie de la connaissance, l'étude du langage n'admet entre le domaine sensible et le domaine intellectuel une frontière nette qui permettrait de délimiter deux régions distinctes et opposées possédant chacune un espace propre et autonome de « réalité » (Cassirer, 1991, p. 151).

L'objectif de Cassirer est d'établir un lien entre tous les phénomènes du monde qu'ils soient des faits historiques, des productions artistiques, des découvertes scientifiques, des énoncés linguistiques ou autres. Ce lien peut être appréhendé si l'on considère tous ces phénomènes comme des formes de vécu de perception de la conscience. Ces formes possèdent les mêmes propriétés universelles qui renvoient à des symboles. Les mêmes formes symboliques se retrouvent à divers niveaux d'expression d'activités humaines. En ce qui concerne le langage, les mots ne sont plus là pour nommer arbitrairement des objets. Le langage est alors, selon Florence Lautel-Ribstein

> porteur de cette perception qui ne renvoie plus seulement aux sens, mais à l'expérience d'impressions esthétiques, d'ébauches de jugement de valeur, de premiers soubresauts de l'agir. etc. Le texte reflète donc ces divers états de l'être, indissociables, qui s'y expriment. Par conséquent, il y a *analogie entre activité de langage et activité perceptive.* La langue contribue ainsi à l'apparaitre de l'expérience grâce à une sorte de relance de la perception, de reformulation d'une strate perceptive à travers des formes[51].

Dans les phénomènes de métaphoricité c'est la fonction de perception qui se manifeste et qui engendre « l'ensemble des actes sensitifs, perceptifs et prédicatifs de la conscience qui tendent vers une connaissance, donc une appréhension du sens textuel » (*ibid.* p. 39).

Il ne faudrait pas voir dans la position de Cassirer une recherche d'universaux à visé référentialiste tels que la linguiste polonaise Anna Wierzbicka l'a développée pour conceptualiser la réalité. Celle-ci a en

---

51 Florence Lautel-Ribstein, « Ernst Cassirer entre en traduction : des formes symboliques aux formes sémantiques », revue *Des mots aux actes*, n° 7, 2018, p. 47.

effet trouvé 64 « primitifs sémantiques » ou invariants présents dans toutes les langues et capables de rendre les significations lexicales, grammaticales et pragmatiques[52]. Cet ensemble d'universaux ou métalangue sémantique naturelle qui en traduction aboutirait à un appauvrissement dramatique de la langue a été définit ainsi par Patrick Sériot :

> A. Wierzbicka postule une *base commune* pour toute la variété des modes de conceptualisation de la réalité dans toutes les langues du monde. Selon elle toute notion, si complexe et bizarre qu'elle soit, « encodée » dans une unité lexicale d'une langue naturelle, peut être représentée sous forme d'une configuration particulière de sens élémentaires, indécomposables et universels, au sens où ils sont lexicalement fixés dans toutes les langues[53].

La forme telle que l'entend Cassirer est bien autre chose puisque le sens n'y est pas encore forcément fixé. Ils ne sont que des directions empruntées par le sens, comme il le dit si bien dans *Trois essais sur le symbolique*

> les choses, les états, les propriétés et les activités ne sont pas des contenus donnés dans la conscience, mais les modes et les directions de la mise en forme qu'elle opère[54].

La forme n'est donc pas une catégorie *a priori* et n'a pas de sens fixée préétablie. D'une certaine façon on peut même dire qu'une thèse comme celle d'Anna Wierzbicka est à l'opposé de celle de Cassirer. Patrick Sériot en fait une critique très virulente et justifiée. Chez Wierzbicka,

> [...] il n'y a plus de place pour le jeu de mot, la poésie, la métaphore, le lapsus ou l'inconscient. Il n'y a plus de sujet, car il n'y a plus d'énonciation, pas plus qu'il n'y a de place pour la responsabilité personnelle d'un locuteur devant son énoncé, pas non plus d'inscription du sujet dans l'histoire, pas de conflit, pas de division (Sériot, 2004, p. 36).

La théorie des formes sémantique est en partie héritière de la philosophie des formes symboliques. On pourrait d'ailleurs remplacer

---

52 *Cf.* Anna Wierzbicka, *Semantics. Primes and Universals*, Oxford & New York, Oxford University Press, 1996.

53 Patrick Sériot, « Oxymore ou malentendu ? Le relativisme universaliste de la métalangue sémantique naturelle universelle d'Anna Wierzbicka », *Cahiers Ferdinand de Saussure*, n° 57, 2004, p. 28.

54 Ernst Cassirer, *Trois essais sur le symbolique. Œuvres VI*, Paris, Cerf, coll « Passages », 1997, p. 12.

aisément sémantiques par symboliques. Dans leur ouvrage *Pour une théorie des formes sémantiques*, Cadiot et Visetti soulignent la parenté de leur théorie avec celle de Cassirer et celle de Merleau-Ponty dans ses *Cours à la Sorbonne* (Cadiot et Visetti, 2001a, p. 225). Les deux auteurs ont donc appliqué les formes symboliques à la sémantique et Florence Lautel-Ribstein a appliqué ces deux approches à la traductologie. C'est le parcours des formes symboliques, telles qu'elles sont données à la conscience, qui ont tenté de se stabiliser au cours de la construction de sens qu'il faut traduire et adapter à la culture et sensibilité de la langue cible. Les formes symboliques tout comme les formes sémantiques s'appuient nécessairement sur une germination de sens encore indifférencié, ainsi que le souligne la traductologue :

> Bien que mouvantes, elles [les formes symboliques] se développent à partir d'une expression du sens non encore différencié, d'un germe de sens, d'une direction ou motivation du sens, ce que ces sémanticiens appellent un « motif » (Lautel-Ribstein, 2018, p. 13).

Le *motif* est d'une importance capitale pour la traduction, toute démarche traductive débute avec une compréhension, puis un repérage du motif. L'apport de cette traductologue est d'avoir tenu compte du motif comme d'un élément étant susceptible de parcourir le texte tout entier dans toutes ses formes d'expression, qu'elles soient lexicales, sonores ou rythmiques. Ce sont ces germes de sens ou motifs qui servent de guide au traducteur et lui font envisager le texte par strates transversales. C'est ainsi que le même motif pourra être repéré à la fois comme propriété d'une image et propriété du rythme, formant ainsi un maillage sémantique que l'on reproduira dans le texte cible. Tout le parcours de ces formes symboliques ou sémantiques sera transposé (*motif*, *profil*, *thème*). Il s'agira bien de traduire des états de conscience projetés dans la langue, et qui prendront la forme de nouvelles esquisses perceptives plus ou moins stabilisées. La traduction de la métaphore devient, d'une certaine façon, un faux problème puisqu'il s'agit surtout de traduire le ou les motifs dans la métaphore plus que la métaphore elle-même. En d'autres termes, le couple sens littéral / sens figuré est requalifié. La métaphoricité révèle alors que « le motif se dégage d'autant mieux qu'aucun cadre thématique visant à la cohérence ontologique ne le fixe » (Cadiot, 2002c, p. 45).

Pour illustrer de façon précise la théorie des formes sémantiques, prenons un exemple de métaphore qui a été étudiée par Pierre Cadiot lui-même dans un article intitulé « Métaphore prédicative nominale et motifs lexicaux ». Cadiot dénonce ainsi les analyses linguistiques conventionnelles de ce type de métaphore où la prédication semble être

> captive d'une unique région thématique, où elle se confond avec un jugement analytique (ou aussi synthétique a priori) d'appartenance à une classe préconstruite de référents. Les énoncés analytiques et synthétiques a priori sont jugés tels parce qu'on les examine en termes de validation référentielle ou par assignation anticipée à la construction d'un certain champ référentiel[55].

Dans le tome 3 de *The Hunger Games*, le passage suivant inclut des métaphores prédicatives :

> *You're the face of the rebellion. You may have more influence than any other single person, "says Boggs. "Outwardly the most you've ever done is tolerated her."*
> *"So she'll kill me to shut me up." The minutes I say the words, I know they're true.*
> *"She doesn't need you as a rallying point now* [...] *There's only one last thing you could do to add fire to the rebellion."* (Collins, 2010, p. 266).

> « Tu es le visage de la rébellion. Tu as plus d'influence que n'importe qui d'autre, insiste Boggs. Le problème, c'est que tout le monde voit bien qu'il n'y a aucune sympathie entre vous.
> – Donc elle serait prête à me tuer pour me faire taire.
> À l'instant où j'énonce cela, je comprends que c'est vrai.
> – Elle n'a plus besoin de toi comme figure de proue [...]. Il ne reste plus qu'une seule chose que tu puisses faire pour donner un nouvel élan à la rébellion » (Collins/Fournier, 2011, p. 229).

Le caractère général des informations caractérisant Katniss dans ces métaphores prédicatives semble procéder d'un point de vue catégorisant. Cependant le motif ne peut appartenir à une catégorie sociale quelconque. Il ne fait voir que des propriétés : tendance à s'opposer, à se rebeller, capacité à diriger, courage dans la lutte, absence de peur de s'exposer, d'être vu, (*the face of the rebellion*) ; capacité à être érigé en modèle ou en chef, capacité à concilier les opposés, pouvoir d'attraction (*rallying point*). Du point de vue symbolique, toutes ces propriétés renvoient à une dimension mythologique connue puisqu'elles évoquent deux héros,

---

55 Pierre Cadiot, « Métaphore prédicative nominale et motifs lexicaux », *Langue Française*, n° 130, 2002b, p. 39.

le dieu de la guerre Mars, et le héros au vertu solaire, le chef naturel que tous admirent, qui fait l'unanimité et qui est toujours vainqueur. Notons qu'une troisième expression métaphorique, non-prédicative cette fois-ci, ne fait que renforcer l'une des caractéristiques connues de Mars, le feu (*fire*) dans *to add fire.* À ce moment-là du récit, Katniss endosse le rôle « martien » et « solaire » que veut lui donner un personnage comme celui de Boggs, responsable militaire dans le district 13.

La traduction de *face of the rebellion* en « visage de la rébellion » n'offre pas de difficulté dans la mesure où on trouve les mêmes motifs dans la langue source et dans la langue cible, aussi bien dans *face* que dans *rebellion.* Par contre, la seconde métaphore prédicative, *you as rallying point* est plus délicate à traduire dans la mesure où Katniss est comparée à une chose et où elle est à nouveau perçue comme sujette à un processus de réification qui parcourt le roman du début à la fin. Il y a donc ici comme ailleurs dans le récit la même tendance chez les représentants de l'ordre du Capitole à rabaisser, humilier et bien sûr à vouloir broyer ou détruire les rebelles dans la population. Le même motif de mort se retrouve au début du troisième tome lorsque Katniss s'interroge, semble-t-il à la limite de désespoir : « *How else could I orient mysself in this sea of grey ?* » (2010, p. 3). Il est aussi présent dans le dernier chapitre lorsque l'héroïne confie : « *inwardly I'm such a wasteland* » (2010, p. 366), confession qui précède l'épilogue où l'expression rythmique faite de segments de plus en plus brefs scelle le destin funeste du district qualifié de *graveyard.* En conclusion, l'expression choisie par Fournier « figure de proue », ne convient pas dans la mesure où elle désigne un être humain admiré. Nous proposons de garder la métaphore militaire et de taire la fonction de chef de la rébellion : « À présent, tu ne peux plus lui servir comme point de ralliement ». Pour conforter ces deux métaphores prédicatives, une solution serait de filer la métaphore à la fin de l'énoncé pour traduire « *to add fire to the rebellion* » en gardant le motif commun à *fire* et à *rebellion* et en choisissant une métaphore lexicalisée : « pour mettre de l'huile sur le feu de la rébellion ».

LA LITTÉRATURE AMÉRICAINE DE JEUNESSE ET SES MÉTAPHORES

Dans cette troisième partie, nous abordons le statut et l'évolution de la littérature de jeunesse afin de mieux comprendre ensuite dans quel contexte s'inscrivent la littérature américaine de ce genre et, en particulier, la quadrilogie de Suzanne Collins. Ceci nous permettra de fixer le cadre dans lequel observer son utilisation des métaphores. Étant donné le sujet de notre étude, les analyses des métaphores en anglais et de leur traduction en français, je ferai référence à ces deux cultures américaines et européennes dans mon argumentation.

APERÇU DE LA LITTÉRATURE DE JEUNESSE AU XXIe SIÈCLE À L'OCCIDENT

La littérature de jeunesse, contrairement à d'autres formes littéraires, pourrait a priori constituer un genre littéraire facilement définissable pour tout lecteur puisque tous, nous avons été familiarisés avec cette littérature depuis notre enfance, que ce soit par nos propres lectures ou parce que nos parents ou grands-parents nous ont lu des histoires, histoires qu'à notre tour nous lirons à nos enfants. Mais depuis qu'au XXe siècle s'est constitué un champ d'études structuré destiné à l'explorer, son caractère complexe est devenu plus évident. Cette complexité se retrouve dans l'emploi de la métaphore.

La littérature de jeunesse écrite par des adultes, bien que longtemps marginalisée dans les universités et en critique littéraire, suscite à présent de multiples interrogations, non seulement sur son statut propre, mais aussi sur le genre auquel elle est censée appartenir et sur le concept même d'enfance. Comme le résume bien Peter Hunt dans son introduction à *Understanding Chidren's Literature* :

> *If the word 'literature' presents obvious problems, the word 'children' proves equally slippery. The notion of childhood changes from place to place, from time to time, and the history, definition and study of childhood as a concept has burgeoned in recent years* [...]. *In non-Western countries, the relationship between story and storyteller, adult and child, can be radically different from those in the West. Consequently, making judgements on behalf of present or past children* [...] *is fraught with difficulty*[1].

> « Si le mot "littérature" pose des problèmes évidents, le mot "enfants" s'avère tout aussi difficile à saisir. La notion d'enfance change d'un endroit à l'autre, d'une époque à l'autre, et l'histoire, la définition et l'étude de l'enfance en tant que concept ont fleuri ces dernières années [...]. Dans les pays non occidentaux, la relation entre récit et narrateur, adulte et enfant, sont parfoie radicalement différents de ceux de l'Occident. Par conséquent, porter des jugements au nom des enfants du présent ou du passé [...] s'avère très difficile. »

Un des aspects les plus problématiques qu'ont soulevé les commentateurs est le contrôle exercé par les adultes sur cette littérature au cours des siècles et par contrôle, il faut parfois entendre « censure ». Cette littérature a depuis toujours été scrutéé à la loupe par les adultes. Elle a longtemps donné lieu à toutes sortes d'opérations d'observation avant et après publication. Ce phénomène de contrôle peut être rapporté à plusieurs paramètres : il peut être le fruit de tensions au sein d'une même société entre ceux qui exercent le pouvoir politique et ceux qui agissent dans le milieu éducatif, voire religieux. Il peut être le fruit d'une discorde sur les concepts convoqués pour analyser cette littérature, celui de « liberté » en particulier, qui renvoie directement à la fois à la façon dont on lit cette forme littéraire où l'imagination, par exemple dans un cadre de science-fiction, a toute sa place, et la manière dont on conçoit la relation entre adultes et enfants. Il est évident que dans les pays occidentaux, on aura tendance parfois à lire aujourd'hui une œuvre en fonction de la liberté que s'accorde tel auteur, ou à la façon dont tels personnages, groupes ou sociétés réagissent en fonction de la place qu'ils accordent à cette liberté dans leur système de pensée. Alors qu'en Orient, en particulier dans certains pays musulmans, ce concept sera moins ou parfois pas du tout mis en avant, tout simplement parce que ce serait remettre en cause l'édifice idéologico-religieux sur lequel

1 Peter Hunt, *Understanding Children's Literature*, New York, Routledge, 2005, p. 3-4.

repose la société qui a produit cette littérature. Toutefois, il n'y a pas que ce type de censure. Effectivement, on remarque qu'une censure d'un autre genre s'est longtemps glissée dans toutes les cultures, celle qui s'appuie sur la compréhension un peu fantasmée que l'on a de l'enfance et de son innocence. Il faut, et ceci dès le XVIe siècle[2], veiller à protéger la soi-disant innocence des jeunes lecteurs, et pendant plusieurs siècles, on aura tendance à attacher beaucoup d'importance, probablement à surestimer l'impact de la littérature sur l'esprit de ce lectorat :

> *Throughout the history of children's literature, the people who have tried to censor children's books, for all their ideological differences, share a rather romantic view about the power of books. They believe, or at least profess to believe, that books are such a major influence in the formation of children's values and attitudes that adults need to monitor nearly every word that children read*[3].
>
> « Tout au long de l'histoire de la littérature pour enfants, ceux qui ont essayé de censurer les livres pour enfants, malgré toutes leurs différences idéologiques, partagent une vision plutôt romantique du pouvoir des livres. Ils croient, ou du moins affirment croire, que les livres ont une telle influence dans l'apprentissage des valeurs et des comportements des enfants que les adultes doivent surveiller presque chaque mot que les enfants lisent. »

En fait, c'est vraisemblablement en raison de la difficulté à appréhender l'expérience mentale qu'en font les jeunes lecteurs que cette littérature donne lieu à une surveillance accrue :

> [...] *children experience texts in ways which are often unknowable, but which many of us strongly suspect to be very rich and complex* (Hunt, 2005, p. 3).
>
> « [...] les enfants font l'expérience des textes de diverses façons que nous ne pouvons souvent pas connaître, mais que beaucoup d'entre nous soupçonnent fortement d'être très riches et complexes. »

D'autre part, un des débats actuels porte sur l'ambiguïté du lectorat visé par cette littérature. Le lecteur cible de ces livres est bien la jeunesse, mais il existe une loi plus ou moins tacite qui stipule qu'elle vise également un lectorat adulte. Ce caractère ambivalent est présent dans l'utilisation des métaphores qui pourront être lues à différents niveaux, selon l'âge, la culture et les connaissances des lecteurs, mais les auteurs contemporains ne vont

---

2 *Cf.* Philippe Ariès, *Centuries of Childhood*, Londres, Jonathan Cape, 1962.

3 Mark I. West, *A Children's Literature Tour of Great Britain*, Lanham, Md., Scarecrow ; Oxford, Oxford Publicity Partnership, 2004, p. 698.

jamais jusqu'à restreindre leur utilisation de la métaphore, sous prétexte que leur complexité langagière ne serait pas adaptée aux jeunes lecteurs.

Jetons à présent un bref regard sur l'évolution de l'histoire de la littérature de jeunesse. Hunt rappelle les origines de cette littérature :

> *Children's books have a long history around the world, and they have absorbed into themselves elements of folk and fairy tale, and the oral tradition* (*ibid.*, p. 5).
>
> « Les livres pour enfants ont une longue histoire dans le monde entier et ils ont absorbé en eux-mêmes des éléments des contes populaires et des contes de fées, ainsi que de la tradition orale. »

En effet, dans la plupart des civilisations et des cultures, la littérature de jeunesse a pris racine dans la tradition orale. De plus, la position de la littérature de jeunesse s'est définie et se définit toujours par rapport au regard des adultes sur les enfants dans la société.

Dans les pays occidentaux, d'après Zohar Shavit[4], l'émergence et l'évolution de la littérature de jeunesse sont dues à un processus presque identique. La littérature écrite de jeunesse a commencé à apparaître au XVIIIe siècle, une fois la littérature pour adultes bien implantée, sans doute en raison du développement du roman :

> *Children's literature began to develop only after adult literature had become a well-established institution. Books specifically for children were seldom written until the eighteenth century, and the whole industry of children's books began to flourish only in the second half of the nineteenth century* (Shavit, 1981, p. 3).
>
> « La littérature pour enfants n'a commencé à se développer qu'après la littérature pour adultes, une fois celle-ci devenue une institution bien établie. Les livres destinés spécifiquement aux enfants ont été rarement écrits avant le XVIIIe siècle, et toute l'industrie des livres pour enfants n'a commencé à prospérer que dans la seconde moitié du XIXe siècle. »

Toujours selon Shavit[5], la raison pour laquelle la production a commencé à croître dans tout l'Occident était l'émergence au siècle précédent du concept même d'enfant, ce que le pionnier des études sur le sujet, Philippe Ariès, avait déjà souligné dans ses études dès 1962 :

---

4 *Cf.* Zohar Shavit, « Translation of Children's Literature as a Function of Its Position in the Literary Polysystem », *Poetics Today*, vol. 2, n° 4, 1981, p. 171-179.

5 Zohar Shavit, *Poetics of Children's Literature*, Athènes/Londres, University of Georgia Press, 1986.

> […] *the same process of development of the notion of the child occurred throughout Western Europe. When the development of the notion of the child is examined, one can consistently discern how around the beginning of the seventeenth century (in some cases earlier, in some later), a totally new understanding of "childhood" developed, which consistently created two new cultural institutions : a new system of education, the school system, and a new readership that produced an unprecedented market for children's books* (Shavit, 1986, p. 4).
>
> « […] le même processus de développement de la notion d'enfant s'est produit dans toute l'Europe occidentale. Lorsque l'on examine l'évolution de la notion d'enfant, on peut systématiquement remarquer comment, vers le début du XVIIe siècle (dans certains cas plus tôt, dans certains cas plus tard), une compréhension totalement nouvelle de "l'enfance" s'est développée, qui a systématiquement donner naissance à deux nouvelles institutions culturelles : un nouveau système d'éducation, le système scolaire et un nouveau lectorat qui a produit un marché sans précédent pour les livres pour enfants. »

Et la raison de l'émergence de ce concept est à chercher dans les causes sociologiques et économiques, dans la profonde transformation de la société :

> *This new concept emerged in society because of certain occurrences, among which the most important were changes in the current ideas of the time. Surprising as it may seem, they preceded the well-known changes in social conditions usually linked with the emergence of childhood, such as the Industrial Revolution, the emergence of the bourgeois class, and the drop in the child mortality rate* (*ibid.*, p. 6).
>
> « Ce nouveau concept a émergé dans la société en raison de certains événements, parmi lesquels les plus importants étaient des changements dans les idées courantes de l'époque. Aussi surprenant que cela puisse paraître, ils ont précédé les changements bien connus des conditions sociales habituellement liés à l'émergence de l'enfance, comme la révolution industrielle, l'émergence de la classe bourgeoise et la baisse du taux de mortalité infantile. »

Mais ce qui est le plus intéressant à souligner est la façon dont le concept même d'enfant a pu influencer le caractère des textes destinés aux jeunes lecteurs et par voie de conséquence l'utilisation de la métaphore. Celle-ci réfléchira alors les caractéristiques principales de l'écriture, d'abord peu sophistiquée, puis de plus en plus complexe, au point de ne plus pouvoir différencier la métaphore de textes pour adultes de la métaphore pour jeunes lecteurs. Shavit étudie ainsi comment le concept d'enfant a pu influencer l'écriture du *Petit Chaperon rouge* au cours de son histoire littéraire entre le XVIIe et le XXe siècle (*ibid.*, p 7-32). De même qu'en Orient, on en vient au XVIIe siècle à sortir de la tradition orale et du conte, à l'origine destinés à tout public, et à présent jugés naïfs, juste bons pour les enfants, les femmes, et le peuple. L'écriture change du tout au tout lorsqu'on atteint le XIXe siècle où l'enfant est désormais considéré comme un être à part, distinct de l'adulte.

De ce fait, les adultes ont commencé dès le XVIIe siècle à produire des livres qui correspondent aux besoins et capacités des enfants (*ibid.*, p. 7). L'éducation est devenue le centre de préoccupation des adultes dans l'écriture et la production de ces ouvrages. En effet, lorsque les enfants ont enfin acquis un statut, leur place dans la société s'est précisée. La première conséquence fut l'établissement d'un système éducatif cohérent. Les ouvrages éducatifs se sont naturellement multipliés et les romans à vocation didactique également.

La fin du XXe siècle et le début du XXIe siècle ont marqué un tournant important dans l'histoire de la littérature de jeunesse car son lectorat non seulement a augmenté de façon considérable, mais a même devancé en nombre celui du lectorat adulte aux États-Unis et en Europe. Loretta M. Gaffney dans son ouvrage de 2017 intitulé *Young Adult Literature, Libraries, and Conservative Activism*[6] confirme cette idée :

> *Children's and YA*[7] *literature are the fastest-growing areas of print publishing, with sales rising 22.4 percent from 2013 to 2014 ; in the same period, adult book sales book sales dropped 3.3 percent* (Gaffney, 2017, p. 1-2).
>
> « La littérature pour enfants et jeunes adultes est le domaine de l'édition imprimée qui connaît la croissance la plus rapide, avec des ventes en hausse de 22,4 % de 2013 à 2014 ; au cours de la même période, les ventes de livres pour adultes ont chuté de 3, 3 pour cent. »

En plus de son développement quantitatif, la littérature pour la jeunesse a vu croître en elle divers domaines de spécialité, comme la science-fiction, la dystopie, la *fantasy* ou le récit d'horreur. Elle a rejoint ainsi tous les genres et thèmes de la littérature pour adultes et par la même occasion s'est affranchie de toute forme de censure qui avait pu imposer sa loi en raison d'idéologies diverses au cours de son histoire :

---

6 Loretta M., Gaffney, *Young Adult Literature, Libraries and Conservative Activism*, Londres, Rowman & Littlefield, 2017.

7 Young Adult.

> [...] *the past fifteen years of YA literature have been marked by an increasingly wide range of genres et subgenres* [...]. *Nearly every "adult" genre has been overtaken and defined by its YA counterpart, particularly genre splices such as supernatural romance, dystopian fantasy, and novels in verse to name a few* (*ibid.*, p. 2).
>
> « [...] les quinze dernières années de la littérature de jeunesse ont été marquées par un éventail de plus en plus large de genres et de sous-genres [...]. Presque tous les genres "adultes" ont été dépassés et définis par leurs homologues dans la littérature de jeunesse, en particulier leurs équivalents de genres tels que la romance surnaturelle, la dystopie fantastique et les romans en vers pour n'en nommer que quelques-uns. »

Précisons ce qui rapproche tous ces genres littéraires à l'intérieur de cette littérature de jeunesse en partant de définitions. Pour Jacques Goimard, historien de la science-fiction, on définit la science-fiction à partir de ce qu'il nomme l'« effet science-fiction » qui se décompose en quatre éléments (c'est moi qui souligne) :

> – Un univers référentiel ordinaire, éventuellement décrit sur le mode réaliste : pour que Philip K. Dick puisse imaginer une porte douée de parole qui *refuserait* de s'ouvrir, il faut d'abord qu'il y ait des portes.
>
> – Un élément stupéfiant, capable de produire non seulement la surprise, mais aussi la difficulté ou même l'impossibilité de venir à bout de celle-ci en recourant aux opinions communément admises. La surprise ne pose pas ici un simple problème de méthode, que tout enquêteur doué aurait des chances de résoudre ; elle concerne l'univers ordinaire avec ses règles et ses lois, dont l'une au moins semble ouvertement violée, en sorte que l'acceptation universelle du vraisemblable est remplacée par la déception et la méfiance, parfois aussi par l'effet de miracle et la révélation ; bref, c'est un étonnement fort qui situe l'effet science-fiction (au moins pour ce deuxième élément) du côté du merveilleux.
>
> – Pour approfondir et justifier la surprise initiale, l'auteur peut forcer la dose, accumulant les surprises et les transgressions ; il basculera alors, toujours plus irrévocablement, du côté du « réalisme magique ». Mais il peut aussi entreprendre de triompher du non-sens par un nouveau travail sur le sens, de justifier les transgressions de la perception par des transgressions de la raison ou par un meilleur usage de celle-ci : le paradoxe initial donne le branle à une construction aventureuse, qui de chimère en chimère aboutit à résorber ce paradoxe lui-même.
>
> – Un moment vient alors où la vraisemblance jetée à bas est restaurée, où le lecteur accepte un univers référentiel *différent* et y trouve de nouveaux repères. Il « reconnaît » les lois de l'autre monde, ou tout au moins les règles du nouveau jeu[8].

8 Jacques Goimard, « SCIENCE-FICTION », *Encyclopædia Universalis*, http://www.universalis.fr/encyclopedie/science-fiction/ (consulté le 04/04/2022).

La science-fiction et la *fantasy* (parfois nommée en français « fantasie ») sont deux formes proches puisque toutes deux font appel au merveilleux. La fantasy, « prenant le contre-pied de la modernité industrielle [...] fait régner le merveilleux dans des cadres imaginaires, passés ou actuels, à destination d'un large public[9] ». Le genre acquiert une notoriété internationale, d'abord aux États-Unis avec *The Lord of the Rings* de Tolkien en 1957, puis grâce à *Harry Potter* de J. K. Rowling publié entre 1997 et 2007. Dans la science-fiction, la narration se déroule sur fond d'invraisemblable, mais elle est régulièrement parsemée de références scientifiques exactes. Dans la fantasy, c'est la magie et tous ces rituels qui imprègnent le récit.

D'autre part, la fantasy finit toujours bien, au moins de façon provisoire, comme dans *The Hunger Games*, à l'inverse des récits de science-fiction, généralement des utopies qui tournent mal ou qui nous forcent à accepter un autre monde où le cadre conceptuel et les valeurs sont très éloignés des nôtres.

Dans la tradition de l'utopie, établie en tant que genre littéraire depuis 1516 par Thomas More, est née la dystopie dont *The Hunger Games* est un bon exemple. D'après Nathalie Labrousse, « elle constitue une littérature spéculative qui plonge profondément ses racines dans la pensée philosophique[10] ». Ce point est important à souligner car l'interprétation de la métaphore se fera souvent sur fond de questionnement philosophique sur le malheur et sur sa source, le Mal, mais aussi sur toutes les formes politiques que ce Mal peut prendre. La dystopie est donc un instrument au service de la réflexion dans ce qu'elle a de plus rationnelle :

> ... la dystopie n'est pas le *contraire* de l'utopie, c'est-à-dire une fable représentent un ailleurs de cauchemar mais son inversion, son envers (comme on parle de l'envers du décor), ou mieux : son revers. De la condamnation de l'utopie comme lieu fictif de bonheur, elle est passée à la condamnation de l'utopie comme lieu de bonheur fictif [...] elle cherche à nous alerter du danger de la tentation systémique et du risque totalitaire que cache tout Absolu fût-il l'idéal de Bonheur [...] Elle est non pas [...] une *fantaisie* de l'imagination. [...] mais une *construction rationnelle et spéculative* destinée à nous confronter à nous-mêmes (Labrousse, 2009, p. 18-19).

9 Anne Besson, « FANTASY », *Encyclopædia Universalis*, http://www.universalis.fr/encyclopedie/fan (consulté le 04/04/2022).

10 Nathalie Labrousse, *Pourquoi ces dystopies* ? coll. « Livre'L », Paris, Ed. M-editer, 2009, p. 5.

Notons enfin le roman d'horreur ou d'épouvante, héritier du roman gothique, et dont les premiers romans sont *Frankenstein* de Mary Shelley et *Dracula* de Bram Stoker. Stephen King dans son essai devenu célèbre sur ce genre littéraire, *Danse macabre*[11], sorti en 1981, donne les trois clés pour une compréhension de cette forme littéraire ou cinématographique (c'est moi qui souligne) :

> *The 3 types of terror : The Gross-out : the sight of a severed head tumbling down a flight of stairs, it's when the lights go out and something green and slimy splatters against your arm. The Horror : the unnatural, spiders the size of bears, the dead waking up and walking around, it's when the lights go out and something with claws grabs you by the arm. And the last and worse one : Terror, when you come home and notice everything you own had been taken away and replaced by an exact substitute. It's when the lights go out and you feel something behind you, you hear it, you feel its breath against your ear, but when you turn around, there's nothing there* (King, 1981, p. 31).
>
> « Les 3 types de terreur : Le dégoûtant : la vue d'une tête coupée dégringolant dans un escalier, c'est quand les lumières s'éteignent et que quelque chose de vert et de visqueux éclabousse votre bras. L'horreur : le contre nature, les araignées de la taille d'un ours, les morts qui se réveillent et se promènent, c'est quand les lumières s'éteignent et que quelque chose avec des griffes vous attrape par le bras. Et le dernier et le pire : la terreur, quand vous rentrez chez vous et constatez que tout ce que vous possédez a été emporté et remplacé par un substitut exact. C'est quand les lumières s'éteignent et qu'on sent quelque chose derrière soi, on l'entend, on sent son souffle contre son oreille, mais quand on se retourne, il n'y a rien. »

Mais l'on voit bien que la distinction entre horreur et terreur n'est pas claire, comme le souligne ce critique qui synthétise les diverses positions sur le sujet :

> *But just what is this emotion called "horror" ? It is, obviously, "Fear caused by the threat of violent disaster" (Rockett, 1988 : 43) or death, but the term is often used interchangeably and confusingly with "terror." Thus, for example, S.S. Prawer (1980) describes terror as the "principal ingredient" of horror suggesting that terror is but one form of horror, while James B. Twitchell (1985) makes an ontological distinction by claiming that "the etiology of horror is always in dreams, while the basis of terror is in actuality" (14). Twitchell's distinction suggests that imagination is involved in horror, while terror is produced by empirical perception ; but this is virtually the opposite of*

11 Stephen King, *Danse macabre*, Londres, Futura, 1981. La version française est *Anatomie de l'horreur*, Monaco, Éditions du Rocher, 1995.

> *dictionary definitions, which tend to identify horror with an almost physical loathing and terror with the more imaginative and anticipatory dread. Hence terror in the past was associated with the transcendent, the awesome, and the Romantic notion of the sublime, while horror was seen to involve mere loathing or repugnance (Rockett, 1988 : 45). Certainly Stephen King distinguishes between the two in his book Danse Macabre, when he remarks that "I recognize terror as the finest emotion...and so I will try to terrorize the reader. But if I find I cannot terrify him/her, I will try to horrify ; and if I find I cannot horrify, I'll go for the gross out. I'm not proud"*[12].
>
> « Mais qu'est-ce que cette émotion appelée "horreur" ? Il s'agit évidemment de "la peur causée par la menace d'une catastrophe violente" (Rockett, 1988, p. 43) ou de la mort, mais le terme est souvent utilisé de manière interchangeable et confuse avec "terreur". Ainsi, par exemple, S. S. Prawer (1980) décrit la terreur comme "l'ingrédient principal" de l'horreur, suggérant que la terreur n'est qu'une forme d'horreur, tandis que James B. Twitchell (1985) fait une distinction ontologique en affirmant que "l'étiologie de l'horreur est toujours dans les rêves, tandis que la base de la terreur est dans la réalité" (14). La distinction de Twitchell suggère que l'imagination est impliquée dans l'horreur, tandis que la terreur est produite par la perception empirique ; mais c'est pratiquement le contraire des définitions du dictionnaire, qui tendent à identifier l'horreur avec un dégoût presque physique et la terreur avec un effroi plus imaginatif et anticipé. Par conséquent, la terreur dans le passé était associée à la transcendance, à l'épouvante et à la notion romantique du sublime, tandis que l'horreur était perçue comme incluant un simple dégoût ou une répugnance (Rockett, 1988, p. 45). Nul doute que Stephen King fait la distinction entre les deux dans son livre *Danse Macabre*, lorsqu'il remarque que "Je reconnais la terreur comme la plus belle émotion et donc je vais essayer de terroriser le lecteur. Mais si je découvre que je ne peux pas le/la terrifier, j'essaierai de l'horrifier ; et si je trouve que je ne peux pas l'horrifier, j'opterai pour le dégoûtant. Je ne suis pas fier" ».

On comprend que dans ce contexte multiforme croissant à tous les niveaux, stylistique, conceptuel, émotionnel, narratif, etc., les thématiques de violence et de sexualité, qu'une certaine réticence a longtemps empêché d'exploiter, aient également trouvé leur place :

> *YA authors are typically willing to portray teens dealing with difficult topics such as dating violence, cutting eating disorders, and suicide. In addition, YA novels have, over time, exhibited a greater openness to portraying the diversity of teen experiences,*

---

12 Barry Keith Grant, « Screams on Screens : Paradigms of Horror », *Thinking After Dark : Welcome to the World of Horror Video Games*, Special Issue, *Loading..., The Journal of the Canadian Game Studies Association*, Vancouver, vol. 4, n° 6, site de la Simon Fraser University, 2010.

> *including the lives of gay and lesbian (and later bisexual and transgender) teenagers and teens with disabilities* (*ibid.*).
>
> « Les auteurs de littérature de jeunesse sont généralement disposés à dépeindre des adolescents confrontés à des questions difficiles tels que la violence dans les fréquentations, la réduction des troubles alimentaires et le suicide. De plus, les romans de jeunesse ont, au fil du temps, fait preuve d'une plus grande ouverture à dépeindre la diversité des expériences des adolescents, y compris la vie des adolescents gays et lesbiennes (et plus tard bisexuels et transgenres) et des adolescents handicapés. »

La cruauté envers les enfants dans leur vie quotidienne à Panem, mais surtout dans les Jeux de Hunger Games, en est une preuve manifeste parmi d'autres.

CHOIX D'AUTEURS DE LITTÉRATURE AMÉRICAINE DE JEUNESSE
Caractéristiques générales et métaphores

Il existe de nos jours un engouement certain pour la littérature américaine de jeunesse, engouement qui va parfois jusqu'à l'idolâtrie. L'Américain Michael Cart dans son ouvrage de 2010 intitulé *Young Adult Literature from Romance to Realism*[13] n'hésite pas à clamer un peu rapidement :

> *There is ready and well-nigh universal agreement among experts that something called young adult literature is—like the Broadway musical, jazz, and the foot-long hot dog—an American gift to the world* (Cart, 2010, p. 15).
>
> « Les experts du monde entier sont presque tous prêts à s'accorder sur le fait que ce qu'on appelle la littérature pour jeunes adultes est, comme la comédie musicale de Broadway, le jazz et le hot-dog de trente centimètres de long, un cadeau de l'Amérique au monde[14]. »

Notre démonstration dans cette partie reposera sur des constatations plus prudentes. En effet, nous allons ici tenter de dégager dans un

13 Michael Cart, *Young Adult Literature from Romance to Realism*, Chicago, American Library Association, 2010.

14 Sauf autre indication, les traductions en français sont les miennes dans ce chapitre.

premier temps les grands traits de l'écriture des principaux auteurs contemporains de littérature américaine de jeunesse et non de prouver leur caractère extraordinaire. La raison de ce choix participe d'une volonté plus modeste de mieux situer le cadre littéraire dans lequel Suzanne Collins a écrit son œuvre.

Afin de mieux cerner les caractéristiques des auteurs américains des romans pour la jeunesse, nous avons fait le choix d'un échantillon représentatif de cette littérature et déterminé plusieurs critères dans le choix des auteurs et des œuvres cités. Nous avons ainsi sélectionné ceux qui répondaient au moins à trois de ces critères :

1. Les écrivains et œuvres du XXIe siècle
2. Les écrivains célèbres
3. Les best-sellers selon l'avis du New York Times[15]
4. Les œuvres adaptées pour le cinéma ou la télévision

L'ordre de classement de ces auteurs repose sur un ordre chronologique, en fonction de leur date de naissance. Toutefois, en choisissant les auteurs américains connus du XXIe siècle, nous n'avons pas voulu omettre un nom comme celui de Madeleine L'Engle dont l'œuvre marquante, *A Wrinkle in Time*, a été publiée en 1963. En effet, l'adaptation cinématographique de ce roman a été faite en 2018, ce qui nous a empêchée de l'exclure de la liste, d'autant plus que l'auteur est une pionnière dans son traitement du personnage féminin principal dans un texte de science-fiction. Enfin, le succès incontestable de ce roman, en dépit du rejet vingt-six fois de suite en deux ans par les maisons d'édition, en fait un cas à part, digne d'être mentionné.

Dans un second temps, nous aborderons l'usage de la métaphore chez ces auteurs américains, en considérant leurs fonctions principales dans leurs romans. Pour quelles raisons les métaphores sont-elles utilisées dans des récits produits pour de jeunes lecteurs ? Est-ce pour des raisons rhétoriques et esthétiques à la fois qui font que certains auteurs pourraient être tentés de rajouter un surplus « littéraire » à leur texte ? Est-ce parce qu'ils considèrent que la métaphore comble un vide sémantique

15 Il convient de noter que ce journal ne divulgue pas la méthode employée pour établir ses listes qui ne sont toutefois pas établies uniquement en fonction du nombre d'exemplaires vendus.

comme le suggérait jadis Dumarsais ? Quelle est donc la fonction de ces métaphores ? Les écrivains de cette littérature sous-estiment-ils leur jeune lectorat en introduisant des métaphores dont les caractéristiques renvoient à des domaines bien connus d'eux afin de les guider ainsi dans la compréhension du récit ? Ou au contraire, la métaphore est-elle choisie sans distinction du lectorat auquel elle s'adresse et constituerait ainsi un bon indicateur de la volonté des écrivains de décloisonner genre pour la jeunesse et genre pour adultes ?

Voyons donc à présent chacun de ces écrivains, leurs œuvres principales et la fonction qu'ils attachent à la métaphore.

MADELEINE L'ENGLE (1918-2007)

Madeleine l'Engle est l'écrivaine de la célèbre série de 1962, *A Wrinkle in Time*, dont une version filmique est sortie en 2018. La série a gagné le prix de Newbery Medal, le prix Sequoyah Book Award, le prix Lewis Carroll Shelf Award et elle termina deuxième pour le prix Hans Christian Andersen Award. Trois tomes on suivi *A Wrinkle in Time* : *A Wind in the Door* (1973), *A Swiftly Tilting Planet* (1978) et *Many Waters* (1986). Le style de cette célèbre et grande écrivaine américaine de la littérature de jeunesse[16] s'inscrit dans le genre de la fantasy. Il est intéressant de souligner les deux causes principales du rejet de publication de ce roman avant 1962. Les maisons d'édition refusaient cet ouvrage en raison de leur prétendue difficulté à classer son récit dans le genre « livre pour la jeunesse », mais aussi parce que le héros était pour la première fois en science-fiction une fille. La peur que la complexité de l'ouvrage ne vienne déstabiliser un jeune lectorat et la crainte que ce même lectorat, assez conservateur dans ses goûts – croyaient-ils –, ne puisse se projeter dans une héroïne plutôt que dans un héros, l'emportèrent tout d'abord :

> [...] *some believe it was not only because Meg Murry was a female main character in a science fiction novel, but she was also good at math and science. Both characteristics broke the stereotypic molds for females at the time*[17].

16 Madeleine L'Engle a également écrit pour les adultes. Citons certaines de ses œuvres : *A Circle of Quiet* (1972), *The Summer of the Great-Grandmother* (1974), *The Irrational Season* (1977), *Walking on Water* (1980), et *Two Part Invention* (1988).

17 Bernice E. Cullinan, « L'Engle, Madeleine », *Continuum Encyclopedia of Children's Literature*, éd. Bernice E. Cullinan, Diane Goetz Person, Continuum International Publishing Group Ltd., 2005, p. 472-473.

« [...] certains pensent que ce n'était pas seulement parce que Meg Murry était un personnage principal féminin dans un roman de science-fiction, mais aussi parce qu'elle était bonne en mathématiques et en sciences. Ces deux caractéristiques ont brisé les moules stéréotypés proposés aux femmes de l'époque. »

A Wrinkle in Time[18], classé dans la catégorie mixte du genre *science-fantasy*[19], possède effectivement un plan compliqué et des concepts scientifiques, philosophiques et religieux qui peuvent parfois paraître d'accès difficile, mais ces caractéristiques ne veulent pas dire que l'œuvre ne soit pas potentiellement susceptible de plaire à un jeune lecteur, ce que le succès du livre confirmera haut la main. Le récit à la troisième personne se déroule en focalisation interne. Le point de vue est celui d'une jeune fille de quatorze ans, Meg (Margaret Murry). C'est donc à partir de sa perception que se font les descriptions et le récit. L'un des avantages de l'utilisation de cette focalisation est, comme on le sait, la plus grande identification des lecteurs au personnage. Le début de l'histoire nous transporte immédiatement dans le monde intérieur de la protagoniste où la scène du dehors qu'elle regarde depuis son lit n'est à l'évidence qu'une projection de ses propres sentiments et préoccupations, de son univers placé sous le signe d'une certaine noirceur, de la peur, de la violence, voire d'un événement imminent et inhabituel :

IT was a dark and stormy night.

In her attic bedroom Margaret Murry, wrapped in an old patchwork quilt, sat on the foot of her bed and watched the trees tossing in the frenzied lashing of the wind. Behind the trees clouds scudded frantically across the sky. Every few moments the moon ripped through them, creating wraith-like shadows that raced along the ground.

The house shook (L'Engle, 1962, p. 4).

« C'était une nuit sombre et orageuse.

Dans sa chambre mansardée, Margaret Murry, enveloppée dans une vieille courtepointe en patchwork, s'assit au pied de son lit et regarda les arbres s'agiter sous le fouet frénétique du vent. Derrière les arbres, les nuages filaient frénétiquement dans le ciel. De temps en temps, la lune les déchirait, créant des ombres ressemblant à des spectres qui couraient le long du sol.

La maison se mit à trembler. »

---

18 Madeleine L'Engle, *A Wrinkle in Time*, New York, Farrar, Straus & Giroux, 1962.

19 Suzanne Bray, éd., *Dimensions of Madeleine L'Engle : New Critical Approaches*, Jefferson, N. C., McFarland Company, 2017, p. 47.

Le début du roman ne peut que fasciner le jeune lecteur qui entre dans l'univers mental de Meg, personnage avec qui il partage immédiatement ses préoccupations, sa mélancolie, son impression d'être différente, sa solitude et son manque de confiance en elle. En effet, l'agitation de Meg renvoie à sa conviction qu'elle fait toujours des erreurs et que tous les maux du monde lui arrivent en conséquence. Ce type d'état d'âme qui oscille entre le doute, le sentiment de désorientation et le désespoir est bien sûr typique de l'adolescence. Un lien fort s'établit donc sans tarder entre le lecteur et la protagoniste, tous deux à l'âge délicat du passage à la maturité des adultes. Le roman a ainsi une fonction thérapeutique et didactique sur le plan psychologique. Mais la dimension morale est également très présente puisque le conflit entre le Bien et le Mal est exploré à diverses reprises, en particulier par l'introduction de trois personnages célestes, des anges venus aider Meg et son petit frère de cinq ans, Charles Wallace, à retrouver leur père – un scientifique disparu depuis un an – et à combattre les forces du Mal. La morale est explicite : la bonté et l'amour sont des forces grâce auxquelles l'homme peut se sauver de tous les maux. Dans son journal publié en 1972, *A Circle of Quiet*, Madeleine L'Engle affirmera d'ailleurs :

> *Within [the post-Christian world], however, lies the tiny, almost extinguished flame of the Christian world, kept alive by the often ignored remnant. If I do not feel despair at the state of the world today it is because I have an eager hope that the Christian world is going to be born again – not a reversion to the first years, but a breaking forth into something new and living and brilliant*[20].

> « Dans [le monde post-chrétien], cependant, se trouve la petite flamme presque éteinte du monde chrétien, entretenue par ceux, souvent ignorés, qui y restent. Si je ne désespère pas de l'état du monde aujourd'hui, c'est parce que j'ai un ardent espoir que le monde chrétien va renaître – non pas un retour aux premières années, mais une percée dans quelque chose de nouveau, de vivant et de brillant. »

Les métaphores du roman *A Wrinkle in Time* ont par conséquent plusieurs fonctions principales : elles soulignent l'expérience du monde que font les deux enfants pendant la narration tout en les comparant : celle de l'enfance, celle du monde scientifique et celle des forces surnaturelles qui veillent sur eux.

---

20 Madeleine L'Engle, *A Circle of Quiet*, New York, Farrar, Straus & Giroux, 1972.

Les métaphores servant à décrire les caractéristiques du ressenti archétypal des enfants sont présentes dès le début du roman. Meg et son petit frère Charles Wallace ressentent de façon aigüe qu'ils ne sont pas des enfants comme les autres, ce qu'exprime Meg dans un dialogue avec son père au sujet des capacités intellectuelles de son petit frère :

> *"There's nothing the matter with his mind. He just does things in his own way and in his own time."*
>
> *"I don't want him to grow up to be dumb like me," Meg had said.*
>
> *"Oh, my darling, you're not dumb," her father answered. "You're like Charles Wallace. Your development has to go at its own pace. It just doesn't happen to be the usual pace."* (L'Engle, 1962, p. 6)

> « "Il n'y a rien qui cloche dans son esprit. Il fait les choses à sa manière et en prenant son temps."
>
> "Je ne veux pas qu'il grandisse pour être aussi stupide que moi", avait déclaré Meg.
>
> "Oh, ma chérie, tu n'es pas stupide", a répondu son père. "Tu es comme Charles Wallace. Ton évolution doit suivre son propre rythme. Ce n'est tout simplement pas le rythme habituel." »

Plus loin, Meg utilise la métaphore prédicative de *oddball* pour se (dis-)qualifier elle-même, mais au-delà d'elle-même, la métaphore désignera tous ceux qui sentent ne pas appartenir au groupe dans lequel ils vivent, ici la communauté de son école :

> *"I hate being an oddball," Meg said. It's hard for Sandy and Dennys too. I don't know if they're like everybody else, or if they're just able to pretend they are. I try to pretend but it isn't any help.*
>
> *"You're much too straightforward to be able to pretend to be what you aren't," Mrs. Murry said* (*ibid.*, p. 18).

> « "Je déteste être excentrique", a déclaré Meg. C'est dur pour Sandy et Dennys aussi. Je ne sais pas s'ils sont comme tout le monde, ou s'ils sont juste capables de faire semblant. J'essaie de faire semblant mais ça ne sert à rien.
>
> "Tu es beaucoup trop directe pour pouvoir faire semblant d'être ce que tu n'es pas", a déclaré Mrs Murry. »

Plus généralement la métaphore tendra à renvoyer à cette manière bien particulière qu'ont les adolescents de se percevoir.

Si l'on regarde du côté du cadre conceptuel et spirituel, la vue comme métaphore de la connaissance sera une bonne façon de souligner les limites de l'entendement humain. Tante Bête détruit ainsi l'illusion de l'importance de la vue : « *we do not know what things* look *like [...] we know what things* are *like. It must be a very limiting thing, this seeing* » (L'Engle, 1962, p. 174). Une nouvelle faculté est proposée, *kything*, faculté d'empathie qui permet de pénétrer l'esprit humain et tout l'univers, et de surpasser la communication humaine. Mais c'est aussi la faculté de nommer l'Autre grâce à l'Amour : « L'Engle [...] *now offers empathy as a key epistemological tool* » (Bray, 2017, p. 143).

Ce sont également d'autres repères qui sont mis à mal dans ce roman, comme celui du temps : on passe de *chronos*, le temps chronologique, à *kairos*, concept qui se rapproche du temps divin. Les métaphores utilisées dans ce nouveau cadre résolument chrétien sont souvent très personnelles, bien qu'orthodoxes, et le fruit de composites linguistiques entre différentes langues étrangères comme pour introduire un autre mode de penser la réalité.

Le contexte de violence et de Mal qui s'insinue partout dans ce monde se retrouve dans l'utilisation des métaphores dès les premières lignes du roman. Si l'on reprend les premières phrases déjà citées dans cet incipit, des expressions comme « *the frenzied lashing of the wind* » (p. 7), puis à la phrase suivante, « *the moon ripped through them [the clouds]* » (p. 7), « *the wild night sky* » (p. 9) soulignent diverses propriétés applicables à la violence dans un processus de personnification des éléments naturels devenus presque monstrueux et désignant l'irruption du Mal : respectivement une façon de frapper (tel un fouet), de déchirer (avec rapidité), de se déchaîner (sans restriction).

On pourrait donc résumer ainsi l'écriture du roman *A Wrinkle in Time* : c'est une écriture métaphorique visant à ébranler le cadre conceptuel de ses lecteurs en apportant une réflexion sur la perception de la réalité et sur notre réponse à donner à la violence.

R. L. STINE (1943-)

Robert Lawrence Stine est un romancier américain qui est surtout connu pour ses fantasies et romans d'horreur destinés aux jeunes lecteurs. Il est l'auteur de plusieurs centaines de romans traduits en trente-cinq langues. Sa carrière en tant qu'écrivain de romans d'horreur a commencé avec son roman *Blind Date*, publié en 1986. Ses œuvres les plus marquantes comprennent les séries de *Fear Street* (1989-1999 ; 2005 ; 2014-), *Goosebumps* (1992-1997), *Rotten School* (2005-2008), *Mostly*

Ghostly (2004-2006) et l'anthologie *The Nightmare Room* (2001-2002). Les séries ont eu un tel succès que Stine en a fait des séries dérivées ou *spin-off* telle que *Give Yourself Goosebumps* en 1995, œuvre interactive où le lecteur peut choisir son aventure.

Un des aspects les plus évidents de l'écriture de R. L. Stine est son art des dialogues. Stine a compris que grâce à des dialogues entre enfants ou des dialogues entre enfants et animaux, il pouvait capter l'attention des jeunes lecteurs. La narration se déroule donc essentiellement sous cette forme dialogale, ce qui lui confère une impression de quotidien et accentue la proximité des personnages. L'auteur refuse de fatiguer son lecteur avec des descriptions inutiles, comme le font d'autres écrivains qui s'ingénient par exemple à donner les noms de tous les arbres, de toutes les fleurs, des sortes de bois utilisés pour faire des meubles, etc.[21]. À titre d'exemple, voyons le début de son roman *Give youself goosebumps*[22] :

> *"What do you want to do ?"*
> *"I don't know, Patty. What do you want to do ?"*
> *"Not fair, Brad. I asked you first."* (Stine, 1995, p. 1)
>
> « "– Qu'est-ce que tu veux faire ?"
> "– Je ne sais pas, Patty. Q'est-ce que tu veux faire, toi ?"
> "– Pas juste, Brad. Je t'ai demandé en premier." »

L'histoire commence par un dialogue banal et très vague quant au contenu, dans un registre très dépouillé, entre deux amis, Patty et Brad. Ce dialogue donne de rares indications sur les traits des personnages. C'est surtout son extrême simplicité lexicale, la brièveté des phrases, le choix de termes monosyllabiques et le caractère très elliptique du discours qui frappent le lecteur en introduisant une atmosphère particulière et en mettant insidieusement en place une stratégie destinée à distiller la peur dans son esprit.

Dans *Fear Street*, série clairement destinée à donner la chair de poule, l'utilisation de la métaphorisation se fait de même dans cette atmosphère très particulière où l'action semble suspendue en attente de quelque chose. Dans le prologue de *the House of Evil*[23], par exemple, le premier tome de

21 Je fais référence à des auteurs comme James Paterson, Suzanne Williams et Rosie Banks que j'ai moi-même traduits en persan.

22 R. L. Stine, *Give Yourself Goosebumps*, New York, Scholastic Press., 1995.

23 R. L. Stine, *The House of Evil – The First Horror*, New York, Simon Pulse, 1994.

la série de *99 Fear Street*, sous-série de *Fear Street*, l'un des personnages, ouvriers sur un chantier de construction, raconte comment s'est passé un accident qui fit tomber du toit Jones, un autre ouvrier :

> *You know, I was there when that big guy Jones fell off the roof. No winds, no breeze, no nothing* [...] (Stine, 1994, p. 2).
>
> « Tu sais, j'étais là quand ce grand gaillard de Jones est tombé du toit. Aucun vent, aucune brise, rien de rien [...] »

On constate immédiatement les mêmes caractéristiques d'écriture que dans l'exemple précédent, la même retenue dans l'emploi limité du lexique, dans le choix de phrases nominales, mais surtout la même absence d'information sur le plan narratif : on ignore pourquoi Jones est tombé du toit et ce mystère est renforcé par le style accumulatif et le rythme martelant de la répétition en *no* qui introduit une insistance dans le ton presque dramatique du discours du personnage et souligne la perte de repères, prémisse au commencement du sentiment de terreur, la source de cette angoisse naissante étant sans objet, à la différence de la peur. Le segment *no nothing* est particulièrement révélateur puisque, en retirant toute explication, en redoublant la négativité, il fait plonger dans un monde qui n'a plus de sens, un monde de l'horreur. Pire, il introduit la possibilité que l'accident soit l'œuvre de quelque force surnaturelle puisqu'aucune explication ordinaire ne peut être fournie. Ce qui semble se confirmer un peu plus loin dans le texte par l'emploi du préfixe privatif et le même vide sémantique attaché à la description de tombes retrouvées sur le site du chantier. Le pouvoir du Malin entre alors en scène sous forme d'avertissement à peine voilé :

> *There are all these unmarked graves down here* (*ibid.*).
>
> « Il y a toutes ces tombes anonymes ici-bas »

C'est donc tout un faisceau d'indices qui donne naissance à une métaphorisation du discours qui devient petit à petit une voix d'outre-tombe doublant celle de la narration. Le premier chapitre se termine ainsi très rapidement en se concentrant sur le véritable personnage du roman, le Mal. De personnages acteurs de leur vie, les deux ouvriers passent à victimes, puis sont rayés de la narration, comme happés par cette force à laquelle rien ne résiste :

> *Sprawled open-mouthed and wide-eyed on the concrete floor* (*ibid.*, p. 4).
>
> « Étendu la bouche ouverte et les yeux écarquillés sur le sol en béton »

Davantage qu'à une scène de meurtre, nous assistons à une prise de possession du récit par le Mal à l'état pur. Et de personnages à lecteurs, il n'y a pas un si grand écart… Nous sentons la peur sous la peau et le froid de la mort nous envahir lorsque la métaphorisation se prolonge dans l'emploi de *concrete floor*, le ciment accentuant l'ambiance froide et sans vie.

Nul étonnement alors lorsque la maison est décrite dans le chapitre suivant par la double métaphore de la mort et du secret, dans la référence à un cadavre qu'on enterre (*buried*) et aux ténèbres (*darkness*) :

> *But there were so many old shade trees covering the front yard, the house was nearly buried in darkness* (*ibid.*, p. 7).
>
> « Mais il y avait tellement de vieux arbres d'ombrage couvrant la cour avant, la maison était presque enterrée dans l'obscurité »

Si des corps ont été autrefois retrouvés dans le sous-sol de la maison, aujourd'hui de nouveaux corps y sont ajoutés et la maison tout entière est un cimetière en puissance, tout comme le monde à l'extérieur de son périmètre. Le monde des ténèbres règne à tous les niveaux de l'univers, celui des hommes et celui des choses. La métaphorisation chez Stine a donc pour fonction essentiel d'abattre le mur entre le monde visible et invisible et de nous faire plonger au plus profond de nos peurs les plus archaïques.

RICK RIORDAN (1964-)

Rick Riordan est un auteur best-seller américain, sélectionné sur la liste du New York Times. Il a été traduit en plus de trente-sept langues. Il a écrit une vingtaine de romans pour la jeunesse y compris la série *Percy Jackson and the Olympians* publiée de 2005 à 2009, *The Kane Chronicles* publiées en 2010, *The Magnus Chase* publiée depuis 2015 et *The Trials of Apollo* publiée depuis 2016. Notons que dans la série *The Percy Jackson and the Olympians*, le roman de 2005, *The Lightning Thief*, a été écrit pour son fils atteint du TDAH (en anglais ADHD)[24] et de

---

24 Trouble du déficit de l'attention avec ou sans hyperactivité et en anglais *attention – deficit / hyperactivity disorder.*

dyslexie. Le personnage principal de cette histoire souffre en effet de ces deux troubles.

Rick Riordan a reçu neuf récompenses pour ses œuvres depuis le prix Mark Twain Award en 2008 pour *The Lightning Thief* jusqu'au prix Stonewall Book Award pour *The Hammer of Thor* en 2017. Son écriture, très hybride, s'inscrit tout à la fois dans le genre de la fantasy, du roman policier et du récit mythologique.

On peut se faire une idée assez juste de l'écriture de Riordan si l'on observe les procédés langagiers auxquels l'auteur a eu recours dans la série de *Percy Jackson and the Olympians*[25]. Écrite à la première personne dans la plupart des récits qui la composent, l'histoire est racontée du point de vue d'un certain Percy Jackson. Le lecteur a accès aux pensées, aux émotions, mais surtout aux peurs du protagoniste. Dans *The Ligthning Thief*[26], nous percevons dans le désordre de la narration, le trouble psychique du protagoniste-narrateur, atteint de TDAH et incapable de se concentrer.

Dans *The Lightning Thief*, fantasy sur fond de mythologique grecque, la métaphore a plusieurs fonctions distinctes. Tout d'abord, elle aide à décrire la maladie dont est atteint le protagoniste, âgé de douze ans. Dès la première phrase de la narration, une métaphore prédicative est utilisée par le héros non seulement pour nommer sa maladie sans la nommer et ainsi la mettre à distance, pour exprimer son ressenti, sa souffrance d'être différent des autres enfants de son âge. Mais la narration introduit également tout de suite la dimension de fantasy et de cadre mythologique puisque le héros, possédant un sang d'une autre origine, tel un demi-dieu, s'expose à une existence en dehors des sentiers battus :

> *Look, I didn't want to be a half-blood* (Riordan, 2005, p. 4).
>
> « Écoute, je ne voulais pas être un sang-mêlé »

Dans la phrase suivante, on trouve confirmation de ce destin extraordinaire qui est le sien dans la supplique qu'il adresse aux lecteurs de son âge pour les inciter à rester dans une vie dite normale et obéir sans poser de questions à leurs parents. Tout plutôt que subir ce destin hors normes :

---

25 Rick Riordan, *Percy Jackson and the Olympians*, New York, Disney Hyperion, 2005-2009.

26 Rick Riordan, *The Lightning Thief*, New York, Disney Hyperion, 2005.

> *Believe whatever lie your mom or dad told you about your birth, and try to a normal life* (*ibid.*).
>
> « Croyez tout ce que votre mère ou votre père vous a dit à propos de votre naissance et essayez de mener une vie normale »

En même temps le parallèle établi entre le caractère anormal du sang, potentiellement la TDAH ou toute forme de maladie, et l'état de demi-dieu est une métaphore à visée thérapeutique ou cathartique pour ceux qui, malades, se projetteraient, ainsi valorisés, dans le héros.

La valeur métaphorique du récit est donc constamment rappelée et imprègne les divers épisodes comme autant d'indices se référant à la TDAH sans en parler directement. Comme par exemple l'histoire de l'accident que le narrateur provoqua avec un ancien canon lors d'une visite scolaire, ceci en raison de son hyperactivité :

> [...] *I had this accident with a Revolutionary War cannon. I wasn't aiming for the school bus, but of course I got expelled anyway* (*ibid.*).
>
> « [...] J'ai eu cet accident à cause d'un canon de la guerre d'Indépendance. Je ne visais pas le bus scolaire, mais bien sûr j'ai été expulsé quand même »

Revenons à l'énoncé métaphorique pour une analyse sémantique. Le locuteur s'attribue toutes les propriétés fonctionnelles (extrinsèques) d'un *half-blood*, ici d'un demi-dieu. Le mot *half-blood*, fonctionne donc comme un extracteur de propriétés extrinsèques. Pour le héros de la narration, il est un demi-dieu, c'est-à-dire qu'il possède exactement la même quantité de sang, la même valeur, le même statut, qu'un demi-dieu. Il ne s'agit pas pour le narrateur d'informer à proprement parler, mais d'attirer l'attention sur des propriétés dont on invite à revisiter la portée dans le contexte de la vie du locuteur et potentiellement des lecteurs. Il faut appréhender le mot ou l'expression selon des modalités qualitatives. Le nom est considéré comme « l'emblème d'un certain mode (spécificité) d'être[27] ». *Half-blood* s'organise ainsi autour de deux pôles, humain et divin, chargés de singularités comportementales des demi-dieux telles qu'on ne peut que se les imaginer.

Cette métaphore initiale ouvre donc une phase mise en scène par le héros afin de mettre en valeur des stéréotypes qualificatifs imagés qui

27 Pierre Cadiot, « Le signifié : un objet non identifié ? », *Cahiers de linguistique analogique*, n° 2, *Un signifié : un signifiant. Débat*, 2005, p. 52.

viendront se profiler ensuite petit à petit dans le reste de la narration et faire entrevoir l'horizon d'interprétation. La métaphore est particulièrement intéressante car, par sa fonction même dans le texte, elle semble montrer du doigt la façon dont le langage se comporte : l'expression ne renvoie pas à une définition, mais à une image, un mythe.

LEMONY SNICKET (VRAI NOM : DANIEL HANDLER) (1970-)

Les œuvres de Lemony Snicket appartiennent à la fantasy et la fiction pour les enfants et adolescents. Son œuvre la plus connue est la suite romanesque de *A Series of Unfortunate Events* qui comporte treize tomes publiés de 1999 à 2006. Ils comprennent, entre autres, *The Bad Beginning* (1999), *The Miserable Mill* (2000), *The Vile Village* (2001) et *The End* (2006).

La caractéristique spécifique de cette écriture est un ton empli de mélancolie ou d'humour noir et une atmosphère très mystérieuse. Dans la série *Unfortunate Events*, Lemony Snicket joue le rôle du narrateur et dans *All the Wrong Questions*, celui du protagoniste.

The Bad Beginning[28], le premier roman de *A Series of Unfortunate Events*, a gagné plusieurs prix littéraires dont : the Colorado Children's Book Award, the Nevada Young Readers Award et the Nene Award. Il fut également choisi comme le livre de l'année. Les autres romans de la série ont suivi le même chemin et ont gagné plusieurs prix : trois prix de IRA/CBC Children's Choice Awards pour *The Wide Window*, *The Vile Village* et *The Hostile Hospital*. De même le livre *The Penultimate Peril* a obtenu le prix du meilleur livre lors des Nickelodeon Kids' Choice Awards et le prix 2006 du Quill Book Award.

Le point de vue narratif de *A Series of Unfortunate Events* est celui de la troisième personne du singulier. C'est un point de vue omniscient, intrusif et qui connaît tout de Lemony Snicket. L'impact émotionnel sur le lecteur est très fort : il réussit à faire rire, à créer une distance salutaire vis-à-vis du contexte dramatique, la narration mettant en scène trois enfants qui ont perdu leurs parents dans un terrible incendie. Dès la préface, l'auteur adopte le registre d'une conversation ordinaire, badin, un peu détaché, légèrement ironique qui, accompagné d'un lexique banal dédramatise immédiatement la situation tragique et renverse

28 Lemony Snicket, *The Bad Beginning*, New York, HarperCollins, 1999.

d'emblée les valeurs littéraires et humaines : le tragique peut être traité avec humour ; ce qui est dramatique est finalement divertissant pour tout le monde :

> *I'm sorry to say that the book you are holding in your hands is extremely unpleasant. It tells an unhappy tale about three very unlucky children. Even though they are charming and clever, the Baudelaire siblings lead lives filled with misery and woe. From the very first page of this book when the children are at the beach and receive terrible news, continuing on through the entire story, disaster lurks at their heels. One might say they are magnets for misfortune.*
>
> *In this short book alone, the three youngsters encounter a greedy and repulsive villain, itchy clothing, a disastrous fire, a plot to steal their fortune, and cold porridge for breakfast.*
>
> *It is my sad duty to write down these unpleasant tales, but there is nothing stopping you from putting this book down at once and reading something happy, if you prefer that sort of thing.*
>
> *With all due respect,*
> *Lemony Snicket* (Snicket, 1999, p. III)

> « Je suis désolé de dire que le livre que vous tenez dans vos mains est extrêmement désagréable. Il raconte une histoire malheureuse à propos de trois enfants très malchanceux. Même s'ils sont charmants et intelligents, les frères et sœurs Baudelaire mènent une vie remplie de misère et de malheur. Dès la première page de ce livre, lorsque les enfants sont à la plage et reçoivent de terribles nouvelles, puis tout au long de l'histoire, la catastrophe les guette. On pourrait dire qu'ils sont des aimants pour le malheur.
>
> Rien que dans ce court livre, les trois jeunes sont confrontés à un méchant cupide et repoussant, des vêtements qui démangent, un incendie catastrophique, un complot pour voler leur fortune et de la bouillie froide pour le petit-déjeuner.
>
> C'est mon triste devoir d'écrire ces histoires désagréables, mais rien ne vous empêche de poser ce livre tout de suite et de lire quelque chose de joyeux, si vous préférez ce genre de lecture.
>
> Avec tout mon respect,
> Lemony Snicket »

Cet effet « oxymorique » est renforcé par le choix des noms des personnages. Les noms propres sont ceux de grandes figures littéraires : tout d'abord le nom des enfants, Baudelaire, et puis celui du banquier, Poe (dont un des fils s'appelle Edgar). Les deux poètes auxquels il est fait allusion sont des poètes maudits, l'un, Baudelaire, accablé par le spleen, l'autre, Poe, qui a perdu jeune ses parents et qui est une figure du romantisme tourmenté, en plus d'être ironiquement le précurseur des auteurs de science-fiction.

Le choix trahit donc aussi cette même façon de tourner en dérision des poètes connus pour leur veine noire, voire tragique.

L'auteur omniscient continue de manifester sa présence dans la narration en usant abondamment de l'aparté afin de continuer cette mise à distance des événements. L'histoire commence en effet par un avertissement :

> *If you are interested in stories with happy endings, you would be better off reading some other book. In this book, not only is there no happy ending, there is no happy beginning and very few happy things in the middle. This is because not very many happy things happened in the lives of the three Baudelaire youngsters.* (*ibid.*, p. 1)

> « Si vous vous intéressez aux histoires qui finissent bien, vous feriez mieux de lire un autre livre. Dans ce livre, non seulement il n'y a pas de fin heureuse, mais il n'y a pas de début heureux et très peu de choses se passent bien d'un bout à l'autre. C'est parce que peu de choses heureuses se sont passées dans la vie des trois jeunes Baudelaire. »

Mais l'intervention du narrateur-auteur va plus loin. D'une part, il se transforme en enquêteur, traquant les moindres détails de la vie de ses personnages dont il se dépêche de rapporter les faits et gestes, les pensées et les projets au lecteur, instituant ainsi avec lui une sorte de complicité forcée. D'autre part, outre les conseils renouvelés à ne pas continuer à lire l'histoire, il commente et guide régulièrement le lecteur dans son interprétation des informations qu'il lui livre, parfois dans un style très professoral :

> [...] *and occasionally their parents gave them permission to take a rickety trolley—the word "rickety," you probably know, here means "unsteady" or "likely to collapse"—alone to the seashore...* (*ibid.*, p. 2)

> « [...] et parfois leurs parents leur donnaient la permission de prendre seuls un tramway brinquebalant – le mot "brinquebalant", vous le savez probablement, signifie ici "tout branlant" ou "susceptible de se renverser" – pour aller à la plage... »

L'impression générale ainsi créée est celle d'un récit oral où le narrateur change à volonté l'histoire, la manipule à tous les niveaux, mais aussi répond à un auditoire fictif :

> *Violet and Klaus moved forward to shake his hand and say how do you do.*
> *"How do you do ?" said Violet.*

"How do you do ?" said Klaus.
"Odo yow !" said Sunn (*ibid.*, p. 6-7).

« Violet et Klaus s'avancèrent pour lui serrer la main et lui dire bonjour.
"Comment allez-vous ?" dit Violette.
"Comment allez-vous ?" dit Klaus.
"Commo vo !" s'écria Sunn »

Quant au processus de métaphorisation, c'est d'abord celui d'un procédé général d'analogie, où se profile sans toutefois s'objectiver la figure quasi allégorique de la mort qui, tout au début de *The Bad Beginning*, apparaît dans un passage où les enfants sont au bord de la mer. M. Poe, le banquier, entre en scène comme une forme perceptive, visuelle, qui semble se profiler vers une thématisation de la mort, de la grande Faucheuse. Les propriétés de ce personnage – grande taille, couleur sombre – viennent se rajouter aux autres caractéristiques de ce paysage de bord de mer déjà miné par le nom des personnages. La « saturnisation[29] », pour employer un terme du registre mythique, est en route et l'annonce de l'accident des parents des trois enfants ne surprendra guère si l'on suit la logique du motif :

[…] *there could be seen a tall figure striding toward the Baudelaire children* (*ibid.*, p. 5).

« […] on pouvait apercevoir une grande silhouette se diriger à grands enjambées vers les enfants Baudelaire »

Cette image, qui sert d'avertissement à l'entrée du malheur dans leur vie – Violette saisit d'emblée la fonction destructrice de cet homme, « l'exécuteur[30] » testamentaire de ses parents –, se retrouvera plus loin sous la forme du comte Olaf dont la silhouette rachitique, la méchanceté légendaire, les vêtements et la maison sombres confirment la mise en route de cette thématisation répétitive d'une mort qui rôde :

He was very tall and very thin, dressed in a gray suit that had many dark stains on it (*ibid.*, p. 22).

29 Le dictionnaire des symboles, mythes, rêves, etc. des éditions Seghers donne comme définition : « Saturne… / … symbolise les obstacles de toutes sortes, les arrêts, la carence, la malchance, l'impuissance, la paralysie ». *Cf.* Jean Chevalier et Alain Gheerbrant, *Dictionnaires des symboles, PIE à, Z*, Paris, Seghers, 1974, p. 152.

30 Violette souligne en fait, sous couvert d'ironie amère, le motif commun en anglais à *executor*, et *executioner* : « Although he said he was the executor, Violet felt like Mr. Poe was the executioner" (*ibid.*, p. 10)

> « Il était très grand et très mince, vêtu d'un costume gris avec de nombreuses taches sombres dessus »

La métaphorisation a donc pour fonction de réunir tous les indices qui concourent à thématiser la mort dans l'ensemble de la narration, depuis les associations qualitatives associées aux noms des enfants jusqu'aux propriétés de l'aspect physique de certains adultes.

La métaphore lexicale qui suit est peut-être encore plus parlante car, en se figeant, elle devient l'image même de cette vie qui brusquement s'arrête. Il s'agit, dans le même passage, du moment où les enfants sont contraints de quitter le bord de mer et leur vie d'avant :

> *and in that manner the three Baudelaire children—the Baudelaire orphans, now—were led away from the beach and from their previous lives* (*ibid.*, p. 10).

> « Et c'est ainsi que les trois enfants Baudelaire – les orphelins Baudelaire désormais – furent emmenés loin de la plage et de leur vie d'avant. »

Dans cet exemple, la reprise seconde *led from their previous life* par son figement métaphorique bloque rétroactivement le caractère sensible de *led away from the beach.* Notons aussi que tout le décor se prête à une métaphorisation de la mort par le même motif qui tend à priver de vie à des degrés divers les éléments du paysage : le ciel est gris, la plage est déserte, les enfants sont au bord de la mer, à la frontière entre l'eau et la terre, entre le passé où ils étaient heureux et le présent où le malheur s'abat.

On voit donc que la thématisation de la mort par métaphorisations successives ne renvoie pas à une abstraction notionnelle, mais à un ensemble de valeurs sans noyau sémique, pour reprendre la terminologie de Rastier. Il s'agit davantage d'une absence de mouvement, de couleur, et d'une entrée dans un autre monde. Citons Edgar Morin :

> La mort est à première vue une sorte de vie, qui prolonge, d'une façon ou d'une autre, la vie individuelle. Elle est, selon cette perspective, non pas une « idée », mais une « image » comme dirait Bachelard, une métaphore de la vie, un mythe si l'on veut. Effectivement la mort dans les vocabulaires les plus archaïques n'existe pas encore comme concept : on en parle comme d'un sommeil, d'un voyage, d'une naissance, d'une maladie, d'un accident, d'un maléfice, d'une entrée dans le séjour des ancêtres, et le plus souvent de tout cela à la fois[31].

31 Edgar Morin, *L'Homme et la mort*, Paris, Seuil 1970, p. 34.

En cela, les indices textuels de métaphorisation servent à faire avancer l'intrigue en la maintenant toujours sur le qui-vive, sur le fil du rasoir de la vie des personnages.

STEPHENIE MEYER (1973-)

Stephenie Meyer a connu un succès mondial pour une série de romans, la saga *Twilight*, romance fantastique publiée de 2005 à 2008 et comprenant *Twilight* (2005), *New Moon* (2006), *Eclipse* (2007), *Breaking Dawn* (2008). Cette collection s'est vendue à plus de 100 millions d'exemplaires à travers le monde, dans plus de cinquante pays et a été traduite en trente-sept langues. En 2008 et 2009, Stephenie Meyer fut l'écrivaine qui gagna le plus d'argent aux États-Unis, 29 et 26,5 millions d'ouvrages s'étant vendus respectivement ces deux années-là. Une version cinématographique de chaque roman est sortie entre 2008 et 2012. Une autre œuvre de Meyer, devenue best-seller sur la liste du New York Times et du Wall Street Journal en 2008, est le roman de science-fiction *The Host* qui met en scène des extra-terrestres, les Âmes, qui gouvernent la Terre et contrôlent l'esprit des humains.

La série *Twilight* est classée comme saga de science-fiction, mais aussi dans le genre des « romances », anglicisme dérivé de l'expression *romance novel* et utilisé pour désigner de nos jours un type de roman d'amour dans les pays anglophones. La romance a longtemps été considéré en France comme l'équivalent des ouvrages des collections Harlequin, spécialistes des romans sentimentaux à l'eau de rose.

Twilight est essentiellement raconté à la première personne. La narratrice, une adolescente de seize ans du nom d'Isabella Swan, dite Bella, est amoureuse et aimée d'un jeune vampire, Edward Cullen. Le registre de *Twilight* est celui de la conversation ordinaire, simple et directe. Aucune ambiguïté n'est introduite dans l'écriture. Le contenu du discours correspond bien à celui d'une adolescente qui fait des observations sur son entourage, ses parents et ses camarades. Il établit immédiatement un lien entre le personnage principal et les jeunes lecteurs de la série. Le ton devient parfois mélodramatique pour mettre en lumière l'expression excessive du sentiment amoureux et en cela se conforme à la psychologie de certains adolescents passionnés. À quoi viennent s'ajouter des éléments typiques de la fantasy comme le recours au surnaturel, ici aux vampires et à la magie.

Un nombre grandissant d'études universitaires sur la série relèvent surtout d'approches féministes qui se penchent sur l'étude de la protagoniste. Mais on peut noter aussi ces dernières années des ouvrages critiques proposant de multiples approches, comme *Theorizing Twilight : Critical Essays on What's at Stake in a Post-Vampire World*[32], sorti en 2011, et dont l'objectif analytique, assez vaste, correspondrait à l'amplitude des sujets de réflexion du roman :

> [*Twilight*] *can cause questions to arise about all manner of topics from gender, race, sexuality and religion, to film production and popular culture. That's where this collection of essays come into play* (Parke et Wilson, 2011, p. 1).
>
> « [Twilight] peut susciter des questions sur toutes sortes de sujets, depuis le genre, la race, la sexualité et la religion, jusqu'à la production cinématographique et la culture populaire. C'est là où cette collection d'essais joue un rôle. »

D'autres commentateurs optent pour l'analyse d'une thématique précise, plutôt qu'une perspective critique, c'est le cas de *Bitten by Twilight : Youth Culture, Media, & the Vampire Franchise*[33] où certains essais abordent des aspects comme la dimension religieuse ou la traditionnelle thématique de la passion contrariée :

> *Though the novels are situated in a fantasy about vampires and shape-shifting werewolves, at its heart Twilight is a story of true love prevailing against all odds. Using classic tales, such as Romeo and Juliet and Wuthering Heights, as inspiration, Meyer's books intertwine romance fantasy, and suspense to communicate messages about love, family, and morality* (Click *et al.* 2010, p. 1).
>
> « Même si les romans se situent dans une fantaisie sur les vampires et les loups-garous qui changent de forme, *Twilight* est fondamentalement une histoire d'amour véritable qui s'impose contre vents et marées. En utilisant des contes classiques, tels que *Roméo et Juliette* et *Les Hauts de Hurle-Vent*, comme source d'inspiration, les livres de Meyer entrelacent la fantaisie romantique et le suspense pour communiquer des messages sur l'amour, la famille et la moralité. »

Nous examinerons quelques métaphores qui appartiennent à la fois au domaine de l'amour et de la religion. Rappelons que Stephenie

32 Maggie Parke et Natalie Wilson, éd., *Theorizing Twilight : Critical Essays on What's at Stake in a Post-Vampire World*, Jefferson, North Carolina, McFarland & Company, 2011.

33 Melissa A. Click, Jennifer Stevens Aubrey et Elizabeth Behm-Morawitz, éd., *Bitten by Twilight : Youth Culture, Media, & the Vampire Franchise*, New York, Peter Lang, 2010.

Meyer a reçu une éducation mormone. Elle est membre de l'Église de Jésus-Christ des saints des derniers jours (*The Church of Jesus Christ of Latter-day Saints*), appelée aussi Église mormone. Toutefois rien ne transparaît dans ces romans à part quelques métaphores bibliques connues. Dans le premier tome, *Twilight*[34], la relation amoureuse des deux héros s'établit sous le signe d'une double métaphore biblique, celle du lion et de l'agneau :

> *"And so the lion fell in love with the lamb..." he murmured. I looked away, hiding my eyes as I thrilled to the word.*
> *"What a stupid lamb," I sighed.*
> *"What a sick, masochistic lion."* (Meyer, 2005, p. 240)

> « "Et ainsi le lion tomba amoureux de l'agneau..." murmura-t-il. Je détournai le regard, cachant mes yeux alors que je me mis à vibrer au son du mot.
> "Quel agneau stupide", soupirai-je.
> "Quel lion malade et masochiste." »

Si dans une lecture un peu rapide les deux héros semblent de nature très différente telles deux forces opposées qui s'attirent, le lion s'opposant à l'agneau, comme la force et la puissance s'opposent à la douceur et à l'obéissance qu'ils symbolisent généralement, le motif, toujours plus discret et en deçà, révèle une propriété « solaire » commune au lion, à l'amour et à l'agneau. Le lion tout comme l'agneau et l'amour possèdent des propriétés, des attributs divins et cette qualité divine est celle qui les relie. On sait que dans la Bible, le lion rend la justice, il est le Christ-Juge, l'emblème de l'évangéliste Marc. Il est aussi celui, dit l'Apocalypse, qui a vaincu pour ouvrir le livre et ses sept sceaux (5, 5) :

> Plus précisément, dans l'iconographie, médiévale, la tête et la partie antérieure du lion correspondent à la nature divine du Christ, la partie postérieure – qui fait contraste par sa relative *faiblesse* – à la nature humaine (Chevalier et Gheerbrant, *H à PIE*, 1974, p. 133).

L'agneau de son côté possède cette partie divine qui s'offre comme victime sacrificielle, tel l'agneau pascal dans le Nouveau Testament. Il s'agit donc d'un jugement qualitatif qui s'ébauche ici dans le premier roman qui viendra se profiler dans les épisodes suivants où Bella se sacrifie, change sa nature humaine en vampire pour pouvoir aimer Edward. La

34 Stephenie Meyer, *Twilight*, New York, Little Brown and Company, 2005.

thématisation de l'amour qui sauve se retrouve tant sur le plan lexical, *the lion fell in love with the lamb*, que sur le plan de la structure narrative où le sang-nourriture des vampires est un instrument de transformation qui fait passer l'homme de la nature instinctive, primaire, violente du vampire à celle, royale, divine, juste, du héros et de l'héroïne qui viennent sauver leur peuple, ce que reflète une autre métaphore celle du titre du dernier tome de la série, *Breaking Dawn*[35], annonce d'une ère moins barbare où la lumière luit enfin.

Voyons à présent le cas de la triple métaphore qui entoure le personnage de Carlisle, mari d'Edmée Cullen, père adoptif d'Edward Cullen, sorte de second père pour Bella et de grand-père de substitution pour Renesmée, fille d'Edward et de Bella. À noter qu'il est aussi le conseiller de toute la famille :

> *I tried to visualize the Cullen family without their creator, their center, and their guide their father, Carlisle* (Meyer, 2005, p. 24).
>
> « J'ai essayé de visualiser la famille Cullen sans leur créateur, leur centre, et leur guide, leur père Carlisle. »

Dans *From Twilight to Breaking Dawn, Religious Themes in the Twilight Saga*[36], Sandra L. Gravett commente à deux reprises le personnage de Carlisle qui, d'après elle, désigne clairement la figure du Dieu de l'Ancien Testament, ordonnateur de la Loi :

> *A Christian audience immediately recognizes the connection between God and the idea of a father. But the link between this relationship and the biblical material might not be as readily apparent. The metaphor of God as a husband and a father receives strong emphasis in the Hebrew bible and depends largely on the picture of deity as head of a* bet av *(house of the father) – the basic social unit for the people of Israel* (Gravett, 2010, p. 49).
>
> *Carlisle's "law", like that of the God of Israel, proves aspirational. No one achieves it, outside of Carlisle, with absolute perfection. But the benefits of living as a family and sharing such an enterprise transform them, and the law becomes something far more intrinsic to each of them. Just as Jeremiah 31:33 talks about how God writes the law on the hearts of the people, so also do the Cullens learn to do the things Carlisle asks of them naturally. His "law" forms them as a community bonded in love and makes*

35 Stephenie, Meryer, *Breaking Dawn*, New York, Little Brown and Company, 2008.

36 Sandra L. Gravett, *From Twilight to Breaking Dawn : Religious Themes in the Twilight Saga*, St Louis, Missouri, Chalice Press, 2010.

> *possible for them as a group what previously might never have seemed attainable in the world of vampires* (*ibid.*).
>
> « Un public chrétien reconnaît immédiatement le lien entre Dieu et l'idée d'un père. Mais le lien entre cette relation et le texte biblique pourrait ne pas être aussi évident. La métaphore de Dieu en tant que mari et père est fortement soulignée dans la Bible hébraïque et dépend largement de l'image de la divinité en tant que chef d'un *bet av* (maison du père) – l'unité sociale de base pour le peuple d'Israël. »
>
> « La "loi" de Carlisle, comme celle du Dieu d'Israël, se révèle ambitieuse. Personne ne parvient à la mettre en pratique, en dehors de Carlisle, avec une perfection absolue. Mais les avantages de vivre en famille et de partager une telle entreprise les transforment, et la loi devient quelque chose de bien plus intrinsèque à chacun d'eux. Tout comme Jérémie 31:33 parle de la façon dont Dieu écrit la loi dans le cœur des gens, les Cullen apprennent aussi à faire les choses que Carlisle leur demande naturellement. Sa "loi" les forme comme une communauté liée par l'amour et leur rend possible en tant que groupe ce qui auparavant n'aurait peut-être jamais semblé réalisable dans le monde des vampires. »

Gravett fixe donc clairement le sens de la métaphore. Or comme elle le souligne elle-même de façon paradoxale, rien ne permet d'affirmer ici le lien entre la Bible de l'Ancien Testament et le personnage. Et pour cause, pourrait-on dire. La métaphore ne désigne pas, ne réfère pas, mais met l'accent sur le mode d'accès à une fixation future du sens. Le motif encore une fois très « solaire » dont les propriétés sont cette tendance à guider, à éclairer le cœur (le mari ou l'amant), l'esprit (le leader, le héros) ou l'âme (Dieu ou tout chef spirituel) parcourt le roman à plusieurs endroits pour se retrouver chez Carlisle mais aussi chez Edward. La description de cet amoureux mythique sous les traits du jeune premier vampire montre le même motif qui se profile en héros du cœur dans ses baisers qui enflamment et qui se double du motif très « marsien » qui parcourt le torse invincible et les poignets implacables du héros capable de s'ériger en une force glacée archétypale d'indomptabilité. Les deux motifs se rejoignent ainsi en faisant de l'amoureux le dieu aux qualités presque oxymoriques. Ainsi, à la question : « Pourquoi Stephenie Meyer fascine-t-elle[37] ? », le journal *Buz… littéraire* répond :

37 Anon., « Pourquoi Stephenie Meyer fascine-t-elle ? », *Buz… littéraire*, *Les livres de bouche à oreille*, avril 2009.

> Et puis il y a encore toutes les caractéristiques étranges de l'amour avec un vampire à commencer par sa "peau glacée", ses baisers réfrigérants (qui enflamment pourtant l'héroïne), son "torse de pierre" ou encore "la force d'airain de ses poignets implacables"[38].

On voit bien dans cette évocation du héros que ce sont les modes d'être qui profilent le sens et que par conséquent les métaphores ne renvoient pas une référence déjà fixée, mais à des rapports essentiellement perceptuels ou évaluatifs. Même dans des romans qualifiés souvent par la critique de mineurs, comme celui-ci, la langue se comporte de la même façon et la métaphore se trouve chaque fois remise sur le même plan que le reste du discours : « Le motif relativise considérablement la métaphore, mais ce n'est pas pour autant qu'il la banalise » (Cadiot, 2002c, p. 1).

VERONICA ROTH (1988-)

Veronica Roth est une jeune romancière contemporaine qui écrit dans les genres de la science-fiction et de la dystopie. Ses œuvres comprennent la quadrilogie *Divergent* (2011), *Insurgent* (2012) et *Allegiant* (2013) ainsi que *Four, a Divergent Collection* (2014), collection de cinq nouvelles, et enfin les deux romans *Carve the* Mark (2017) et *The Fates Divide* (2018). Son œuvre la plus récente devrait être une série de six nouvelles intitulée *The End and Other Beginnings* (fin 2019)[39].

La romancière est surtout connue pour sa quadrilogie de *Divergent*[40], œuvre de science-fiction pour la jeunesse dont l'histoire se passe dans un Chicago post-apocalyptique, comme celle de la quadrilogie des *Hunger Games* où la scène est également une Amérique du Nord post-apocalyptique. On trouve *Divergent*, puis *Insurgent*[41] sur la liste des best-sellers du New York Times en 2011 et 2012. Le succès de la quadrilogie a été tel que son troisième tome, *Allegiant*[42] fut, selon HarperCollins, le livre le plus pré-commandé de l'histoire de cette maison d'édition. Bien entendu, ce succès doit beaucoup à la popularité croissante des romans dystopiques, en particulier les séries *Twilight* et *The Hunger Games*.

---

38 http://www.buzz-litteraire.com/200904301358-pourquoi-stephenie-meyer-fascine-t-elle/ (consulté le 20/05/2022).

39 La sortie de cet ouvrage, au moment où j'écris ces lignes, est prévue pour novembre 2019.

40 Veronica Roth, *Divergent*, New York, Katherine Tegen Books (HarperCollins Publishers Inc.), 2011.

41 Veronica Roth, *Insurgent*, New York, Katherine Tegen Books, 2012.

42 Veronica Roth, *Allegiant*, New York, Katherine Tegen Books, 2013.

Divergent ressemble sur beaucoup de points à *The Hunger Games*. L'œuvre résulte de la conjonction de genres divers : dystopie, science-fiction, fantasy et roman de survie, *Bildungsroman*. La protagoniste, Tris Prior, ressemble à Katniss Everdeen : c'est une jeune fille dotée d'un pouvoir surnaturel considérable lui permettant d'influencer la société dans laquelle elle vit. Enfin, le thème principal au centre des deux œuvres est la faim, entendue en de multiples sens.

Tout comme la quadrilogie de *The Hunger Games, Divergent* est aussi une narration à la première personne qui permet au lecteur de ressentir ce que ressent la narratrice, ce qui a tendance à intensifier tous les effets souhaités : suspense, horreur, etc. Et tout comme dans *The Hunger Games*, la narration est au présent simple, synonyme d'atemporalité qui convient bien à la science-fiction – technique devenue clichée dans la littérature contemporaine –, et prend le relai du prétérit, souvent dans une succession rapide de phrases ou de segments de phrases brefs séparés par des virgules ou points-virgules, comme dans l'exemple suivant :

> *But my brother made breakfast this morning, and my mother prepared our lunches, and my father made dinner last night, so it's my turn to cook. I breathe deeply and walk into the kitchen to start cooking* (Roth, 2011, p. 23).
>
> « Mais mon frère a préparé le petit déjeuner ce matin, et ma mère a préparé nos déjeuners, et mon père a préparé le dîner hier soir, alors c'est à mon tour de cuisiner. Je respire profondément et marche dans la cuisine pour commencer à préparer le repas. »

Un autre trait typique de l'écriture de *Divergent* est un style assez proche du *stream of consciousness* ou « flux de conscience » avec le recours à la fragmentation et à l'ellipse dans le discours, qui peut aller jusqu'à l'incorrection grammaticale. Cette écriture malmenée peut servir à souligner, par exemple, l'écroulement psychologique d'un personnage, comme dans l'exemple qui suit où la protagoniste, Tris Prior, exprime son trop plein de douleur, terrassée par le suicide de son ami Al :

> *Something inside me collapses. My chest is so tight, suffocating, can't breathe* (Roth, 2011, p. 141).
>
> « Quelque chose en moi s'effondre. Ma poitrine est si serrée, je suffoque, je ne peux pas respirer »

Il existe deux métaphores centrales dans *Divergent*, celle du titre qui se prolonge dans l'utilisation métaphorique du terme *faction* et celle de la faim.

Dès la deuxième ligne du roman, le terme *faction* apparaît (Roth, 2011, p. 10). Car dans le monde de *Divergent*, la population est divisée en cinq « factions », tout comme les habitants sont séparés en districts dans *The Hunger Games* : les Audacieux, les Altruistes, les Sincères, les Érudits, les Fraternels selon le trait de caractère principal qui les caractérise. La protagoniste, de son vrai prénom Beatrice, appartient à la faction des Altruistes et doit choisir définitivement sa faction lorsqu'elle atteint l'âge de 16 ans. Au cours du test auquel elle participe juste avant la Cérémonie du Choix, on lui apprend qu'elle n'appartient à aucune catégorie précise, ayant des capacités pour plus d'une faction à la fois, et qu'elle est donc « divergente ». Par prudence, elle cache sa position de marginalité et choisit la faction des Audacieux. Mais son monde intérieur parfaitement ordonné jusque-là est ébranlé et ses certitudes vacillent. Le terme *divergent*/« divergent » renvoie dans le contexte du roman à une anomalie dangereuse puisqu'il fait naturellement de la protagoniste un leader charismatique capable de diriger les autres et d'affronter les différentes formes d'oppression du monde qui l'entoure.

Le terme *faction* acquiert donc une valeur métaphorique au-delà des classifications de cette société à laquelle il renvoie. Les deux métaphores, *divergent* et *faction*, fusionnent et pointent vers ce double mouvement que l'on retrouve dans tout groupe social : celui du besoin d'appartenir à ce groupe, d'être en conformité avec les autres, mais surtout ici celui qui tend à vouloir se démarquer, se séparer, voire se révolter. Tris devient le symbole de cet esprit de rébellion qui anime souvent la jeunesse. En amont des emplois métaphoriques de ces deux termes que l'on rencontre soit dans un contexte militaire, soit dans un contexte politique, ce qui est exactement le cas dans ce roman, on voit bien le motif qui parcourt les usages courants du lexème : « Être en faction » / « Je me suis mis en faction devant sa porte. » / « Il y avait deux factions dans cet État, dans cette ville. » / « Se mettre à la tête d'une faction. » / « Un État déchiré par les factions », etc. Le pouvoir de faire (son travail de garde), de passer à l'acte, de décider, de trancher, de séparer, de se battre, de se rebeller est cette propriété que l'on retrouve aussi dans *divergent* et dans le choix du nom de la faction des Audacieux, *the Dauntless* dans la version originale.

La deuxième métaphore centrale du roman est celle de *hunger.* Selon la critique Cristina Paravano[43], les emplois sont nombreux :

> *The adjective 'hungry' and 'thirsty'* [...] *and their nouns recur 19 times in the trilogy, mainly metaphorically* (Paravano, 2015, p. 121).
>
> « Les adjectifs "affamé" et "assoiffé" [...] et leurs noms reviennent 19 fois dans la trilogie, principalement métaphoriquement. »

À titre indicatif, nous avons relevé toutes les occurrences de *hungry* et de *hunge*r dans le premier tome de *The Hunger Games* : *hunger* apparaît vingt-neuf fois dans l'expression *The Hunger Games*, et *hungry* ou *hunger* vingt-quatre fois dans d'autres phrases où l'un ou l'autre terme n'est quasiment jamais métaphorique. Cristina Paravano souligne qu'au contraire, même le terme *food* est métaphorique dans *Divergent.* Il s'agit d'une métaphore culturelle qui vise à donner une identité sociale aux personnages :

> *Roth portrays a dystopian future developing a multifaceted concept of hunger, both real and figurative, and using food as a cultural metaphor* (*ibid.*).
>
> « Roth dépeint un avenir dystopique qui développe un concept multiforme de la faim, à la fois réel et figuré, et utilise la nourriture comme métaphore culturelle ».

Mais si elle vise à donner une identité sociale, elle confère aussi une identité individuelle aux personnages :

> *On the one hand, each faction is associated to specific kinds of food and eating habits which emphasize their peculiar features ; however, also the lack of food is highly significant, as in the case of the factionless, outcasts excluded from every faction, who live their life in extreme poverty and starve. On the other hand, the life of the characters seems to be based on a form of metaphorical hunger, a profound desire which guides their actions : selflessness and altruism for Abnegation, peace and harmony for Amity, honesty and truth for Candor, danger and adventure for Dauntless, knowledge and power for Erudite and revenge against the faction system for the factionless. As will emerge, these two forms of hunger, which are strictly intertwined, effectively contribute to mapping the characters' personalities and identities as single individuals and as groups* (Pravano, 2015, p. 122).
>
> « D'une part, chaque faction est associée à des types spécifiques d'aliments et d'habitudes alimentaires qui soulignent leurs particularités ; Cependant, le

43 Cristina Paravano, « Real and Metaphorical Hunger : The Case of the Divergent Triology », *Other Modernities*, n° 13, 2015, p. 121-135.

manque de nourriture est également très important, comme dans le cas des sans faction, des parias exclus de chaque faction, qui vivent leur vie dans une extrême pauvreté et meurent de faim. D'autre part, la vie des personnages semble reposer sur une forme de faim métaphorique, un désir profond qui guide leurs actions : altruisme et abnégation pour les Altruistes, paix et harmonie pour les Fraternels, honnêteté et vérité pour les Sincères, danger et aventure pour les Audacieux, la connaissance et le pouvoir pour les Érudits et la vengeance contre le système de faction pour les sans-faction. Comme on le verra, ces deux formes de faim, qui sont étroitement liées, contribuent efficacement à cartographier les personnalités et les identités des personnages en tant qu'individus pris séparément et en tant que groupes. »

C'est ainsi que dans l'énoncé métaphorique suivant qui décrit la scène du jour du test d'aptitude, l'agitation et l'enthousiasme des jeunes sont assimilés à une voracité, un besoin d'engloutir quelque chose, comme si la société les affamait et qu'ils doivent prendre leur revanche sur le destin :

The atmosphere feels hungry [...] (Roth, 2011, p. 11).

« L'atmosphère a faim [...] »

REMARQUES CONCLUSIVES

Dans cet échantillonnage d'écrivains américains best-sellers, auteurs des séries, on remarque en premier lieu qu'ils produisent des œuvres aux genres multiples, que la veine soit dramatique, mélancolique, ironique ou comique. C'est la structure narrative, la tangibilité de l'intrigue et l'exploitation métaphorique qui par-delà le genre de la fantasy, de la dystopie ou du récit de science-fiction séduisent et laissent une impression durable sur le lecteur. On peut d'ores et déjà en conclure, avant même d'aborder les métaphores dans *The Hunger Games*, que ces auteurs visent un lectorat jeune, mais mûr, capable de comprendre les épreuves infligées aux divers personnages. Les souffrances ne sont pas édulcorées, la dureté des régimes politiques qui contraignent l'être humain n'est pas passée sous silence. Les auteurs soit prennent pour acquis une certaine maturité psychologique et intellectuelle chez leurs lecteurs soit tentent de contribuer à développer celle-ci sans prendre de précautions particulières. L'utilisation très majoritaire du récit à la première personne permet ce travail sur l'esprit des jeunes lecteurs en leur faisant comprendre le cheminement mental du protagoniste de leur âge dans lequel ils ne manquent pas de se projeter, accomplissant ainsi l'objectif de *bildungsroman* de la littérature de jeunesse. Le récit autobiographique permet aussi d'intensifier l'impact émotionnel que suscitent toutes les techniques narratives sur le lecteur, comme le suspense ou les éléments surnaturels générateurs de catharsis, à la fois à travers la peur et le sentiment de soulagement lors de la plongée dans un monde éloigné de leur banale vie quotidienne.

Ceci est important à souligner car une des tâches du traducteur consistera à ne pas se tromper de lecteur cible, à ne pas adapter un discours très direct, parfois violent à un lecteur dont on pourrait penser que la structure mentale n'est pas encore équipée à recevoir ce type de narration.

La traduction de type cibliste, si prisée aujourd'hui, trouve ici ses limites puisque le lectorat est indifféremment celui des adultes ou des adolescents, même encore très jeunes.

D'autre part, la présence de protagonistes femmes va également dans le sens de cette nouvelle considération pour un lectorat pour qui le choix du genre masculin ou féminin n'est depuis longtemps plus un problème conformément aux rôles attribués aux femmes dans la société. Dans certaines œuvres ces personnages féminins ont une influence prépondérante en devenant même leader de leur groupe, d'une communauté ou d'une cause, comme dans *Divergent* de Veronica Roth. L'héroïne de *The Hunger Games* se situera aussi dans cette lignée.

Enfin, l'exploitation de la métaphoricité fonctionne, dans un sens large, comme une mise à distance du monde du jeune lecteur pour mieux plonger dans un monde dont les valeurs morales exacerbées l'alerteront sur les principes éthiques qui régissent les relations humaines et le fonctionnement des gouvernements. Le recours à de nombreux titres ou noms de personnages métaphoriques agissant comme métaphores prédicatives, voire comme allégories, non seulement donne aux récits un cadre quasi mythique tendant à universaliser le message, souvent moral, de ces auteurs américains, mais met aussi en valeur pour les revisiter les comportements humains les plus archétypaux. Là aussi, *The Hunger Games* sera en parfaite osmose avec les dimensions morale et didactique de ces romans.

THE HUNGER GAMES, SES MÉTAPHORES ET LA QUESTION TRADUCTOLOGIQUE

SUZANNE COLLINS ET *THE HUNGER GAMES*

L'œuvre de Suzanne Collins (1962-), *The Underland Chronicles*, série de cinq romans écrit entre 2003 et 2007, et surtout la fameuse quadrilogie publiée à la Scholastic Press de *The Hunger Games*, composée de *The Hunger Games* (2008), *Catching Fire* (2009), *Mockingjay* (2010) et *The Ballad of Songbirds and Snakes* (2020), a attiré l'attention d'un très vaste public de lecteurs. La quadrilogie fut best-seller dans le classement du prestigieux New York Times cent semaines d'affilée. En 2014, l'ouvrage qui est consacré aux trois premiers volumes dans la collection « Fan Phenomena » des Presses universitaires de Chicago présente ainsi la carrière de cette œuvre au succès retentissant, carrière dont la descendance cinématographique, avec la cohorte de débats qu'elle engendra, ne fut pas moins éclatante :

> *An exciting dystopian fantasy thriller series, The Hunger Games began its life as a trilogy of books by Suzanne Collins, the first released in 2008. An immediate success, the first instalment had a first printing of 50,000 hardcover copies, which quickly ballooned to 200,000. Spending one hundred consecutive weeks on the New York Times bestseller list, the book was put into development for release on the big screen. The first film, starring Academy Award-winning actress Jennifer Lawrence, broke box-office records, and all of its sequels are expected to follow suit. Fan Phenomena : The Hunger Games charts the series' success through the increasingly vocal online communities that drive the young adult book market. Essays here consider the fashion that the series has created and how the costumes, memorabilia, merchandising, and branding have become an ever bigger part of the fandom experience. Issues explored include debates over the movie stars' race and size, which tap into greater issues within the fan community and popular culture in general and the current argument that*

> *has divided fans and critics : whether or not the third book, Mockingjay, should be split into two films*[1].
>
> « Une passionnante série de thrillers fantastiques et dystopiques, *The Hunger Games* a commencé sa vie comme trilogie de livres par Suzanne Collins, le premier sorti en 2008. Succès immédiat, le premier opus a eu un premier tirage de 50 000 exemplaires à couverture rigide, qui a rapidement grimpé à 200 000. Il est resté cent semaines consécutives sur la liste des best-sellers du New York Times, puis l'ouvrage a été retravaillé pour une sortie sur grand écran. Le premier film, avec Jennifer Lawrence, actrice primée, a battu des records au box-office, et on s'attend à ce que tous les films suivants emboîtent le pas. *Fan Phenomena : The Hunger Games* retrace le succès de la série à travers les communautés en ligne de plus en plus actives qui animent le marché du livre pour jeunes adultes. Les essais de cet ouvrage examinent la mode que la série a créée et comment les costumes, les objets souvenirs, la commercialisation et la marque sont devenus une partie de plus en plus importante de l'expérience des fans. Les problèmes explorés incluent des débats sur la race et la taille des stars de cinéma. Ils débouchent sur des problèmes plus importants au sein de la communauté des fans et de la culture populaire en général et sur le débat actuel qui a divisé les fans et les critiques : savoir si oui ou non le troisième livre, *Mockingjay*, devrait être divisé en deux films. »

Deux remarques de l'auteur de cette étude, Nicola Balkind, donneront la mesure du succès planétaire de la quadrilogie que seul *Harry Potter* parvint à surpasser et dont les ventes devaient exploser sur un des plus grands sites marchands :

> *… the series was voted second after Harry Potter (J. K. Rowling, 1997-2007) in NPR's (National Public Radio) top 100 YA (young adult) novels ; and by 2012 the series has become the most-sold books on Amazon.com* (Balkind, 2014, p. 5).
>
> « […] la série a été classée deuxième après Harry Potter (J. K. Rowling, 1997-2007) dans le top 100 des romans de jeunesse de NPR (National Public Radio) ; et en 2012, la série est devenue le livre le plus vendu sur Amazon.com. »

Malgré cela, les ouvrages et articles universitaires sur cette quadrilogie ne sont pas encore très nombreux. Ils portent en général sur l'analyse du texte littéraire, mais aussi sur ses adaptations cinématographiques à partir d'approches extrêmement variées, mais qui restent assez souvent un peu générales. Ce n'est qu'en 2018 que paraît une des études les plus

---

1 Nicola Balkind, *Fan Phenomena : The Hunger Games*, Bristol & Chicago, Intellect Books, 2014.

approfondies, *The Hunger Games : Spectacle, Risk and the Girl Action Hero*[2] par Catherine Driscoll, spécialiste d'études culturelles et de théorie du genre. L'ouvrage porte sur les quatre versions filmées, sorties entre 2012 et 2015, comme autant de champs d'investigation intertextuels. Il replace ces versions dans le contexte du succès des romans qui les ont précédées, procède à une analyse de leurs images véhiculées dans les media et tente de situer cette œuvre dans l'histoire du cinéma et de la littérature de jeunesse. Avant cela, il avait fallu attendre 2012 pour qu'une série d'essais critiques et d'ouvrages commence à faire son apparition dans le monde de la recherche, à la différence de l'engouement rapide du monde universitaire pour les quatre volumes de *Twilight*[3] (2005-2008) écrits par Stephen Meyer et vendus à plus de 100 millions d'exemplaires, et bien sûr les sept tomes de *Harry Potter* (1997-2007) écrits par J. K. Rowling et vendus en 2018 à plus de 500 millions d'exemplaires, faisant de cette dernière série romanesque la plus vendue de l'histoire de la littérature.

C'est ainsi qu'en 2012, Tom Henthorne, Professeur à Pace University, New York, dans son ouvrage *Approaching the Hunger Games Trilogy : A Literary and Cultural Analysis*[4] proposait un examen du lien entre éléments biographiques et roman ainsi qu'un grand tour d'horizon analytique et général des trois tomes et de leurs adaptations à l'écran. Dans un compte rendu pour la revue *Journal of the Fantastic in the Arts*, on peut lire :

> *Henthorne explores a variety of subjects, including transgressive gender presentations in chapter two, war stories and activism in chapter three, pragmatist ethics in chapter four, a return to media studies in chapter five's treatment of reality television, and a discussion of dystopian themes and survivor narratives in chapters six and seven, respectively. The book concludes with three appendices : two providing glossaries for terms and characters in the Hunger Games trilogy and a third offering questions for further study to readers of the trilogy, Collins's previous books, and the recently released film*[5].

2 Catherine Driscoll et Alexandra Heatwole, *The Hunger Games : Spectacle, Risk and the Girl Action Hero*, Londres, Routledge, 2018.

3 *Twilight* (2005), *New Moon* (2006), *Eclipse* (2007), *Breaking Dawn* (2008).

4 Tom Henthorne, *Approaching The Hunger Games Trilogy : A Literary and Cultural Analysis*, Jefferson, N.C., McFarland & Company, 2012.

5 Jacob Jedidiah Horn, « *Of Bread, Blood, and The Hunger Games : Critical Essays on the Suzanne Collins Trilogy* by Mary F. Pharr, Leisa A. Clark », *Journal of the Fantastic in the*

> « Henthorne explore une variété de sujets, y compris des présentations transgressives sur le genre dans le chapitre deux, des histoires de guerre et le sujet de l'activisme dans le chapitre trois, une éthique pragmatique dans le chapitre quatre, un retour aux études sur les médias dans le traitement du chapitre cinq de la télé-réalité, et une discussion sur les thèmes dystopiques et les récits de survivants dans les chapitres six et sept, respectivement. Le livre se termine par trois annexes : deux fournissant des glossaires pour les termes et les personnages de la trilogie de *Hunger Games* et une troisième proposant aux lecteurs des questions pour une étude plus approfondie de la trillogie, des livres précédents de Collins et du film récemment sorti. »

La même année, Mary F. Pharr et Leisa A. Clark publient une collection d'essais dans des perspectives très diverses, *Of Bread, Blood and The Hunger Games : Critical Essays on the Suzanne Collins Trilogy*[6]. L'ouvrage aborde successivement les aspects politiques, historiques, culturels et économiques du roman, en passant par les problèmes d'éthique et d'identité, les thématiques de la résistance, de la surveillance, et s'achève sur la situation des trois premiers volumes dans l'histoire de la littérature de jeunesse.

The Hunger Games est une quadrilogie inscrite dans le genre de la dystopie, d'une dystopie que Gordin, Tilley et Prakash[7] définissent de la manière suivante :

> *A true opposite of utopia would be a society that is either completely unplanned or is planned to be deliberately terrifying and awful. Dystopia, typically...is neither of these things, rather, it is a utopia that has gone wrong or a utopia that functions for a particular segment of society* (Gordin *et al.*, 1).
>
> « Le véritable contraire de l'utopie serait une société qui est soit sans aucune organisation, soit organisée pour être délibérément terrifiante et horrible. La dystopie, en général… n'est ni l'une ni l'autre, c'est plutôt une utopie qui a mal tourné ou une utopie qui fonctionne pour une tranche spécifique de la société. »

C'est effectivement le cas de cette œuvre où seul le gouvernement du nom de Capitole fonctionne comme une utopie, un système qui se veut parfait tout en maniant la terreur pendant que les treize districts de la population mènent une vie misérable, tyrannisés par cet état

---

Arts, vol. 25, n° 2-3 : 91, p. 406-407.

6 Mary F. Pharr et Leisa A. Clark, *Of Bread, Blood and The Hunger Games : Critical Essays on the Suzanne Collins Trilogy*, Jefferson, N.C., McFarland & Company, 2012.

7 Michael D. Gordin, Helen Tilley et Gyan Prakash, *Utopia/Dystopia : Conditions of Historical Possibility*, Princeton, Princeton University Press, 2010.

tout-puissant. *The Hunger Games* se situe donc bien dans la dernière génération de l'utopie où une contre-utopie sociale ou dystopie se met en place, comme dans *Brave New World* (1932) d'Aldous Huxley ou *1984* de George Orwell (1949), et amorce une relève par le genre de la science-fiction. Ici, le maître-mot semble être l'alternative, l'émergence d'une autre société idéale régie par l'ordre du Capitole où le temps de l'histoire ne se déroule plus. Cette alternative se met en place par un enchaînement quasi logique :

> Enfin, apparaît la possibilité d'un autre degré : l'*alternative.* Il n'est pas exclu que l'opposition, y compris en imagination, prenne le pouvoir. La fantaisie a donné naissance au projet, le projet à l'audience, l'audience à des cercles élargis par la propagande, la propagande aux plans de réalisation, les plans à des stratégies, les stratégies à des forces sociales, ces forces à une opinion, ce pouvoir d'opinion à un pouvoir de gouvernement[8].

Mais le Capitole, s'il privilégie certains, perd vite sa qualité de topos utopique pour prendre la place de Big Brother, figure métaphorique du régime totalitaire répressif qui exerce en permanence sa surveillance sur la société et contrôle ses libertés de façon stricte. L'individu est soumis à sa Loi et son être d'émotions et de pensées n'a plus droit de cité. Dans ce monde de dystopie, seuls ceux qui ont mis en place ce type de gouvernement y trouvent une satisfaction d'origine schizophrénique car :

> le tour d'esprit utopiste [...] consiste dans la tendance à assujettir la réalité du monde donné à un schéma de perfection fermé sur soi, pensé « en vase clos », nettement détaché de l'ensemble des expériences de valeur qu'a éprouvées et que connaît l'homme, mais qui offre une satisfaction particulière tant émotive qu'intellectuelle[9].

L'auteur de la quadrilogie *The Hunger Games* a fait le choix, classique en littérature de jeunesse, d'une narration à la première personne dans les trois premiers tomes ; cependant, dans le quatrième tome, elle retourne à la narration à la troisième personne. Nous entendons donc dans les trois premiers livres le récit de la bouche de Katniss Everdeen, ou plutôt faudrait-il dire que nous l'accompagnons le long de son aventure. Si l'autobiographie a ses vertus en permettant l'accès à la perception des

8 Henri Desroche, Antoine Picon et Joseph Gabel, « UTOPIE », *Encyclopædia Universalis*, http://www.universalis.fr/encyclopedie/utopie/ (consulté le 04/04/2022).

9 Aurel Kolnai, « La Mentalité utopienne », *La Table ronde*, n° 153, sept. 1960, p. 62-84.

événements par l'héroïne, assez rapidement et dès le premier roman, le lecteur comprend qu'il ne peut pas se fier au discours de la narratrice, ce qui, en soi, constitue une source de suspense supplémentaire. Il est évident que la narratrice ne comprend pas tout, ce qui laisse le lecteur dans une certain état d'anxiété :

> *The book never invites us to doubt Katniss's intentions, or whether she should triumph, but gradually important limits on her knowledge and understanding do invite doubts about how completely she will triumph* (Driscoll et Heatwole, p. 3).
>
> « Le livre ne nous invite jamais à douter des intentions de Katniss, ou de ses victoires, mais petit à petit, ses connaissances et sa compréhension très limitées invitent à douter de sa victoire complète. »

L'intérêt de ce type de narration est donc double : l'effet dramatique est intensifié car le lecteur perçoit tous les détails de l'environnement de la narratrice au fur et à mesure qu'elle nous les livre, mais en même temps, la subjectivité de la narratrice est un frein à notre propre appréciation du récit et nous laisse dans l'ignorance de ce qui va arriver. Prenons à titre d'exemple le jour de *la Moisson* dans le tome 1. Nous percevons la scène par les yeux de Katniss qui scrute chaque détail, chaque geste du personnage qui va dire quel sera le prochain tribut féminin qui devra combattre à mort dans l'arène. Le style accumulatif, qui fait en quelque sorte reculer le moment de la révélation, accentue le suspense :

> *Effie Trinket crosses back to the podium, smoothes the slip of paper, and reads out the name in a clear voice. And it's not me.*
> *It's Primrose Everdeen* (Collins, 2008, p. 20).
>
> « Effie Trinket revient sur le podium, lisse le bout de papier et lit le nom d'une voix claire. Et ce n'est pas moi.
> C'est Primrose Everdeen. »

L'élément de suspense et de stupéfaction est aussi puissant chez la protagoniste que chez le lecteur. Nous vibrons à l'unisson avec Katniss.

The Hunger Games est également un roman d'aventures, un récit d'actions où des jeux cruels, les Hunger Games, aboutissent à une révolte et à une série de batailles et de péripéties. Le déroulé du récit est rapide. Collins ne s'attarde pas sur de possibles introductions et entre tout de suite à l'intérieur d'une succession de scènes concentrées sur le cœur de l'action. Par exemple, tout de suite après le tirage au sort pour désigner les tributs, les élus sont envoyés au Capitole. Ainsi, au début du troisième chapitre du premier tome, à peine l'hymne national prend-il fin que Katniss et Peeta savent qu'ils ont dorénavant quitté le district Douze où ils habitaient jusque-là et qu'ils sont emmenés directement en détention :

> *The moment the anthem ends, we are taken into custody* (Collins, 2008, p. 34).
>
> « Au moment où l'hymne se termine, nous sommes placés en garde à vue. »

La quadrilogie de Collins est une suite de romans d'aventures assez classique, en ce qu'elle suit un schéma narratif des plus traditionnels : le premier tome donne la *situation* initiale où sont présentés les personnages principaux, essentiellement les deux tributs, leur milieu de vie, ici la nation de Panem avec ses douze districts régis par l'état tout-puissant du Capitole, et l'élément déclencheur, le remplacement de Prim par Katniss, chef de rébellion potentiel, pour participer aux Hunger Games. Surviennent ensuite dans les tomes suivants une série de *péripéties*, sous formes d'obstacles ou d'épreuves à surmonter et qui peuvent momentanément fonctionner comme retournements de situation pour le héros, ici pour la protagoniste Katniss. Toute l'action est donc tendue vers le *dénouement*, toujours en faveur du héros, car il prouve les valeurs humaines exceptionnelles de celui-ci : bravoure, habileté, intelligence et force hors du commun, sens accru du Bien. Collins suit donc une trame connue qui plonge ses racines dans une tradition ancienne qui donna naissance à plusieurs genres littéraires :

> [...] celle qui, de l'épopée au conte pour enfants en passant par les romans de chevalerie, était depuis longtemps fondée sur la maîtrise de l'enchaînement des péripéties. L'Odyssée d'Homère, les romans de chevalerie – et plus particulièrement Amadis de Gaule – par la suite parodiés dans Don Quichotte, les aventures de Robinson Crusoé ou celles du Petit Poucet constituaient, à la fin du XVIIIe siècle, un fonds commun de légendes et d'histoires fabuleuses bien connues. La singularité du XIXe siècle fut de les transposer dans la réalité d'un monde pour la connaissance duquel on s'enthousiasmait dans des proportions jusque-là inouïes. Au milieu du siècle, ces phénomènes convergèrent avec la création d'un nouveau genre littéraire, désormais explicitement désigné comme le « roman d'aventures[10] ».

10 Sylvain Venayre, « ROMAN D'AVENTURES », *Encyclopædia Universalis*, http://www.universalis.fr/encyclopedie/roman-d-aventures/ (consulté le 10/04/2022).

Et enfin, l'écriture de Collins est empreinte de pathos, typique également du roman d'aventures où la représentation de l'expérience des souffrances de la protagoniste et de ses proches asservis et affamés, quand ils ne sont pas tués, est propre à susciter soit la pitié soit la sympathie chez le lecteur. Collins y ajoute un fort degré de métaphoricité et l'une des scènes les plus inoubliables est sans doute celle de la mort du Rue, vaguement réminiscente de l'iconographie de l'Ophélie de Shakespeare, métaphore de la mort romantique sur fond de requiem pastoral, alliant pathos et symbolisme assez convenu :

> *A few steps into the woods grows a bank of wildflowers. Perhaps they are really weeds of some sort, but they have blossoms in beautiful shades of violet and yellow and white. I gather up an armful and come back to Rue's side. Slowly, one stem at a time, I decorate her body in the flowers. Covering the ugly wound. Wreathing her face. Weaving her hair with bright colors* (*ibid.*, p. 237).
>
> « À quelques pas dans les bois pousse un banc de fleurs sauvages. Ce sont peut-être vraiment de mauvaises herbes, mais elles ont des fleurs dans de belles nuances de violet, de jaune et de blanc. J'en ramasse une brassée et reviens à côté de Rue. Lentement, une tige à la fois, je décore son corps de fleurs. Il faut couvrir la vilaine plaie. Couronner son visage. Tisser ses cheveux avec des couleurs vives. »

INTRODUCTION AUX MÉTAPHORES DANS *THE HUNGER GAMES*

Question de méthode

Mon choix d'étudier *The Hunger Games* a été motivé par deux critères principaux.

En premier lieu, le roman possède une qualité multiforme qui en fait un objet d'études multidisciplinaires riche. À titre d'exemple, le roman possède un grand nombre de symboles qui se prêtent à de multiples approches et qui entourent les noms propres en particulier. Ils se réfèrent souvent à la nourriture, comme dans « Panem[11] », le nom de la

11 *Cf.* le dernier roman de Suzanne Collins, *The Ballad of Songbirds and Snakes*, sorti en mai 2020.

nation, et sont un sujet de réflexion tout trouvé pour la psychologie et la traductologie. Le cadre, celui d'un monde dystopique et apocalyptique, peut, quant à lui, facilement donner lieu à un examen des idéologies politiques sous-jacentes et des discours totalitaires et peut donc intéresser les historiens, les critiques littéraires comme les linguistes et les philosophes. Quant à l'héroïne, véritable Diane chasseresse et chef guerrière, en endossant toute la responsabilité du devenir d'un peuple, c'est un personnage fait sur mesure pour les approches féministes.

Mais la diversité des métaphores est aussi à noter. C'est elle qui finalement a retenu notre attention, depuis la métaphoricité, entendue au sens large, celle qui fait du royaume de science-fiction dystopique, un possible miroir pour tous les régimes autoritaires, y compris pour certains commentateurs, celui des États-Unis eux-mêmes, jusqu'aux métaphores lexicales de prédication et aux métaphores vives dans la bouche de la narratrice, sans compter les processus de métaphorisation étendus comme le rythme en tant que forme de discours, voire dans certains cas, les sonorités.

Dans une histoire qui se déroule dans un monde dystopique, la métaphore joue un rôle-clé. Présente dès le début du roman dans un titre où la nourriture et surtout son absence marquent le sceau de la société de Panem la bien nommée, elle fait enter le lecteur dans le monde du pouvoir perverti qui impose sa loi aux habitants privés de pain. À cause de son rôle biologique et symbolique, la nourriture devient la métaphore de la vie même et détermine sur le plan social les rôles joués par les uns et les autres en fonction du rapport qu'ils entretiennent avec ce pouvoir en place. Selon l'auteur, l'abondance de la nourriture au Capitole et le manque criant de nourriture dans les districts, sont les métaphores de la puissance du Capitole, état nourricier qui peut tout donner ou tout reprendre, les résidents des districts « alimentant » la puissance du Capitole par leur propre famine. La faim est donc ce spectre archaïque de grande famine qui hante toute conscience collective et qui préside à la destinée de tout un chacun.

Nous avons donc choisi de nous concentrer sur les métaphores dans les quatre tomes de la série des *Hunger Games*. Afin de constituer notre corpus, nous avons choisi de ne pas suivre une taxinomie plutôt qu'une autre, toujours sujette à débat comme on a pu le souligner précédemment, et aussi parce que, dans l'approche traductive qui est la nôtre, le type de classification en amont n'a aucun impact sur les stratégies déployées. Nous avons donc en toute logique théorique considéré la position non classificatoire sur le processus de métaphorisation qui sous-tend la théorie des formes sémantiques pour juger des métaphores présentées ici. J'aimerais toutefois revenir rapidement sur la méthode de classification, encore très utilisée aujourd'hui mais qui ne sera pas la mienne, à savoir celle de la théorie des métaphores conceptuelles de Lakoff et Johnson de 1980, ceci afin de mieux éclairer les analyses que je pourrai faire plus loin des métaphores et de leurs traductions en français. Il semble en effet que les métaphores soient très souvent regroupées par thématiques, c'est-à-dire par champs conceptuels selon les thèses de ces deux auteurs. On pourrait résumer simplement cette position : « La métaphore tiendrait ainsi à la création de connexions entre des champs "conceptuels" indépendamment constitués. Au niveau lexical, ces champs conceptuels – sortes de régions thématiques bien caractérisées et closes sur elles-mêmes – s'expriment en termes de catégories cognitives incompatibles » (Cadiot, 2002b, p. 39).

Ainsi, dans un article de 2014, « A Study of Conceptual Metaphor in Suzanne Collins' *The Hunger Games* », inspiré des thèses de Lakoff et Johnson, les auteurs soulignent que la grande majorité des métaphores conceptuelles dans ce roman sont des métaphores nominales et prédicatives. Ils opèrent un classement thématique par domaine, classement nécessairement influencé par la conception qui sous-tend leur analyse. Pour eux, les métaphores s'articulent assez logiquement en plusieurs « domaines » qui viennent se croiser :

> *Based on the target domain dominance, the top three ranks are SADNESS, FEAR and ANGER. They take 30%, 25% and 15% respectively. These three ranks are followed by small percentage of HAPPINESS and SHAME in 10%, LOVE and PRIDE in 5%, LUST and SURPIRSE in 0%. It seems that these three domains strongly build the story. The least percentage domains are the additional concepts that construct the story.*
>
> *At last, dominant source domains are FIRE, TORMENTOR, DOWN, NATURAL FORCE, FLUID IN A CONTAINER, and CAPTIVE ANIMAL. These dominant source domains take 12 metaphors in 20 data. It is more than half of data are dominantly filled by these source domains. It seems, there is something that is tried to be described by using these dominant source domains*[12].

12 *Cf.* Kurniawati, Kurniawati, Albert Tallapessy et Diana Sabta, « A Study of Conceptual Metaphor in Suzanne Collins' *The Hunger Games* », *Publika Budaya*, vol. 2, n° 3, nov. 2014, p. 75.

« Sur la base de la dominance du domaine cible, les trois premiers rangs reviennent à la TRISTESSE, la PEUR et la COLÈRE. Ils représentent respectivement 30 %, 25 % et 15 %. Ces trois rangs sont suivis d'un petit pourcentage de BONHEUR et de HONTE pour 10 %, d'AMOUR et de FIERTÉ pour 5 %, de DÉSIR et de SURPIRSE dans 0 %. Il semble que ce soit ces trois domaines qui structurent fortement l'histoire. Les domaines de moindre pourcentage sont les concepts supplémentaires qui construisent l'histoire.

Enfin, les domaines sources dominants sont le FEU, le BOURREAU, EN BAS, FORCE NATURELLE, FLUIDE DANS UN RÉCIPIENT et ANIMAL CAPTIF. Ces domaines sources dominants constituent 12 métaphores parmi 20 données. C'est plus de la moitié des données qui sont majoritairement constituées de ces domaines sources. Il semble qu'il y ait quelque chose que l'on essaie de décrire en utilisant ces domaines sources dominants. »

Un autre article, publié en 2017, « Conceptual Metaphor in the Narrative and Visual Structures of Suzanne Collins' The Hunger Games », porte également sur les métaphores conceptuelles dans une perspective assez semblable, bien que plus sémiotique par endroit, puisqu'il prend appui sur la théorie de Theo van Leeuwen, *Introducing Social Semiotics* (2005) sans rien renier de Lakoff et Johnson. On peut y lire une théorie très synthétisée de ces derniers pour décrire le processus de transfert d'une région thématique à l'autre :

Interpretation of metaphors can be a part of everyday life because humans can read and interpret events according to the words or images associated with them. This interpretation can be creative by linking ideas together so that new meanings can be created and new possibilities can be envisioned[13].

« L'interprétation des métaphores peut faire partie de la vie quotidienne car les humains peuvent lire et interpréter les événements en fonction des mots ou des images qui leur sont associés. Cette interprétation peut être créative en reliant les idées entre elles afin que de nouvelles significations puissent être créées et de nouvelles possibilités puissent être envisagées. »

Prenons un exemple précis de métaphore analysée de cette façon par les auteurs. Il s'agit de la métaphore prédicative utilisée par Katniss pour décrire sa petite sœur Prim :

"Tuck your tail in, little duck," I say, smoothing the blouse back in place. Prim giggles and gives a small "Quack" (p. 15).

---

13 Abeer R. Sedeek et Amira Ehsan, « Conceptual Metaphor in the Narrative and Visual Structures of Suzanne Collins' The Hunger Games », *International Journal of Management and Applied Science*, vol. 3, n° 2, fév. 2017, p. 123.

« "Rentre ta queue, petit canard", dis-je en lissant le chemisier pour le remettre en place. Prim glousse et laisse échapper un petit "coin-coin". »

Voici ce qu'en disent les auteurs de l'article :

This metaphor has a lot of conceptual meanings or associations. A duckling is so young, and so is Prim. A duckling is a small tiny creature that is innocent and can never harm other animals, and so is Prim. Moreover, a duckling cannot protect itself from predators, and so is Prim who is totally defenseless when chosen for the reaping. Like a little duckling that depends on her mother to take care of her, Prim totally depends on Katniss to defend her. Hence Collins' metaphor entails a lot of associations though the source image is absent. It depicts how young, innocent, powerless, weak and dependent Prim is to defy the cruelty of the Capitol (Seddek & Ehsan, 2017, p. 124-125).

« Cette métaphore a beaucoup de significations ou d'associations conceptuelles. Un caneton est très jeune, tout comme Prim. Un caneton est une petite créature minuscule qui est innocente et ne peut jamais faire de mal à d'autres animaux, tout comme Prim. De plus, un caneton ne peut pas se protéger des prédateurs, tout comme Prim qui est totalement sans défense lorsqu'elle est choisie pour la récolte. Tout comme un petit canard qui dépend de sa mère pour prendre soin d'elle, Prim dépend totalement de Katniss pour la défendre. Par conséquent, la métaphore de Collins implique beaucoup d'associations bien que l'mage source soit absente. Il montre à quel point Prim est jeune, innocente, impuissante, faible et dépendante pour défier la cruauté du Capitole. »

En fait les auteurs partent d'une série d'images conceptuelles déjà en stock dans leur esprit et qui prédéterminent ce que représente pour eux l'animal désigné par *little duck*. Ces images appartiennent à deux champs lexicaux conceptuels connus, celui des petits animaux et celui des petits enfants. Il y aurait donc transfert par ressemblance entre deux domaines « référentiels » ou « conceptuels[14] ». Mais l'assignation a priori à un certain champ référentiel est discutable et met donc en cause une classification susceptible de servir de présentation pour les métaphores du roman *The Hunger Games*. En d'autres termes, la prédication nominale peut être vue différemment si l'on se met à l'observer. Elle n'est pas nécessairement stabilisée : « elle reste tributaire de phases variables, de modalités spécifiques, de rapports inédits, d'engagements modulables ; elle déplace les thèmes et les fonds » (Cadiot, 2012b, p. 41). Dans notre exemple, on peut revenir sur *little duck* : le mot endosse tout ce qui

14 Comme le note à juste titre Cadiot, un certain flou règne dans la définition de « conceptuel » qui semble souvent se substituer à « référentiel » (*ibid.*).

s'associe au fait d'être *a litlle duck* dans la langue anglaise. Prim est non seulement innocente et sans défense, dépendante d'une mère ou d'une figure maternelle. Elle possède aussi quelque chose de joueur, de badin, de drôle ; il y a aussi en elle les qualités des oiseaux aquatiques : elle est vive, spontanée, n'a pas le temps de remettre en place ses vêtements ; une de ses caractéristiques est une certaine maladresse, voire de façon plus générale, quelque chose qui la différencie des autres, du groupe de canards ou d'animaux auquel elle appartient ; elle est plus fragile, etc. Pour paraphraser Cadiot qui cite l'exemple « cet homme est un loup », appeler une adolescente *little duck*, c'est parler en langage « canard » car :

> [...] le foyer – loup – opère non sur la base de sa signification lexicale courante, mais en vertu du « système des lieux communs associés », c'est-à-dire en vertu des opinions et des préjugés à l'égard desquels le locuteur d'une communauté linguistique se trouve engagé, du seul fait qu'il parle ; ce système de lieux communs s'ajoute aux emplois littéraux du mot [...] pour former un système d'implications, propre à une évocation plus ou moins aisée ou plus ou moins libre. Appeler un homme un loup, c'est évoquer le système lupin des lieux communs correspondants. On parle alors de l'homme en « langage lupin » (*ibid.*, p. 42).

La métaphore va donc mettre en valeur ou au contraire diminuer l'importance de certaines qualités.

Le philosophe Levinas a très bien vu le parcours de constitution du sens, que ce soit dans l'expression métaphorique ou ailleurs dans la langue. Il donne l'exemple de la métaphore du rocher qui résiste à l'assaut de la mer pour parler d'un bateau qui résiste à une attaque lors d'un combat :

> Mais les significations ne sont limitées à aucune région spéciale d'objets, ne sont le privilège d'aucun contenu. Elles surgissent précisément dans la référence des uns aux autres et [...] dans le rassemblement de l'être tout entier autour de celui qui parle ou perçoit et qui, par ailleurs, fait partie de l'être rassemblé.
>
> [...] dans l'Iliade, la résistance à l'attaque d'une phalange ennemie se compare à la résistance d'un rocher aux ondes qui l'assaillent, il ne s'agit pas nécessairement d'étendre au rocher, par anthropomorphisme, un comportement humain, mais d'interpréter pétromorphiquement la résistance humaine. La résistance n'est ni le privilège de l'homme, ni celui du rocher, comme le rayonnement ne caractérise pas plus authentiquement une journée de mai qu'un visage de femme. <u>La signification précède les données et les éclaire</u>[15].

15 Emmanuel Levinas, *Humanisme de l'autre homme*, Paris, Le Livre de Poche, 1972, p. 23. C'est moi qui souligne.

L'erreur consisterait donc, dans la métaphore, à mettre sur le même plan des caractéristiques « dont il s'agit à l'inverse de dire qu'elles se situent à des distances et des profondeurs phénoménologiques variables » (Cadiot, 2002b, p. 52). Le dégagement du motif permet d'éviter cette confusion en se reposant sur des propriétés qui s'appuient à la fois sur la perception et de la cognition :

> La notion de motif permet ainsi d'exprimer l'affinité et la détermination réciproque, voire la fusion des différentes dimensions du nom (ou ailleurs, de l'adjectif, du verbe) : perception, action, propension, sensibilité, évaluation, etc. Ces dimensions de l'intuition sont d'abord solidaires. C'est cette solidarité qui assure la proximité sensible du figural et du générique. Elle ne se défait qu'en aval dans une série de profilages multiples préparant et annonçant leur spécialisation thématique et/ou leur possible fixation dénominative (Cadiot, 2002b, p. 54).

En conséquence, dans notre présentation des métaphores, nous procéderons en deux temps. Dans un premier temps, nous aborderons la métaphore dans un large contexte historique et culturel. Elle pourra d'ailleurs dans certains cas se hisser au rang de symbole. Nous verrons par exemple la dette de la métaphore envers certaines mythologies, très présentes dans la narration. Puis nous situerons l'énoncé métaphorique dans le contexte du déroulement du récit. Dans un second temps, nous analyserons la métaphore source en dégageant ses motifs, suivant en cela la méthode de la théorie des formes sémantiques. La théorie discutable du double-sens métaphorique laisse donc la place ici à une vision plus intérieure du sens lexical qui ne désigne pas d'emblée, mais est associée à un horizon sémantique, pas forcément très précis, mais qui amorcera petit à petit une stabilisation du sens en aval.

En conclusion, la présentation des métaphores suivra cette logique, résumée ainsi par Patricia Schultz :

> [...] nous considérons de la même façon des expressions comme c'est une métaphore, c'est une image ou encore c'est une figure. Toutes ces expressions peuvent selon nous être employées indifféremment pour qualifier, d'une certaine façon, des discours « métaphoriques [...]. Nous ne prenons donc pas en compte l'aspect plus générique que peuvent posséder image et figure (Schulz, 2004, p. 171).

Les différentes analyses tenteront de montrer par des exemples précis que la métaphore ne procède donc pas d'une transgression des règles de la langue, mais d'une exploitation de celle-ci (*ibid.*, p. 172).

PORTRAIT DE TRADUCTEUR FRANÇAIS ET ÉVALUATION GLOBALE DE SA TRADUCTION

GUILLAUME FOURNIER

Guillaume Fournier, né en juin 1968, a fait des études de Lettres. Il est traducteur de romans anglophones. Il a commencé sa carrière de traducteur en 1991. Entre 1992 et 2005, ne se limitant pas à un genre particulier, il traduit des jeux de rôle, comme par exemple *Shadowrun*, *Rhoan* et *RuneQuest*. Aujourd'hui il traduit essentiellement des romans pour la jeunesse.

Dans un entretien de 2012[16], Fournier explique sa façon de procéder avant de traduire : pour traduire un ouvrage, il lit d'abord le texte en prenant des notes pour mieux comprendre les personnages, les divers éléments narratifs et les termes employés dans « le contexte global du récit ». Le traducteur français insiste également sur deux éléments qui semblent être la voix de l'auteur et son rythme dont il tente d'imprégner la traduction : « J'essaie de me couler au mieux dans le style de l'auteur pour rester fidèle à sa cadence particulière ». Pour Fournier, s'il va de soi qu'il faut respecter le texte original, il trouve impossible de le trahir. À titre d'exemple, entre l'anglais et le français, il trouve des différences qui amènent le traducteur à utiliser différentes stratégies pour faire face aux problèmes que sont les répétitions, les épithètes multiples et les tournures indirectes qui ne posent aucun problème en anglais mais qui ne sont pas admises en français : « Le plus délicat, c'est de parvenir au bon réglage entre le respect du texte, primordial, et les petites trahisons inévitables que suppose la transposition dans une autre langue » (*ibid.*). Quant à la marge de créativité autorisée, Fournier reste prudent : on peut y avoir recours seulement dans la mesure où elle n'est pas un manque de respect envers l'auteur du texte original car : « Il ne s'agit pas d'imprimer sa patte sur le texte original, mais de s'efforcer de restituer au mieux les intentions de l'auteur telles qu'on les perçoit » (*ibid.*). On est donc loin de la visibilité du traducteur prônée par un Lawrence Venuti.

Voici les romans qu'il a traduits :

16 https://sophielit.ca/nouvelle.php?cat=3&id=126

Auteur	Texte source	Date Parution Éditeur	Texte cible en français	Date Parution Éditeur
Suzanne Collins	*The Hunger Games*	2008 Scholastic Press, New York	*The Hunger Games*	2009 Pocket Jeunesse, Paris
Suzanne Collins	*Catching Fire*	2009 Scholastic Press, New York	*L'Embrasement*	2015 Pocket Jeunesse, Paris
Suzanne Collins	*Mockingjay*	2010 Scholastic Press, New York	*La Révolte*	2015 Pocket Jeunesse, Paris
Suzanne Collins	*The Ballad of Songbirds and Snakes*	2020 Scholastic Press, New York	*La ballade du serpent et de l'oiseau*	2020 Pocket Jeunesse, Paris
Scott Westerfeld	*Leviathan*	2009 Simon Pulse, New York	*Léviathan*	2015 Pocket Jeunesse, Paris
Scott Westerfeld	*Behemoth*	2010 Simon Pulse, New York	*Béhémoth*	2011 Pocket Jeunesse, Paris
Scott Westerfeld	*Uglies*	2011 Simon Pulse, New York	*Uglies*	2011 Pocket Jeunesse, Paris
Scott Westerfeld	*Pretties*	2011 Delacorte Press, New York	*Pretties*	2011 Pocket Jeunesse, Paris
James Dashner	*The Maze Runner*	2009 Delacorte Press, New York	*Le labyrinthe*	2012 Pocket Jeunesse, Paris
James Dashner	*The Scorch Trials*	2010 Delacorte Press, New York	*La terre brûlée*	2013 Pocket Jeunesse, Paris
James Dashner	*The Death Cure*	2011 Delacorte Press, New York	*Le remède mortel*	2014 Pocket Jeunesse, Paris

ÉVALUATION DU TEXTE SOURCE

La traduction des métaphores s'élabore dans un cadre textuel qu'il nous faut d'abord appréhender de façon globale. Il nous faudra en premier lieu brosser un tableau général des difficultés potentielles du texte source, puis passer aux deux textes cibles et leurs stratégies traductives. Afin d'évaluer la traduction française dans son ensemble, nous avons suivi un protocole qui a été établi en synthétisant les critères qui nous semblaient les plus pertinents dans les différents approches traductologiques mentionnées plus haut dans notre étude et qui n'entraient pas en conflit avec la TFS. Ce protocole s'appuie lui-même sur des critères qui s'appliquent tout d'abord à la lecture du texte source. L'évaluation des traductions se fait donc en deux temps, premièrement l'analyse du texte source et deuxièmement l'analyse du texte cible.

L'évaluation du texte source tient compte, en dehors des critères de la TFS :

- de la *catégorie textuelle* : ici, le roman est un texte *expressif :* il transmet un contenu, un récit d'aventures dans le genre de la science-fiction dystopique, et promeut une organisation artistique.
- de la *complexité du type de texte* : *The Hunger Games* s'inscrit dans un cadre mythologique. On y reconnaît les mythes grecs de Thésée, d'Artémis, de Prométhée, mais aussi toute une culture appartenant à la civilisation romaine.
  On dit souvent de Katniss qu'elle partage de nombreux points communs avec Thésée. Thésée, fils d'Égée, roi d'Athènes est un héros de la mythologie grecque qui réussit à vaincre le Minotaure, monstre pour qui le roi Minos fit bâtir le Labyrinthe et où il l'enferma :

  > Il le nourrissait périodiquement tous les ans ou tous les trois ans, de sept jeunes gens et de sept jeunes filles amenées d'Athènes en tribut. Thésée, roi d'Athènes a voulu être l'un d'eux ; il parvint à tuer le monstre et grâce au fil d'Ariane, à revenir à la lumière [qui] représente l'aide spirituelle nécessaire pour vaincre [...] (Chevalier et Gheerbrant, *H à PIE*, 1974, p. 220).

  Tout comme Thésée, Katniss se porte volontaire et est prête au sacrifice pour sauver des vies et aider le peuple à se libérer de l'oppression. Tous deux portent les mêmes armes, arc et épée, et combattent des monstres, le Minotaure pour Thésée, les chiens

Cerbères pour Katniss dans des lieux qui sont ou ressemblent à des arènes. La proximité de Katniss avec Artémis, sœur jumelle d'Apollon symbolisant la nature indomptée de l'être humain, est aussi flagrante. Artémis est capable de cruauté envers ceux qui se mettent en travers de son chemin. La légende veut qu'elle les transforme en cerf pour les faire ensuite dévorer par ses chiens de chasse. Mais elle « récompense de l'immortalité, au contraire, ses adorateurs fidèles, comme Hippolyte, qui meurt victime de sa chasteté » (Chevalier et Gheerbrant, *A à CHE*, 1973, p. 130). Cette double qualification s'applique en grande partie à l'héroïne. Katniss est aussi liée partiellement à Prométhée, en tant que porteuse du feu de la rébellion. Mais contrairement au héros grec, elle ne cherche pas à dérober le feu de Zeus pour lui prendre sa place à des fins personnelles. Elle veut seulement restaurer la justice.
Quant au Capitole et à l'arène, ce sont des topoï de l'ancienne Rome, le premier comme siège du pouvoir communal et lieu abritant le temple de Jupiter, et le second comme l'amphithéâtre « conçu spécialement pour le déroulement de spectacles violents et onéreux devenus très populaires, et dont le caractère sacré d'origine ne cessa de s'estomper[17] ». D'autre part, le président Snow dont l'haleine sent le sang est rapidement assimilé à une sorte de comte de Dracula au visage blême dans le style de celui de Bram Stoker en1879, ce que semble souligner son nom.

- de *l'existence du type de texte dans la culture cible*, ce qui est le cas pour les deux cultures cibles envisagées ici, la littérature de jeunesse existant dans ces deux pays.
- de la détermination du/des *cadre(s) conceptuel(s) :* la quadrilogie *The Hunger Games* fait la critique d'une certaine classification sociale. La classe privilégiée inféodée au pouvoir en place bénéficie de tous les biens, d'une vie luxueuse quand les autres luttent pour survivre. C'est essentiellement le pouvoir politique comme dictature qui est dénoncé. Un autre cadre idéologique est celui de la bataille entre le Bien et du Mal, entre Katniss et ceux qui se rebellent avec elle et le pouvoir du Capitole. Le cadre dépasse alors la simple dimension politique pour montrer du doigt toute la société de consommation

17 Jean-Claude Golvin, « AMPHITHÉÂTRE », *Encyclopædia Universalis*, http://www.universalis.fr/encyclopedie/ amphitheatre/ (consulté le 16/04/2022).

contemporaine, avide de biens matériels et de jouissances les plus malsaines à n'importe quel prix, l'exemple le plus parlant étant le spectacle d'adolescents se faisant tuer dans l'arène.

- de la détermination des *registres* : le registre est standard et courant. Mais il y a des ruptures de registre, par exemple lorsque le ton devient familier par processus d'oralisation, typique de l'autobiographie. Citons par exemple, *Entrails. No hissing*[18]. *This is the closest we will ever come to love* (Collins, 2008, p. 4) ; ou encore : *Real gold. Beautifully crafted* (*ibid.*, p. 12). Dans ces exemples, c'est l'usage grammatical qui s'inscrit dans le registre familier. Mais on peut trouver d'autres exemples où c'est le choix du lexique qui fait changer de registre. À titre d'exemple : *It could keep a family in bread for months* (*ibid.*). Le choix du vocabulaire peut également parfois être inversé et introduire un registre plutôt soutenu, comme dans l'utilisation des lexèmes *adorn* et *land* dans cet exemple : *His eyes land on a small, circular pin that adorns her dress.* (*ibid.*). *Land* peut de surcroît être considéré aussi comme usage métaphorique.
- du repérage des *énoncés métaphoriques* lexicalisés ou vifs : l'ensemble des énoncés métaphoriques, lexicalisés et vifs, sont présentés dans les tableaux de l'annexe. Mais selon l'analyse de ce corpus, les métaphores sont plus fréquentes dans le tome 1. Les énoncés ont tendance à devenir plus métaphoriques quand il s'agit de scènes de guerre et de révolte, et, de façon générale, de scènes où règne une certaine tension émotionnelle. Cette fréquence s'explique facilement par la structure narrative qui converge continuellement vers de nouveaux lieux de bataille et de rébellion. Le choix du chef de la révolte, Katniss, se fait dès le premier tome et une nécessité de faire entrer le récit dans une dimension mythique se perçoit rapidement dans l'emploi des métaphores qui vont ensuite se répéter dans les tomes 2 et 3. À titre d'exemple, la phrase connue de Peeta, guerrier-héros : *That I'm more than just a piece in their Games* (Collins, 2008, p. 142) est réitérée dans les trois tomes.
- du repérage des *difficultés lexicales* : on rencontre dans le roman des néologismes comme *Mockingjay*, *Jabberjay*, *Avox* ; des archaïsmes comme *Cornucopia* ; et un parler assez local comme *tribute*, *the day of the reaping*, *Careers*, etc.

18 Dans tous les exemples, c'est moi qui souligne.

- du repérage des *idiosyncrasies stylistiques* de l'auteur source : le trait le plus personnel de l'écriture de Collins est son choix de noms propres. Elle a utilisé des noms soit métaphoriques soit symboliques, à savoir des noms qui révèlent le tempérament, mais aussi le destin de ses personnages. À titre d'exemple, Katniss, le nom de la protagoniste, est le nom d'une plante aquatique aux tubercules comestibles aussi appelée « Sagittaria » et ou « Sagittaire », du nom du signe astrologique traditionnellement représenté par une flèche qui symboliquement va de la terre au ciel. La plante était autrefois consommée par les Amérindiens et possède des feuilles en forme de pointes de flèche (*Arrowhead* / « Pointe de flèche »). Après la mort de son père, c'est Katniss qui prend en charge sa famille, la fait manger ; puis c'est elle qui nourrit d'espoir la population des districts et qui est elle-même « consommée » par la révolution. D'autre part, un autre trait stylistique évident chez Collins est son utilisation du temps présent qui, combinée avec la narration à la première personne, intensifie l'élément de surprise, le lecteur découvrant l'histoire dans l'instant immédiat, au moment où la protagoniste la vit.
- du repérage des *difficultés syntaxiques ou grammaticales* : la langue étant dans son ensemble très simple dans son expression, il n'y a pas de difficulté majeure. On note toutefois un certain relâchement dans l'expression et la correction grammaticale par endroits, mais qu'il faut davantage imputer au registre oralisé et donc familier de la narration. Considérons ces exemples : *My bow is a rarity, <u>crafted by my father along with a few others</u> that I keep well hidden in the woods, carefully wrapped in waterproof covers*[19]. (Collins, 2008, p. 5). On note une certaine ambiguïté en ce qui concerne l'identité de ces *few others* : est-ce d'autres objets fabriqués par le père de Katniss ou d'autres personnes qui ont aidé à la fabrication de l'arc ? C'est le contexte qui seul peut y répondre.

ÉVALUATION GLOBALE DE LA TRADUCTION EN FRANÇAIS

L'évaluation dépend tout d'abord et en théorie de données pratiques comme le respect des *consignes* qui auraient pu être fournies au traducteur

19 C'est moi qui souligne.

par le donneur d'ouvrage, ici l'éditeur Pocket jeunesse. Nous n'avons malheureusement pas d'informations sur ce sujet parce qu'il n'y a aucune introduction ou avant-propos du traducteur ou de l'éditeur pouvant faire état d'une telle information. D'autre part, dans le seul entretien trouvé sur internet de ce traducteur, celui-ci ne fait pas allusion à la politique éditoriale de cette maison d'édition. Et comme on peut s'y attendre, le site de l'éditeur ne fournit pas non plus de renseignement.

On peut toutefois remarquer que dans sa traduction, Fournier a fait très attention à ne pas répéter les approximations syntaxiques et grammaticales de Collins. On peut donc dire que s'il a suivi des consignes, ce sont celles des règles générales de l'écriture en français.

L'évaluation d'une traduction dépend également du caractère intelligible pour le récepteur du texte cible. L'intelligibilité signifie à la fois la nécessité d'une *cohérence intra-textuelle*, c'est-à-dire d'une intelligibilité pour le récepteur dans son monde de référence, et la nécessité d'une *cohérence intertextuelle*, à savoir la présence d'un lien entre le texte traduit et le texte source. Ce lien à son tour dépend de l'interprétation que donne le traducteur du texte source de la finalité de la traduction. Si la finalité exige un changement de fonction du texte, la norme ne sera plus la cohérence intertextuelle avec le texte source, mais l'adéquation à la finalité.

Le début du roman est marqué par l'utilisation du terme *reaping* dans l'expression assez obscure pour le lecteur au commencement de la narration, *the day of the reaping* (p. 3), que le traducteur a traduit par « le jour de la Moisson » pour garder les harmoniques figurales du roman et sans doute ménager un certain suspense. Donner davantage d'explications à ce stade aurait certes rendu le texte plus intelligible, mais aurait détruit quelque chose dans la dimension mythique du récit et restreint la tension dramatique. Un autre exemple tout à fait similaire est celui de *tribute* traduit par « tribut ». La traduction, chaque fois assez « sourcière », n'enlève rien à la compréhension globale de ce monde dystopique, assez proche par ses dérives politiques, de certains régimes dictatoriaux de notre civilisation des deux derniers siècles. Si le cadre culturel et conceptuel de référence est par nature étrange et étranger pour le lecteur, si la traduction française a respecté le rythme de la narration en ne distillant des informations sur la valeur métaphorique ou mythique de telle ou telle expression qu'au fur et à mesure du déroulé des événements, néanmoins le reste du texte se révèle très accessible, Fournier ayant pris soin de garder la même simplicité de registre, et, lorsque cela était nécessaire, la même oralisation attendue du discours dans ce genre autobiographique. L'impression de cohérence interne est donc sauvegardée, le traducteur ayant visiblement bien relié les éléments dramatiques et stylistiques comme l'avait fait Suzanne Collins.

D'autre part, la *cohérence intertextuelle* a été également respectée dans l'ensemble, exception faite des énoncés métaphoriques. Le style narratif a été gardé, avec ses phrases courtes qui montrent bien que nous sommes dans la tête de Katniss, ou avec ses énoncés elliptiques dans de nombreuses phrases sans verbes, comme « Des entrailles. Pas de crachats. » (Collins/Fournier, 2009, p. 5). Le traducteur a été fidèle aussi à la dimension lexicale du texte source, quitte à rajouter quelques explications. Par exemple, il a livré (lui ou l'éditeur) quelques pistes dès la couverture : « un jeu imposé, 24 candidats. Seul le gagnant survivra ! ». Mais ce type d'intervention se retrouve également dans le texte même. Par exemple, dans le tome 1, il explique par un paratexte le nom du chat de la sœur de la protagoniste : « Prim a insisté pour le baptiser Buttercup – Bouton d'Or –, sous prétexte que son poil jaunâtre lui rappelait cette fleur » (*ibid.*). C'est le cas aussi pour le nom des Jeux, *The Hunger Games*. Dans la première occurrence du nom, le traducteur utilise un paratexte pour expliciter le nom des jeux : « Comme la Moisson, la disette ou les Hunger Games – les Jeux de la faim » (*ibid.*, p. 7).

Quant à la finalité de la traduction, elle ne semble pas poser de problème puisque texte source et texte cible s'adressent à des lecteurs semblables et qu'ils ont donc la même fonction. On peut noter à ce sujet la dimension intertextuelle de la quadrilogie qui est très présente dans les topoï du récit. L'empreinte de la civilisation romaine qui sert de cadre principal au récit a été sauvegardée sans adaptation particulière et sans notes de bas de page ou paratextes pour laisser la fonction mythique faire son œuvre dans l'esprit du lecteur. C'est ainsi que pour traduire les termes *Capitol* (« Capitole »), *Cornucopia* (« Corne d'abondance »), *arena* (« arène »), le traducteur a respecté la terminologie antique du roman sans explication.

Évidemment, la question des métaphores, qui est la plus délicate, fera l'objet de réserves plus importantes, comme nous le verrons plus loin, de façon détaillée. Mais on peut déjà pressentir que la traduction n'aura pas à pâtir d'une approche qui serait ou trop explicative ou trop interprétative.

CHOIX DU CORPUS DE MÉTAPHORES DANS *THE HUNGER GAMES* Présentation contextuelle, analyse et traduction selon la TFS

Les métaphores ont été choisies en fonction de deux critères, leur variété sémantique à l'intérieur du contexte qui leur est imparti et/ou de leur difficulté potentielle de traduction. Voici les tableaux récapitulatifs des 35 métaphores sélectionnées par ordre d'apparition dans chacun des tomes de la quadrilogie. N'ont pas été cités ici les exemples déjà abordés dans d'autres chapitres.

THE HUNGER GAMES, TOME 1

	The Hunger Games, Suzanne Collins, New York, Scholastic Press, 2008	*The Hunger Games*, trad. Guillaume Fournier, Paris, Pocket Jeunesse, 2009
1	*The Hunger Games (titre) the Hunger Games* (p. 6)	The Hunger Games (titre) les Hunger Games – les Jeux de la faim. (p. 7)
2	*This is the day of the reaping.* (p. 3)	[…] c'est le jour de la Moisson. (p. 5)
3	*But at least two families will pull their shutters,* […] (p. 10)	Mais deux familles au moins ferment leurs volets, […] (p. 11)
4	*We always wait to trade with him when his witch of a wife isn't around because he's so much nicer.* (p. 37)	Nous attendons toujours que sa sorcière de femme soit occupée ailleurs pour négocier avec lui, car il est beaucoup plus gentil. (p. 31)
5	*"…You should wear flames more often," he says. "They suit you."* (p. 72)	Tu devrais porter des flammes plus souvent. Ça te va bien. (p. 58)
6	*I turn to stone, not even daring to breathe.* (p. 160)	Je me change en statue. Je n'ose même plus respirer. (p. 126)
7	*Career Tributes are overly vicious, arrogant, better fed, but only because they're the Capitol's lapdogs.* (p. 161)	Les tributs de carrière sont des salopards arrogants, bien nourris, uniquement parce qu'ils sont les laquais du Capitole. (p. 127)

8	*I've lost the will to do the simplest tasks, to do anything but lie here, staring unblinkingly through the canopy of leaves.* (p. 240)	J'ai perdu toute volonté de faire quoi que ce soit, hormis rester allongée dans mon sac, à regarder fixement la cime des arbres. (p. 186)

1. *The Hunger Games* (titre et p. 6)

Avant de commenter les différentes métaphores retenues, il serait souhaitable de situer le contexte général dans lequel la toute première métaphore du texte se situe. Car le titre de la quadrilogie et du premier tome, *The Hunger Games*, est une double métaphore, les termes *hunger* et *games* ayant chacun une valeur métaphorique. En effet, la faim, *hunger*, acquiert dans le contexte particulier de la narration une valeur métaphorique multiple à laquelle la majorité des autres métaphores du texte se rattachent directement ou indirectement. C'est une représentation, presque allégorique[20], de tous les besoins humains élémentaires non satisfaits, de toutes les privations qu'endurent les habitants des treize districts qui composent la société de Panem contrôlée par un gouvernement sans pitié nommé le Capitole. Suite à une série de catastrophes naturelles et de guerres, les habitants n'ont quasiment plus rien à manger et vivent bien en dessous du seuil de pauvreté. Cette faim est donc l'image de la mort physique qui rôde telle l'allégorie de la mort avec sa faux, mais elle est aussi cette faim qui taraude les habitants dans ce contexte politique autoritaire qui est le leur, une faim de liberté. Ils ont littéralement faim d'une autre société, plus juste et plus humaine, où le rapport de force ne serait plus le baromètre des relations humaines, où il ne faudrait plus faire le sacrifice de leurs enfants dont deux par district, âgés de 12 à 18 ans et tirés au sort, sont envoyés de force chaque année pour participer à des jeux, les Hunger Games, où seul l'un d'entre eux peut échapper à la mort.

20 D'après le *Littré*, l'allégorie est un « mode d'expression consistant à représenter une idée abstraite, une notion morale par une image ou un récit où souvent (mais non obligatoirement) les éléments représentants correspondent trait pour trait aux éléments de l'idée représentée ». Pour Ernest Renan, cité par le *Littré*, « L'allégorie est essentiellement froide et raide. Les personnages y sont d'airain, et se meuvent tout d'une pièce. », E. Renan, *Histoire des origines du Christianisme, Vie de Jésus*, 1863, p. 520.

Dans leur vie quotidienne, le peuple de Panem prend donc part à ces Jeux, les Hunger Games, dont le lien linguistique et culturel avec les antiques jeux de gladiateurs dans l'arène romaine et la politique évergète[21] des gouvernants de l'Empire corrompu est immédiatement rappelé par l'allusion à l'expression latine fameuse *panem et circenses* présidant au choix du nom de la nation et de son gouvernement, le Capitole. La narration se déroule donc dans un monde archétypal, entre empire romain et américain en décadence, dans un monde (post-) apocalyptique. Ainsi, les Jeux peuvent être une métaphore de fin du monde où chacun lutte pour survivre par tous les moyens, même les plus violents, dans et hors de l'arène. Mais il faut aussi prendre en compte que dans *games* on entend *game* qui signifie « gibier ». Dans ce contexte, nous pourrions dire alors que *games* est la métaphore d'un ennemi qui joue avec ses victimes, d'un être monstrueux anthropophage et manipulateur qui traite les êtres humains comme du simple gibier destiné à être tué puis consommé. Ce monstre peut à la fois consommer la chair humaine et envoyer ses victimes dans le monde des morts, mais il peut également consommer l'esprit des êtres humains, tout ce qui fait leur humanité. Il peut les métamorphoser en bêtes féroces. En analysant le contexte, on voit donc se dessiner une sorte de mise en abyme : les Jeux ne font que reproduire ce qui se passe dans la société de Panem tout entière où la mort des autres est une condition de survie. La métaphore est donc révélatrice d'une société où règne la loi de la jungle, celle des animaux forcés de tuer pour assurer la continuation de leur espèce. Si les êtres humains sont obligés de vivre de cette manière, ils se métamorphosent tôt ou tard en bêtes les plus féroces.

Mais la double métaphore qui préside au destin de cette nation révèle encore deux autres formes de perversion qui vont beaucoup plus loin. Tout d'abord, en forçant les adolescents à se départir de toute innocence, cette société tue en eux tout repère moral et les avilit pour mieux être au service d'une idéologie politique. Suzanne Collins a visiblement voulu mettre en garde la jeune génération de ses lecteurs qui ont précisément l'âge de ceux qui combattent à ses Jeux, « les tributs », et qui paieront

---

21 *Cf.* Paul Veyne, *Le Pain et le cirque. Sociologie historique d'un pluralisme politique*, « coll. Point Histoire », Paris, Seuil, 1976, chapitre III, 5, consacré à l'évergétisme, au départ un simple don de la part de notables à la collectivité, ensuite une forme de corruption destinée à acheter les bonnes grâces.

cher, comme leur nom l'indique, s'ils se laissent manipuler. La perte de l'innocence est aussi la perte de l'identité par une descente vers la bestialité. Les propos de Peeta, le protagoniste masculin du roman, sont ainsi le lieu d'un véritable duel entre le Bien et le Mal juste avant le commencement des Jeux :

> *"Why not ? It's true. My best hope is to not disgrace myself and..." He hesitates.*
> *"And what ?" I say.*
> *"I don't know how to say it exactly. Only... I want to die as myself. Does that make any sense ?" he asks. I shake my head. How could he die as anyone but himself ? "I don't want them to change me in there. Turn me into some kind of monster that I'm not." (Collins ; 2008 : 141)*
>
> *"No, when the time comes, I'm sure I'll kill just like everybody else. I can't go down without a fight. Only I keep wishing I could think of a way to... to show the Capitol they don't own me. That I'm more than just a piece in their Games," says Peeta* (Collins, 2008, p. 142).
>
> « – Pourquoi ? C'est vrai. Mon seul espoir est de ne pas me couvrir de honte, et...Il hésite.
> – Et quoi ? je lui demande.
> – Je ne sais pas exactement comment le formuler. Sauf que... je veux mourir en étant moi-même. Tu comprends ? (Je secoue la tête. Comment mourir autrement ?) Je ne veux pas changer dans l'arène. Me transformer en une espèce de monstre que je ne suis pas. » (Collins/Fournier, 2008, p. 112)
>
> « – Oh si, le moment venu, je suis sûr que je tuerai comme n'importe qui. Je ne tomberai pas sans combattre. Je voudrais seulement trouver un moyen de... de montrer au Capitole que je ne lui appartiens pas. Que je suis davantage qu'un simple pion dans ses Jeux » (*ibid.*)

D'autre part, de nouveaux ennemis sont envoyés à la fin des Hunger Games sous la forme de *mutts*, transformations génétiques qui ont le visage des participants tués au cours du jeu, métamorphoses hideuses faites de la combinaison d'animaux et d'êtres humains. Confrontés à un tel déferlement de perversion, les vainqueurs des années précédentes, qui sont censés vivre dorénavant dans l'opulence en récompense de leur succès dans l'arène, restent à jamais marqués par ces épreuves et finissent comme Haymitch, ancien vainqueur du district Douze devenu mentor des tributs de ce même district dans tous les Jeux, qui est toujours ivre et jamais heureux.

En résumé, la métaphoricité imprime dès le départ à l'œuvre une multitude de ramifications sémantiques qui commencent à se profiler et qui vont petit à petit construire un monde digne des deniers jours de l'humanité.

Quelle analyse la TFS peut-elle porter sur cette double métaphore ? Quelles en sont les caractéristiques ?

Tout d'abord, il faut définir ce qu'on entend par caractéristique dans l'optique de la TFS : la caractéristique est un processus qui se situe entre la *propriété* qui est à la fois détachée de l'expérience, atemporelle et cumulative et l'*indice* qui sous-entend un ancrage dans l'expérience immédiate, et qui a vocation à la typicité (*cf.* Cadiot, 2002c, p. 48). L'« objet » visé dans cet énoncé métaphorique *hunger games* est de prime abord assez peu consistant, la composition nominale donnant à *games* un sens assez subjectif, une impression référentielle, un schéma perceptuel grâce à *hunger* – la sensation de faim –, tout juste esquissé et fonctionnant comme un indice de comportement promotionnel.

Les divers motifs dans *hunger* sont ici ces potentiels de sens à l'origine d'une sensation physique et/ou psychologique de manque, de privation, de vide, d'absence de quelque chose, mais aussi à l'origine de la sensation en résultant, celle d'avidité que l'on trouve dans des expressions comme *hungry as a hunter*, mais aussi cette tendance à la violence, à attaquer, potentiellement à tuer. On comprend donc que le motif est toujours un principe d'analogie et non une réalité matérielle. Trois profilages possibles se dessinent, non exclusifs les uns des autres : des jeux où participent des mal-nourris, qui ont le ventre creux ; des jeux où les participants seront avides de gagner car c'est une question de survie du corps ; et des jeux où l'on va user de violence. Notons l'allitération en [g] qui semble ici renforcer l'expression de cette tendance archétypale à tuer pour survivre. Mais on peut aussi raisonner à partir de *games* qui comporte aussi plusieurs motifs, celui qui renvoie à cette même tendance à la source de diverses formes de comportement humain, comme la volonté de lutter dans la vie (*to be game for*), dans une activité ludique (*a game of cops and robbers*), dans une compétition (*a game of chess ; of tennis*) ; et celui qui renvoie à cette même visée de sens présente à la fois dans la capacité à montrer l'extérieur, la forme de l'activité (*to improve one's game*), à faire semblant (*love is just a game*), voire à tricher. *Games* (le gibier) participe évidemment du premier motif puisqu'il s'agit d'animaux qu'on traque, qu'on capture pendant une chasse.

Quant au profilage de l'expression métaphorique, il se fait davantage par contiguïté au motif d'avidité et de destruction dans *hunger* et au premier motif de lutte, de combat dans *games*, les profilages se thématisant ensuite dans le domaine des activités humaines ludiques, mais dans un registre ironique.

Le traducteur français a opéré un choix compréhensible, mais discutable. Il a assez naturellement et sans surprise traduit *Games*, lorsque ce lexème était isolé, par *Jeux*, en référence aux jeux du cirque, aux jeux des gladiateurs, par exemple. Mais pour l'expression métaphorique, il a laissé *Hunger Games* en anglais. Il peut s'agir d'une volonté éditoriale de la maison d'édition qui pourrait avoir estimé que le titre anglais serait plus vendeur, d'autant plus que le niveau de compréhension de l'anglais « standard » est de plus en plus élevé. Mais il peut aussi s'agir d'un refus de traduire en raison de la difficulté à rendre *Hunger* en soi et combiné à *Games*. Il est certain que les « Jeux de la Faim » non seulement n'aurait pas été très compréhensible – s'agit-il de Jeux organisés pour lutter contre la faim dans le monde ou de Jeux qui consistent à s'affamer ? etc. Les interprétations sont nombreuses et au lieu de laisser la place à une symbolique, l'expression risquait plutôt d'introduire une ambiguïté lexicale au lieu de rendre la palette figurale de *Hunger*.

Seule possibilité alors : opérer par modulation du point de vue et trouver une expression qui, tout en étant imprégnée des trois motifs de faim, d'avidité et de violence, se profile dans une expression renvoyant à une imagination mythique, comme les Travaux d'Hercule, ou aux rituels expiatoires des jeux séculaires, les fameux *ludi saeculares* organisés à Rome pour clore chaque centenaire et ouvrir le suivant. On peut penser ainsi à introduire une expression latine qui donnerait un caractère à la fois atemporel et universel au roman. On pense bien sûr à la locution *Panem et circenses* rappelant que le peuple des Romains étant censé être très avide de ses jeux, et qui est porteuse d'une dimension très ironique lorsqu'elle est employée pour désigner notre époque. En effet, on retrouve, à notre époque, la même tendance des pouvoirs politiques à exploiter certains penchants de la population à une satisfaction immédiate et primaire, par exemple, dans l'utilisation de discours et de jeux télévisés de type populiste. Mais l'inconvénient majeur d'un tel titre est qu'il serait davantage destiné à un public adulte et à un public relativement averti. Une autre expression latine qui fait référence à des jeux cruels est la parole célèbre qui aurait été prononcée devant César par les gladiateurs dans le cirque avant le combat : *Ave, Caesar, morituri te salutant* / « Salut à toi, César, ceux qui vont mourir te saluent ». Mais là aussi, un titre comme *Morituri te salutant* n'est pas compréhensible de tous. Un bon compromis pourrait être *Panem et circus*, *panem* reprenant le motif de la faim et de la voracité qui se thématise dans le nom même de l'état grand inquisiteur, *Panem*, et *circus* reprenant tous les motifs de *games* en y ajoutant une dimension satirique. Mais si l'expression nous semble plus riche et produit un effet similaire de richesse sémantique à celui du titre anglais, elle ne pourrait guère être utilisée que comme titre. On serait alors contraint de recourir à Jeux ou Grands Jeux pour la narration.

2. *This is the day of the reaping* (p. 3)

La métaphore de *reaping*, qui apparaît pour la première fois à la page 3 dans l'expression *This is the day of the reaping*, mais qui est reprise maintes fois dans le texte, est un nom commun employé comme nom propre. *Reaping* suggère d'abord une relation avec l'agriculture et une possibilité bénéfique de récolte. Dans le thème du roman, *reaping* est employé ironiquement puisque cette récolte annuelle est seulement porteuse de mort. La métaphore entame donc une inversion des valeurs où la seule récolte est celle de la mort des enfants envoyés au combat dans l'arène dont un seul reviendra vivant. Mais le détournement va plus loin en devenant une sorte de devise tacite du pouvoir en place, brandie sous les yeux du peuple et dont la nouvelle définition va à l'encontre de toutes les autres, celles de la Bible, par exemple. En utilisant une expression biblique connue et en la subvertissant, le gouvernement de Panem prend métaphoriquement la place de Dieu en utilisant ses paroles. En effet, l'idée de récolter ce qu'on a semé apparait dans Corinthiens, 2, 9, 6, « Sachez-le, celui qui sème peu moissonnera peu et celui qui sème abondamment moissonnera abondamment. » et dans Galates 6.7 : « Ne vous y trompez pas : on ne se moque pas de Dieu. Ce qu'un homme aura semé, il le récoltera aussi ».

Si la métaphore biblique s'applique dans les deux cas à la fois à l'agriculture et au destin des hommes, il n'en reste pas moins que là s'arrête la comparaison. La Bible parle d'avertissement à l'homme qui ne suit pas le chemin de la droiture : en Proverbes 22.8, le roi Salomon s'écrie : « Celui qui sème l'injustice moissonnera le malheur ». En

Osée 10.13, le prophète s'exclame : « Vous avez cultivé le mal, moissonné le péché ». Et en Proverbes 1.31, la sagesse se désole ainsi : « Ils se nourriront du fruit de leur conduite et ils se rassasieront de leurs propres conseils ».

Dans *The Hunger Games*, c'est le pouvoir du Mal qui s'insurge en moralisateur. La justice pervertie des hommes se substitue à la justice divine. Mais là où la Bible parle de miséricorde et de grâce divine qui peuvent venir secourir le pécheur, aucune compassion n'est de mise au Capitole où la Loi est appliquée en dehors de toute considération humaine. La colère du Capitole non seulement surpasse la colère de Dieu dans l'Ancien Testament, mais la détourne de sa vocation première, comme il est dit dans Galates 6.8 : « Celui qui sème pour satisfaire sa nature propre récoltera d'elle la ruine, mais celui qui sème pour l'Esprit récoltera de l'Esprit la vie éternelle ». Le peuple de Panem subit la colère du Capitole et ne récolte que la ruine, pour lui-même et ses enfants. C'est un peuple maudit pour l'éternité. La métaphore fait donc entrer le récit dans une dimension a-morale et de damnation éternelle. C'est bien un Jour de Jugement Dernier, mais où l'on est déclaré coupable à l'avance et où le châtiment est soit la mort physique, soit la mort spirituelle pour celui qui ne sera pas tué dans l'arène, les vainqueurs traumatisés poursuivant une existence souvent malheureuse, malgré leur richesse soudaine.

Pour la TFS, le nom étant un indice de différenciation de phases susceptibles d'être appliquées dans des domaines variés, *reaping* peut indiquer des spécificités de comportement à l'intérieur de la classe des humains ou du domaine de l'agriculture. Un premier motif se dégage dans une Gestalt perceptive de mouvement, d'un tracé d'un point à un autre, puis un autre motif surgit pour dessiner un mouvement vers l'intérieur dans cette propension à recevoir (plutôt qu'à donner), à se projeter non pas vers l'autre, vers l'extérieur, mais vers soi, motifs qu'on retrouve objectivés dans des expressions du registre moral comme *you reap what you sow* ou bien, *sow the wind, (and) reap the whirlwind*. Un sous-motif pourrait être le principe de subir, d'être passif, mais qui ramène toujours vers une forme d'intériorité. Enfin, un motif commun à la notion de quantité, d'abondance, d'expansion, de surplus est également perçu, qu'il soit ensuite profilé pour acquérir des notes positives comme dans *to reap a fine harvest* ou négatives comme dans the *reaping system* où l'on récolte les tributs afin de les déshumaniser, tels de vulgaires produits agricoles, pour les utiliser lors des spectacles des Hunger Games.

La traduction de *reaping* peut théoriquement opter pour « récolte » ou « moisson ». Les deux termes sont présents dans les traductions de la Bible, apparemment de façon synonymique. Mais les motifs dégagés dans la langue anglaise ne sont pas semblables que l'on ait affaire à l'un ou l'autre de ces termes. Les mêmes motifs se retrouvent dans « récolte », mais pas dans « moisson ». Or, le traducteur a choisi de traduire *the day of the reaping* par « le jour de la Moisson » et *the Harvest Festival* par « la Fête des Récoltes ». Il aurait été préférable d'inverser et de traduire *the day of the reaping* par « le jour des Récoltes » et *the Harvest Festival* par « la Fête de la Moisson ». Le motif de soumission se profile pour se fixer dans le registre subjectif et moral d'un jour d'acceptation de son sort, presque de jugement dans l'expression *the day of the reaping* qu'on ne retrouve pas dans « le jour de la Moisson », qui comporte un indice d'abondance positive.

3. *But at least two families will pull their shutters…* (p. 10)

Le motif de mort, de destruction est ici profilé en métaphore du deuil et vient se fixer dans le domaine de la vie en société.

Dans le contexte du roman, le domaine social, les occupations de la population sont réduites, mécaniques et répétitives à l'intérieur de chacun des districts auquel est assigné une spécialité dans un domaine d'activité. La sphère privée est très réduite, l'existence dépourvue de joie dans ces vies de labeur et de soumission, quand elle n'est pas confrontée à la douleur du deuil et à un plus grand renfermement sur soi. Les êtres humains sont donc comparés à des maisons qui ferment leurs volets et, métaphoriquement, leur regard sur le monde à l'annonce d'une mort probable d'un de leurs enfants une fois les tributs choisis par tirage au sort et partis au combat.

Selon Bachelard, de tout temps et dans toutes les cultures, la maison fut le symbole de l'être intérieur, de la psyché et les différents étages peuvent être vus comme les états d'âme, la cave correspondant à l'inconscient et le grenier à l'élévation spirituelle[22]. Dans le contexte

22 *Cf.* Gaston Bachelard, *L'Eau et les Rêves. Essai sur l'imagination de la matière*, Paris, José Corti, 1942, p. 18.

de la narration et des Hunger Games, il semble que la fermeture au monde, le retrait du regard d'autrui et de la lumière par la fermeture des volets métaphorise un stade de plus à l'intérieur d'un mouvement de régression psychologique chez les habitants de Panem, le stade suivant étant la réification pure et simple, puis la mort.

L'analyse linguistique révèle la même forme sémantique, le même motif, la même Gestalt de perception de mouvement vers l'intérieur dans *pull their shutters* que celle déjà présente dans *reaping*. Elle se retrouve ici et se profile pour s'appliquer à la vie intérieure des habitants qui se replient au plus profond de leur vie intime et se coupent du monde extérieur. Notons qu'en argot, *shutters* s'applique analogiquement aux yeux des humains. Le profilage de cet énoncé fait apparaitre l'horizon sémantique esquissé de la fixation du sens, une anticipation de la thématisation possible dans le domaine de la mort des enfants dans l'arène en reliant ces trois premières métaphores, *Hunger Games*, *reaping* et *pull thieir shutters* par le jeu de motifs, de germinations du sens à l'œuvre dans ces trois expressions.

Le traducteur français, en traduisant par « Mais deux familles au moins ferment leurs volets » (Collins/Fournier, 2009, p. 11) a sous-estimé le maillage s'opérant entre les divers profilages des motifs dans ces métaphores. Il aurait pu mettre en valeur la marque du ressenti du drame dans la dernière expression pour en montrer la portée métaphorique, par exemple en surenchérissant sur le motif de repli annonciateur de mort dans le verbe. Ainsi, « Mais deux familles au moins s'enferment derrière leurs volets » auraient établi un lien sémantique plus visible.

4. *We always wait to trade with him when his witch of a wife isn't around because he's so much nicer* (p. 37)

Cette expression métaphorique décrit la femme du boulanger, la mère de Peeta. Le registre est ironique et le ton reflète la piètre opinion que Katniss a de cette femme dont le mari faisait du commerce avec elle autrefois. Femme sans pitié, elle possède les caractéristiques de ceux qui ont vendu leur âme à Panem. La violence physique qu'elle exerce sur ses enfants à la moindre erreur de ceux-ci, son peu de considération pour sa famille et pour Peeta en particulier à qui elle n'accorde aucune confiance lors de sa sélection comme tribut du district Douze aux 74e Hunger Games, en font un personnage archétypal, petit dictateur domestique au service de la dictature en place au gouvernement. La métaphore souligne que le monde de Panem est divisé en deux blocs, ceux qui sont du côté de la rébellion et de la justice, et ceux qui sont du côté de la manipulation, du pouvoir, et potentiellement donc de la sorcellerie.

La septuple allitération en [w] de la phrase où s'insère l'énoncé métaphorique est en soi un indice d'une analogie entre le plan lexical et sonore par le biais d'un motif, d'une visée de sens commun à la sonorité et au lexème *witch*. Le manque d'harmonie sonore et rythmique des semi-consonnes glissantes entourant l'énoncé procède, tout comme dans *witch*, d'une propriété de différence, d'appartenance à un autre ordre de réalité. Un second motif est celui de la mort ou du principe destructeur du Mal que l'on pressent dans la qualification indirecte de méchanceté de la femme (son mari étant *much nicer*), et de sa volonté de domination, d'exercice du pouvoir à tout prix, même selon les lois occultes de la sorcellerie. Cette femme, à la solde du gouvernement en place, est donc l'objectivation dans la narration du sens de l'archétype d'un type de femme dans l'inconscient collectif. Ses motifs se profilent dans un maillage textuel qui tend à faire de Panem le royaume du Mal.

Le choix de « Nous attendons toujours que sa sorcière de femme soit occupée ailleurs pour négocier avec lui, car il est beaucoup plus gentil. » (Collins/Fournier, 2009, p. 31), laisse de côté des sonorités très évocatrices et ne s'attarde que sur le sens du dictionnaire. C'est pourtant un rythme comme l'aimait à analyser Henri Meschonnic, un tempo qui marque la subjectivité du locuteur, ici le mépris violent pour cette créature. On peut proposer la traduction suivante avec des sonorités qui mettent en valeur la consonne sourde et momentanée [t] pour produire le même effet d'harmonie imitative : « Nous attendons toujours que cette sorcière qui lui tient de femme soit partie pour débattre avec lui, car il est beaucoup plus gentil. »

5. *"You should wear flames more often," he says. "They suit you."* (p. 72)

L'expression n'est pas métaphorique en elle-même puisqu'il s'agit de flammes réelles, mais sans danger, que le styliste Cinna provoque à l'aide d'une torche sur les coiffes de Katniss et Peeta à l'occasion de l'ouverture des Hunger Games.

Mais la répétition de la référence aux flammes dans le tome 1 annonce l'embrasement de tout le royaume et bien entendu le titre du deuxième tome : *Catching Fire*. Katniss s'embrase partiellement et artificiellement lors des Jeux, mais anticipe métaphoriquement son rôle dans la rébellion générale. La narratrice devient l'âme du feu. La flamme devient le souffle brûlant de la révolte et introduit une note d'espoir en suggérant que ce feu purificateur finira par l'emporter en se libérant de ceux qui ont réduit la condition humaine à l'esclavage. La flamme, métonymie du feu, initie ainsi le début du processus d'une sorte de rite de purification, annonciateur du passage de la mort à la renaissance.

L'injonction à porter des flammes est un défi lancé à l'héroïne qui endosse le rôle de sauveur de son peuple. La métaphore de la flamme aide à mettre en lumière les qualités définitoires de Katniss dont le portrait se profile rapidement, comme on peut le lire sous la plume de Jill Olthouse dans cette étude récente, *The Hunger Games and Philosophy : A Critique of Pure Treason*[23]. Elle devient « la fille du feu », *the girl who was on fire* (Collins, 2008, p. 67) :

> *Katniss resembles the Greek Titian Prometheus, who stole fire from Zeus and brought it to the human race. Prometheus is an ambiguous figure because his gift of fire sustains life and fuels the advance of civilization, but it can also be used as a weapon* (Dunn & Michaud, 2012, p. 43).
>
> « Katniss ressemble au Titien grec Prométhée, qui a volé le feu de Zeus et l'a apporté à la race humaine. Prométhée est une figure ambiguë car son don du feu entretient la vie et alimente l'avancée de la civilisation, mais il peut aussi être utilisé comme une arme. »

Un lien est donc établi entre feu terrestre, feu du Jugement Dernier que représente la rébellion qui embrasera Panem, et feu de l'Enfer si Katniss perd la bataille. Mais la flamme portée par Katniss est aussi révélatrice de sa dimension spirituelle. Bachelard s'interroge sur le lieu où le feu purificateur est justement le plus pur :

---

23 George Dunn et Nicols Michaud, éd., *The Hunger Games and Philosophy : a Critique of Pure Treason*, Hoboken (N.J.), Wiley, 2012.

> C'est, semble-t-il, à sa limite, à la pointe de la flamme, où la couleur fait place à une vibration presque invisible. Alors le feu se dématérialise, se déréalise ; il devient esprit[24].

Le motif de la chaleur profilé en feu, puis en flammes et objectivé dans toutes les formes lexicales de rébellion terrestre, finit par se thématiser en feu de la vie, principe de survie, et donc de révolte face à l'oppression du Capitole.

Si la traduction de *flames* par « flammes » semble aller de soi, même en dehors de tout contexte, toutefois la portée très métaphorique du lexème dans le roman ainsi que ses nombreux profilages forcent à examiner chaque environnement immédiat dans lequel il se trouve utilisé. La traduction française, « Tu devrais porter des flammes plus souvent. Ça te va bien. » (Collins/Fournier, 2009, p. 58), réduit l'expression à une simple question de style vestimentaire. Alors que Katniss porte non seulement les flammes, mais le flambeau de la révolte et de la victoire probable. Une simple recatégorisation du verbe permettrait d'entendre le processus d'héroïsation du personnage qui se met en place et la faire entrer dans un domaine mythique : « Tu devrais te faire porteuse de flammes plus souvent, Ça te va bien. ». Il renforcerait aussi le registre ironique que l'on sent poindre dans le texte source.

6. *I turn to stone, not even daring to breathe* (p. 160)

Turn to stone est un énoncé métaphorique lexicalisé. Il s'agit d'une scène au début des Jeux où Katniss se cache dans les arbres car certains « tributs de carrière » (*the Careers*), serviteurs zélés du Capitole, se sont alliés pour partir à la recherche de tributs d'autres districts. Elle ne bouge pas pour ne pas attirer leur attention, la mort est à deux pas d'elle. Cette métaphore banale n'a d'intérêt que parce qu'elle se relie à une récurrence de l'emploi de *stone* dans tout le roman. Si Katniss est décrite comme se figeant au point de ressembler à une pierre ou une statue, c'est non seulement pour ne pas être repérée, mais aussi parce qu'elle est intimement reliée au monde des pierres. Dans l'ensemble de la quadrilogie, on ne compte pas moins de douze emplois de *stone*. Dans la tradition biblique, la pierre symbolise la sagesse en raison de sa

24 Gaston Bachelard, *La Psychanalyse du feu*, Paris, Gallimard, [1949] 1992, p. 116.

stabilité. Elle est souvent associée à l'eau. Dans l'Exode, Moïse frappe une pierre et en fait sortir une source d'eau (Exode, 17, 6), c'est-à-dire, l'Esprit. Un rapport étroit lie l'homme à la pierre qui, dans beaucoup de traditions, est considérée comme vivante. Dans le tome 1, par trois fois la référence à la pierre prend place en même temps que la référence à l'eau. La narratrice semble jouer une scène assez archaïque, dans un registre païen, où elle paraît pouvoir manier à son aise les éléments naturels, même si la description semble en fait s'en tenir à des réflexions culinaires. Mais l'héroïne est la seule dans le roman à agir de la sorte :

> *I settle down on a big flat rock halfway between the stream and the cave. After purifying half a pot of water, I place it in direct sunlight and add several egg-size hot stones to the water* [...]. *Already, between the sunlight and the rocks, the water's warm. I put in the meat and roots, swap in fresh rocks, and go find something green to spice it up a little. Before long, I discover a tuft of chives growing at the base of some rocks. Perfect. I chop them very fine and add them to the pot, switch out the rocks again, put on the lid, and let the whole thing stew* (Collins, 2008, p. 261-262).

> « Je remplis le pot à moitié et m'installe sur une grande roche plate, à mi-chemin entre le ruisseau et la grotte. Après avoir purifié l'eau, je la laisse en plein soleil en plaçant sous le pot plusieurs cailloux brûlants, gros comme des œufs [...]. Entre la chaleur du soleil et celle des pierres, l'eau est presque tiède. Je verse la viande et les racines, je change les pierres et je pars cueillir quelques herbes pour donner du goût. Je déniche bientôt une touffe de ciboulette au pied d'un gros rocher. Parfait. Je hache les brins, très fin, les mets dans le pot, change les pierres une dernière fois, puis je referme le couvercle et laisse mijoter le tout. » (Collins/Fournier, 2008, p. 206-207)

La narratrice dans son rapport avec les pierres semble aussi se connecter à un « archétype » qui, comme dans la science de la pierre philosophale, consiste à « purifier » et à « animer » puis à « exalter » un sujet minéral.

Si dans le tome 1, les pierres sont dans l'ensemble utilisées comme arme d'attaque, dans le tome 2, l'idée d'un rapport avec une forme spirituelle est évoquée assez clairement dès la première page où la narratrice contemple la nature dans la lumière solaire qui se lève alors qu'elle est assise sur un rocher (*rock*) (que le traducteur français traduit d'ailleurs judicieusement par « pierre »), renforçant ainsi sa position de guide en lien avec des forces mystérieuses, juste avant de passer au combat :

> *I should get up, move around, and work the stiffness from my limbs. But instead I sit, as motionless as the rock beneath me while the dawn begins to lighten the wood. I*

> *can't fight the sun. I can only watch helplessly as it drags me into a day that I have been dreading for months* (Collins, 2009, p. 3).
>
> « Je ferais mieux de me lever, de marcher un peu, de me dégourdir les jambes. Mais je reste immobile, assise sur cette pierre, face à l'aube qui éclaire peu à peu la forêt. On ne peut pas lutter contre le cycle du soleil. Je me contente de l'observer, impuissante, tandis qu'il me précipite dans une journée que j'appréhende depuis des mois. » (Collins/Fournier, 2009, p. 5)

Ce motif qui montre cette propriété à suspendre toute manifestation de vie, de chaleur, à rester sans voix, sans mouvement, se profile ici dans l'expression figée *turn to stone* où il stabilise momentanément une forme visuelle d'arrêt sur image jusque dans les trois dentales qui jalonnent ce processus et l'arrêt de la respiration en fin de phrase. Le thème de la mort imminente pointe à nouveau à l'horizon.

Pour garder cette propriété dans la traduction, au lieu de chercher une sorte d'équivalant français en choisissant l'expression « se changer en statue », on pourrait plutôt garder le symbolisme de la pierre et filer la métaphore de cette pierre, quasi rituelle, en réintroduisant le verbe « pétrifier » qui garde le motif d'un arrêt et qui concorde avec les sonorités de fin de phrase. À la place de « Je me change en statue. Je n'ose même plus respirer. » (Collins/Fournier, 2009, p. 126), on aurait donc : « Je suis comme pétrifiée. Je n'ose même plus respirer ». Les allitérations en [p] et le parallélisme établi par l'assonance en fin de lexème dans « pétrifiée » et « respirer » renforcent à la fois la tension dramatique de l'épisode en introduisant un rythme martelant, mais souligne aussi le redoublement du motif de type perceptif, le mouvement du corps tout entier et de la respiration se faisant écho.

Changer une métaphore en comparaison, c'est dire autre chose, et non dire une chose autrement. Cadiot donne l'exemple célèbre de Pascal « l'homme est un roseau pensant » qu'il faut nettement différencier de « l'homme est comme un roseau pensant » :

> Si l'homme était comme un roseau pensant, Pascal dirait une bêtise en le disant être un roseau pensant, ou alors il nous dirait – mal – quelque chose qu'on sait déjà ! Il ne s'agit pas de dire qu'il est pareil ou semblable à un roseau, mais directement qu'il est fragile malgré (mais aussi à cause de) la pensée, dont on aurait pourtant attendu qu'elle le défragilise (Cadiot, 2012b, p. 44).

En termes plus généraux :

> La paraphrase comparante échoue à s'approcher de l'énoncé métaphorique, parce qu'elle tend à s'appuyer sur des propriétés supposées acquises (ce que nous appelons des propriétés intrinsèques), des propriétés de l'objet comme tel, quand la métaphore ne roule que sur des propriétés extrinsèques, garantes d'une constitution de l'objet dans son accès ou sa saisie même, et donc indépendantes d'une synthèse précoce. Certaines sont d'ailleurs bien plus univoques : être une carpe, c'est semble-t-il seulement être muet. De même être une tombe pour un humain, c'est être tel qu'il ne faut pas s'attendre à ce que quelque chose qu'on y mettrait en sorte. Similitude donc, si l'on veut, mais au sens où seule est prise en compte dans le processus métaphorique une caractéristique promotionnelle, (arché)typique, fortement retravaillée et « abstraite », qui ne fait que prendre appui sur un discours (volontiers) mythique, tel que le référent du terme prédiqué (roseau, enfant, tombe, etc.) n'y est convoqué que comme un emblème pour ces archétypes (*ibid.*, p. 45).

7. *Career Tributes are overly vicious, arrogant, better fed, but only because they're the Capitol's lapdogs* (p. 161)

Les *Careers* sont les tributs des districts Un, Deux et Quatre, districts les plus aisés et les mieux nourris. Ils sont entraînés depuis l'enfance, sont souvent volontaires et souvent vainqueurs. Pour eux, les Jeux sont une manière de montrer leur ambition et de faire carrière. Non seulement ils obéissent au Capitole, mais ils font tout pour satisfaire leur maître, le président Snow.

Le nom *tribute* participe d'une double dimension, celle d'une *action* de soumission, de dépendance et celle d'une *évaluation*, l'admiration envers quelqu'un, l'hommage qu'on lui rend, comme dans le profilage *pay tribute to*. Cette solidarité des propriétés qui constituent le mot *tribute* montre la fusion entre le figural et le générique dans le motif. Ici le nom composé *Career Tributes* fait ressortir cette dualité tout en s'agrégeant au double motif perceptif derrière *career*, celui d'une montée, d'une ascension, et celui d'une action rapide, d'une course, annonçant ainsi la thématisation du pouvoir politique où tous ses membres, gouvernants et serviteurs-tributs du Capitole visent l'acquisition du pouvoir absolu à tout prix.

Si l'on s'en tient à une analyse référentialiste, la métaphore prédicative *lapdogs*, quant à elle, peut sembler renvoyer à des chiens de chasse puisque dans le contexte de la narration, ces tributs, une fois les Jeux ouverts, pourchassent les autres tributs comme des gibiers pour leurs maîtres. Mais le terme de *lapdogs*, très péjoratif, lorsqu'il s'applique à un être humain, la traduction des dictionnaires donnant tour à tour

« toutou » ou « petit chien », semble insister sur la faiblesse morale de ces tributs réduits à des bêtes aveuglées qui sont le jouet du Capitole, leur existence ne se justifiant alors que par l'existence de ces Jeux.

Les critiques Dunn et Michaud, sans surprise, commentent de la manière la plus attendue qui soit :

> *Lapdogs are usually thought to be pampered and spoiled. They follow the orders of their masters unquestioningly, and some are trained to kill intruders. So this metaphor describes the Careers as bestial, spoiled, and unquestioningly obedient* (Dunn et Michaud, 2012, p. 48).
>
> « On pense généralement que les chiens de compagnie sont choyés et gâtés. Ils suivent les ordres de leurs maîtres sans poser de questions, et certains sont entraînés à tuer les intrus. Ainsi, cette métaphore décrit les Carrières comme bestiales, gâtées et, sans aucun doute, obéissantes. »

D'autres critiques comme Pharr et Clark y voient une double métaphore sociale : celle de l'exploitation moderne des acteurs du monde de la téléréalité par l'industrie cinématographique et également celle de la corruption de ces acteurs du monde de la téléréalité qui en échange de notoriété et d'argent sont prêts à se « prostituer », à s'exhiber, bref à dépasser toutes les bornes, à obéir à n'importe quel diktat, tout comme les *lapdogs* de *The Hunger Games* qui ne sont pas que des « toutous », mais se font tortionnaires et tueurs afin d'être récompensés pour leur carrière destructrice par le Capitole :

> *Reality TV is fundamentally exploitative, as "the programme-makers exploit their subjects through 'manipulation' and editorial control, or the participants exploit the programmer in an entrepreneurial bid for media exposure (Holmes, 111)*[25]*. While Katniss is tortured for the entertainment of the masses the Career Tributes try to exploit the Games in return, to become proficient killers in exchange for wealth and fame. Only in the final book do we discover that many media darlings of the Games like Finnick are still exploited, forced to be a source of entertainment and prostitution for the Capitol* (Pharr et Clark, 2012, p. 54).
>
> « La télé-réalité a un rôle fondamental d'exploitation, car les réalisateurs de programmes exploitent leurs sujets par le biais de la "manipulation" et du contrôle éditorial, ou les participants exploitent le programmeur dans une tentative entrepreneuriale d'exposition médiatique (Holmes, 111). Alors que Katniss est torturée pour le divertissement des masses, les tributs de carrière

25 Su Holmes and Deborah Jermyn, éd., *Understanding Reality Television*, Londres / New York, Routledge, 2004.

tentent d'exploiter les Jeux en retour, pour devenir des tueurs compétents en échange de la richesse et de la gloire. Ce n'est que dans le livre final que l'on découvre que de nombreux chouchous médiatiques des Jeux comme Finnick sont encore exploités, contraints d'être une source de divertissement et de prostitution pour le Capitole. »

Mais si l'on se tourne vers la TFS, le motif derrière *lap* est plutôt celui d'une propriété qui tend à protéger, réconforter, réparer, à partir d'une Gestalt kinesthésique qui évoque soit l'image d'une boucle (comme dans le tour de la victoire du vainqueur dans *victory lap*), soit celui d'un mouvement de chevauchement de façon à ajuster, à restaurer un objet (comme dans *a lap joint*), soit encore celui d'un mouvement de repli, de refuge (comme dans in *the lap of luxury*) ou même de caresse (comme le mouvement des vagues qui viennent lécher, encercler doucement le rivage dans *waters lapping*).

« Les tributs de carrière sont des salopards arrogants, bien nourris, uniquement parce qu'ils sont les laquais du Capitole. » (Collins/Fournier, 2009, p. 161) : cette traduction française de l'ensemble de la phrase est critiquable de plusieurs points de vue. L'expression « tributs de carrière » n'est pas très intelligible en français et fait calque. Dans le reste du texte, le traducteur utilisera tour à tour cette expression ou le simple terme de « carrières », tout aussi inhabituel. Il aurait été peut-être plus clair d'avoir recours à une métaphore du type « Les Dents Longues », cette traduction rendant bien le sens du profilage des motifs évoqués en « arrivistes » contenu dans l'expression source et anticipant sur le caractère chasseur de gibier humain de ces créatures dépravées. En mettant en lumière l'univers mental de ces personnages, cela aurait sans doute éviter aussi la rupture de registre inutile dans l'emploi de « salopards » qui, s'il condense *overly* et *vicious*, est plutôt inattendu dans un discours d'un registre standard.

Enfin, le choix de « laquais » pour *lapdogs*, très marqué sur le plan culturel en français, puisqu'il évoque immanquablement les serviteurs en riches livrées de l'aristocratie des XVIIe et XVIIIe siècles, semble un choix un peu trop sophistiqué pour cette horde de chiens féroces à la solde du pouvoir. Le caractère dépendant qui s'esquisse dans *lapdogs* et qui, dans le contexte, se profilera en caractère très servile des protégés du Capitole, pourra se rendre plutôt par « toutous ». La nouvelle version, « Les tributs des Dents Longues sont bien trop cruels, mieux nourris, mais uniquement parce qu'ils sont les toutous du Capitole », montrent ainsi les nuances contenues dans les différents motifs déjà soulignés et qui viennent se fixer dans ce portrait des alliés du pouvoir en place.

8. *I've lost the will to do the simplest tasks, to do anything but lie here, staring unblinkingly through the canopy of leaves* (p. 240)

La scène se passe après la mort de Rue, jeune amie de la protagoniste. Katniss, qui s'était endormie au pied d'un arbre, vient de se réveiller après avoir rêvé de la jeune fille couverte de fleurs, perchée au sommet d'un océan d'arbres et lui enseignant le langage des geais moqueurs. Un moment apaisée, la protagoniste retrouve vite son état d'esprit triste et solitaire et contemple les feuilles au-dessus d'elle. Derrière l'utilisation métaphorique de *canopy of leaves*, se trouve en amont l'esquisse perceptuelle de quelque chose qui recouvre, qui protège une surface, mais également qui est en position élevée. Le motif se stabilise ici pour s'appliquer à la nature, aux feuilles, mais entre aussi, si l'on considère toute la trilogie[26], dans la thématisation de la protagoniste en figure royale puisqu'elle protège, défend et finalement sauve la nation.

Canopy n'est donc pas seulement une Gestalt visuelle, ne renvoie pas seulement à une position dans l'espace, et à une action de protection comme un berceau de feuillage, mais procède aussi d'un jugement admiratif du narrateur. On ne pourra donc pas se contenter de « cime des arbres », comme l'a fait le traducteur. Si la solution de la « voûte des arbres » prend en compte quelque chose comme le lien entre l'héroïne et le ciel, les arbres semblant une métaphore du domaine des cieux, il n'en reste pas moins que la note royale n'y est pas et qu'il y aurait, ici, substitution d'ordre spirituel à un ordre terrestre. Ne reste alors que le « dais des arbres » qui signale la fonction occupée par les rois ou les reines au-dessus de leur trône, ou leur lit. Il semble que « dais de feuilles » soit moins pertinent car feuilles et arbres sont traditionnellement attachés à un symbolisme différent dans toutes les littératures, bien qu'appartenant au même règne végétal. L'arbre étant l'un des symboles les plus riches grâce, entre autres, à son tronc vertical, et sa consistance solide, il semble

26 Il ne s'agit pas du quatrième volume bien sûr, parce que l'histoire se passe des décennies avant la naissance de Katniss.

préférable de le garder ici plutôt que les feuilles fonctionnant comme un sous-motif.

Voici l'analyse qu'en fait Cadiot :

> Si le mot « arbre » renvoie d'abord à une *Gestalt* (tronc/branches, solidité/ramification), la question se pose en des termes exclusivement intensionnels, dans une dynamique figurative : toute entité vue comme satisfaisant à cette *Gestalt* élémentaire (voire seulement la figurant partiellement ou l'évoquant vaguement) peut être nommée « arbre », et on sait que les botanistes classent les végétaux qu'ils nomment « arbres » dans un sous-ensemble de petits dessins épurés. On rappellera aussi l'analyse possible des composés « arbre généalogique », « arbre à cames » en termes de compositionnalité gestaltiste. Une telle analyse comporte de traiter le signifié d'« arbre » en termes de schéma transposable (Gestalt) (Cadiot, 2005, p. 43).

CATCHING FIRE, TOME 2

	The Hunger Games. Catching Fire, Suzanne Collins, New York, Scholastic Press, 2009	*Hunger Games. L'embrasement,* trad. Guillaume Fournier, Paris, Pocket Jeunesse, 2010
1	*We barely scraped by, but I knew where I fit in, I knew what my place was in the tightly interwoven fabric that was our life.*(p. 7)	Nous avions du mal à joindre les deux bouts, mais au moins je savais qui j'étais, je me sentais à ma place. (p. 8)
2	*He's right, of course. The audience will be expecting the pair of lovebirds who won the Hunger Games.* (p. 15)	Il a raison, bien sûr. Le public s'attend à retrouver le couple d'amoureux qui a remporté les Hunger Games. (p. 15)
3	*I imagine him sipping it from a teacup. Dipping a cookie into the stuff and pulling it out dripping red.* (p. 30)	Je l'imagine en train de siroter une tasse de sang. D'y tremper un cookie pour le ressortir dégoulinant de rouge. (p. 27)
4	*How exactly did Rue end up on that stage with nothing but the wind offering to take her place ?* (p. 56)	Comment Rue a-t-elle pu se retrouver seule sur cette estrade, sans personne pour s'offrir à prendre sa place ? (p. 49)

5	*Even without our personal speeches to trigger dissent – needless to say the ones we gave in District 11 were edited out before the event was broadcast – you can feel something in the air, the rolling boil of a pot about to run over.* (p. 71)	Même sans nos discours personnels qui encourageaient la rébellion – faut-il préciser que ceux que nous avons prononcés au district Onze ont été coupés au montage ? –, on sent une tension dans l'air, le bouillonnement d'une marmite sur le point de déborder. (p. 62)
6	*Dropped a bomb that wipes out the efforts of every tribute who came before him.* (p. 256)	Il vient de lâcher une bombe qui couronne en beauté les efforts de tous les tributs qui l'ont précédé. (p. 210)
7	*Her next wail rings out, clear as a bell, …* (p. 340)	Un nouveau hurlement s'élève, clair comme du cristal, … (p. 279)
8	*My knees turn to water and I sink to the ground.* (p. 342)	Mes genoux cèdent et je m'écroule par terre. (p. 281)

1. *We barely scraped by, but I knew where I fit in, I knew what my place was in the tightly interwoven fabric that was our life* (p. 7)

La phrase où se trouve cet énoncé métaphorique est tirée de la scène où Katniss va dans son ancienne maison du district Douze pour chercher quelques affaires et se souvient de sa vie d'avant les Jeux.

Dans cet exemple, *fabric* est une métaphore classique que l'on désigne, dans une perspective signifiant/signifié, comme se référant au tissu, à la toile, etc., de nos vies, cette étoffe étant faite de chaînes et de trames / *warps and wefts*, la cohésion entre tous ces fils et leur union donnant forme au tissu. Les événements de la vie, les rencontres, mêmes les accidents comme les pertes, sont les fils qui s'entrecroisent et forgent la destinée de nos vies. La cohésion est ici la qualité la plus importante pour Katniss puisque les fils de la vie d'autrefois sont qualifiés d'apparemment très serrés. Malgré sa victoire dans les Jeux, malgré sa nouvelle vie aisée et riche, Katniss regrette cette cohésion, cette homogénéité, finalement cette harmonie du passé dans sa vieille maison. Aujourd'hui, les liens et les enchaînements qui existaient entre les éléments de sa vie sont perdus et le « tissu » est d'une autre qualité.

Le double motif qui se dessine dans ces expressions est chaque fois une Gestalt perceptive, une propriété visuelle qui met l'accent sur la propension à structurer et à connecter. Le profilage introduit en aval une fixation temporaire dans le domaine de l'activité de tissage grâce au verbe *interwoven* pour venir thématiser la grande toile, le déroulé de nos vies.

La traduction française, malheureusement, a curieusement omis l'énoncé métaphorique, le traducteur pensant probablement que celui-ci était redondant avec les deux propositions précédentes, *I knew where I fit in, I knew what my place was*. Le traducteur s'est donc contenté de :

> Nous avions du mal à joindre les deux bouts, mais au moins je savais qui j'étais, je me sentais à ma place. (Collins/Fournier, 2010, p. 8)

Or, en s'en tenant au soi-disant sens de la phrase, on perpétue cette conception discutable de la langue, comme on le soulignait déjà au XVIIe siècle, par exemple dans l'ouvrage d'Antoine Arnauld et Pierre Nicole intitulé *La Logique ou l'art de penser* et publié en 1662 :

> La *Logique de Port Royal* le dit : « le signe enferme deux idées, l'une de la chose qui représente, l'autre de la chose représentée ; et sa nature consiste à exciter la première par la seconde » (Cadiot, 2005, p. 41).

La suppression est d'autant plus regrettable que la métaphore dit toujours beaucoup plus par le jeu des motifs et leur ricochet sur le reste de l'énoncé. Il s'agit ici de se forger une vie structurée et par là même de se structurer soi-même en se construisant au cœur de son rapport à autrui et aux événements. Par voie de conséquence, *I knew where I fit in* serait plutôt à traduire par « mais au moins je savais <u>où</u> j'étais », la fin de la phrase montrant clairement par le truchement de la métaphore de quoi la nature humaine est composée :

> [...] mais au moins je savais où j'étais, je me sentais à ma place dans la trame structurée de nos vies très proches.

2. *He's right, of course. The audience will be expecting the pair of lovebirds who won the Hunger Games* (p. 15)

Cette métaphore lexicalisée et peu originale, s'inscrit dans le contexte de la relation amoureuse qui s'est développée entre Peeta, le tribut masculin du district Douze, et Katniss pendant les Jeux. Peeta aime Katniss depuis toujours, mais Katniss, manipulée, pense que Peeta ne veut que l'amadouer pour ensuite la tuer. Dans *Catching Fire*, Katniss finit par s'avouer ses sentiments pour Peeta. Étant donné la suite des événements dans le dernier tome où le couple ne se sépare plus et donne naissance à deux enfants, on est en droit de parler dans le cas de ces deux protagonistes d'un sentiment profond, durable et qui a traversé toutes les épreuves.

La métaphore quasi prédicative tend donc à attribuer à Peeta et Katniss toutes les qualités des oiseaux appelés inséparables, ces perruches qui ne peuvent survivre l'une sans l'autre, le départ de l'une entrainant la mort de l'autre. Le simple terme d'« amoureux » semble alors sous-traduit :

> « Il a raison, bien sûr. Le public s'attend à retrouver le couple d'amoureux qui a remporté les Hunger Games. » (Collins/Fournier, 2009, p. 15).

Il en va de même pour « tourtereaux », plus familier, mais qui ne souligne pas l'indissolubilité du lien entre les protagonistes. On pourrait renforcer la traduction de Fournier et proposer un étoffement pour renvoyer à toutes les qualités de cet amour :

> « Il a raison, bien sûr. Le public s'attend à retrouver le couple d'amoureux inséparables qui a remporté les Jeux. »

3. *I imagine him sipping it from a teacup. Dipping a cookie into the stuff and pulling it out dripping red* (p. 30)

Cette métaphore se trouve dans une scène de menace où le Président Snow rend une visite surprise à Katniss, chez elle, après sa victoire et celle de Peeta aux Jeux. La scène n'est compréhensible que si l'on se rappelle que le Président bien nommé est parvenu au pouvoir en empoisonnant ses adversaires et en allant jusqu'à prendre lui-même une dose de poison pour se disculper par avance. Mais sa santé en a été altérée et il crache régulièrement du sang. La raison pour laquelle il porte une rose sur sa veste réside dans le fait qu'il cherche à masquer l'odeur du sang dans son haleine.

Dans cet épisode, Katniss sent nettement une odeur de rose et de sang se dégager de lui, puis plus précisément une odeur de sang dans son souffle au point que la protagoniste se demande s'il en boit, faisant de lui une sorte de vampire se nourrissant du sang de ses ennemis et ne survivant que par se victimes. Elle l'imagine, dans la version française, « en train de siroter une tasse de sang. D'y tremper un cookie pour le ressortir dégoulinant de rouge ». Le rouge acquiert dans ce contexte une qualité très négative.

Le *Dictionnaire des symboles* souligne les propriétés du rouge sombre qui possède une ambivalence : « caché, il est la condition de la vie. Répandu, il signifie la mort » (Chevalier et Gheerbrant, *PIE à Z*, 1974, p. 127). Sans compter qu'il « revêt aussi une signification funéraire » (*ibid.*). La couleur du rouge semble être donc utilisée métaphoriquement pour désigner le sang, en lieu et place de *dripping blood*. Mais le symbolisme traditionnel ne dit pas tout, il ne fait que fixer un cadre général culturel de simple référence, la constitution du sens de l'expression *dripping red* restant à éclairer. Le foyer lexical de *dripping* endosse tout ce qu'on associe à un mouvement répétitif et continu de quelque chose (son, action, etc.) divisé en petites quantités. Autrement dit, non seulement le cookie que le Président ressort de sa tasse de thé est « dégoulinant de rouge », comme le dit le traducteur français, mais ses gouttes n'en finiront pas de tomber, systématiquement, à intervalle régulier, comme répondant à une loi, ici celle du Capitole, et non celle de la physique. Tous ceux qui se mettent en travers du chemin du gouvernement et de son président subiront métaphoriquement le même sort. De plus, leur sang sera versé au goutte à goutte, ce qui sous-entend que leur mort pourrait être lente et cruelle.

À noter que la métaphore s'inscrit dans un énoncé formé de la phrase précédente où quatre formes verbales en -*ing*, quatre participes présents semblent constituer une menace imminente par leur déroulé répétitif sonore et graphique, redoublant en quelque sorte le motif contenu dans *dripping* : *sipping*, *Dipping*, *pulling*, *dripping*. Ce sont donc bien les propriétés du goutte à goutte qu'il faudra distiller sur tout cet énoncé, propriétés évocatoires par ailleurs d'actions que l'imagination associe assez facilement à des scènes de torture devant un présidant savourant le spectacle. Nous proposons donc de projeter la scène qui se déroule derrière la langue :

> « Je l'imagine en train de savourer à petites gorgées une tasse de sang. D'y faire plonger un biscuit pour l'extirper tout dégoulinant, ensanglanté. »

4. *How exactly did Rue end up on that stage with nothing but the wind offering to take her place ?* (p. 56)

Rue étant l'enfant ainée de sa famille, elle n'avait donc pas de frères et sœurs plus âgés qui puissent se porter volontaires à sa place, contrairement à Prim, la petite sœur de Katniss dont le nom avait été tiré au sort le jour de la Moisson et que l'héroïne décida de remplacer. Dire que *le vent* (*wind*) est alors la métaphore de l'absence est une vision un peu mécanique. Comme toujours, il est préférable d'avoir une vision plus minimaliste du signifié et de suivre le trajet de la constitution du sens par esquisses perceptuelles et/ou cognitives ou évaluatives. Sinon, on aboutit à une traduction facilement remplaçable par une autre. On procède encore par synonymie dans une conception strictement référentialiste de la langue, ce qu'a, à l'évidence, fait le traducteur qui s'appuie sur cette croyance visiblement tenace que le sens, c'est l'idée :

> « Comment Rue a-t-elle pu se retrouver seule sur cette estrade, sans personne pour s'offrir à prendre sa place ? » (Collins/Fournier, 2010, p. 49)

En d'autres termes, si l'on suit cette logique, le vent, « c'est du vent », donc personne.

Si l'on observe différents emplois de *wind* comme nom, on s'aperçoit que les signifiés ne sont pas de l'ordre de la représentation, mais des *modalités* de donation du sens. Prenons ces cinq exemples :

- *The blow to my stomach knocked the wind out of me.* (souffle)
- *I rarely bother to listen to politicians' speeches – it's all just wind.* (dépourvu de sens)
- *I don't want anyone to get wind of the fact that I'm leaving.* (entendre parler de)
- *Rumours of a takeover are in the wind.* (rumeur)

– *The suspect is in the wind.* (absence)

Toutes les propriétés dites « mercuriennes », c'est-à-dire participant traditionnellement du mythe du dieu Mercure, sont présentes dans ces exemples : caractère évanescent, non tangible, non significatif, qui se propage dans l'air, qui souffle, communique, etc. Car

> [...] seule est prise en compte dans le processus métaphorique une caractéristique promotionnelle, (arché)typique, fortement retravaillée et « abstraite », qui ne fait que prendre appui sur un discours (volontiers) mythique, tel que le référent du terme prédiqué {roseau, enfant, tombe, etc.) n'y est convoqué que comme un emblème pour ces archétypes (Cadiot, 2002b, p. 45).

On gardera donc le profilage de ses propriétés dans sa stabilisation en figure personnifiée du vent, sans qu'il soit besoin de rajouter ou de soustraire quoi que ce soit :

> « Comment Rue a-t-elle pu se retrouver sur cette estrade, avec seulement le vent s'offrant à prendre sa place ? »

5. [...] *you can feel something in the air, the rolling boil of a pot about to run over* (p. 71)

Cet énoncé métaphorique assez incongru et inattendu se situe dans un passage où Katniss, accompagnée de Peeta lors des discours prononcés pendant les cérémonies, prend conscience de la révolte qui gronde dans les différents districts, surtout le Huit, le Quatre et le Trois où les habitants attendent, pleins de colère, que la rébellion se déclenche :

> *Even without our personal speeches to trigger dissent – needless to say the ones we gave in District 11 were edited out before the event was broadcast – you can feel something in the air, the rolling boil of a pot about to run over* (Collins, 2010, p. 71).

La tension explosive est exprimée à travers l'énoncé métaphorique et prédicatif *the rolling boil of a pot* qualifiant quelque chose dans l'air, une atmosphère, l'état d'esprit des districts. Le lexème *pot* semble pouvoir désigner le pays tout entier, Panem. *The rolling boil* se réfèrent aux soulèvements imminents dans les différents districts. L'eau se mettant à bouillir à 100 degrés, c'est à cette température qu'elle arrive à son point maximum de chaleur et peut s'avérer la plus dangereuse. Les districts sont donc arrivés à leur point extrême et ultime de tension. La révolte ne fait plus aucun doute.

La visée de sens kinesthésique et sonore de la Gestalt perceptive de *rolling* n'a pas été rendue par le traducteur qui s'est contenté de « bouillonnement ». Si les effets produits par les assonances et consonnances ont été à peu près sauvegardés, et même heureusement mis en valeur indirectement par le rajout lexical de « tension », les bulles grossissant, tout en se faisant entendre comme un roulement de tonnerre sous le couvercle avant qu'on le retire, auraient pu être prises en considération :

> « [...] on sent une tension dans l'air, le bouillonnement grondant d'une marmite sur le point de déborder. »

6. *Dropped a bomb that wipes out the efforts of every tribute who came before him* (p. 256)

Cet énoncé métaphorique est tiré de la scène de l'interview de Peeta avant le commencement des Jeux, interview dans lequel il annonce que Katniss est enceinte (ce qui, en fait, n'est pas vrai). L'effet de la nouvelle qu'il vient de partager est tel que tout se passe comme si, métaphoriquement, il avait laissé tomber une bombe. Le triple motif à l'œuvre dans le lexème *bomb*, quels que puissent être ses emplois, est celui du bouleversement, de la soudaineté ou de la surprise et de la violence. Une bombe peut aboutir à une explosion, quelque chose qui survient brusquement, qui détruit et transforme irrémédiablement ce qu'il touche. Cette nouvelle a perturbé tous les participants aux Jeux, y compris Katniss, les spectateurs, les membres du Capitole et les habitants des districts. Et Katniss de commenter le changement total et immédiat de réaction du public des Jeux :

> *As the bomb expodes, it sends accusations of justice and barbarism and cruelty flying out in every direction. Even the most Capitol-loving, Games-hungry, bloodthirsty person out there can't ignore, at least for a moment, how horrific the whole thing is* (Collins, 2009, p. 256).

Or, le traducteur français, en voulant souligner les conséquences de cette « bombe », a écrit :

> « Il vient de lâcher une bombe qui couronne en beauté les efforts de tous les tributs qui l'ont précédé. » (Collins/Fournier, 2010, p. 210)

On ne comprend pas comment le traducteur fait pour passer du verbe métaphorique lexicalisé *wipes out* à la métaphore quasi inverse « couronne en beauté ». Il semble qu'il y ait ici un contresens. On attendrait évidemment : « abolit (anéantit) d'un coup les efforts… ».

Cette erreur manifeste, que même l'ironie de l'énoncé ne justifie pas, a des conséquences sur la traduction de *Dropped a bomb*. Si « Il vient de lâcher une bombe » est acceptable en soi, on peut lui reprocher d'être pratiquement un calque là où en français, l'expression « faire l'effet d'une bombe » est beaucoup plus courant. D'autre part, étant donné les réactions du public en strict conformité avec les motifs présidant à *bomb*, il serait plus adéquat de traduire le discours et non la langue, et donc d'opter pour :

> « Un véritable bombardement. Qui abolit d'un coup tous les efforts de tous les tributs qui l'ont précédé. »

La ponctuation aussi a son importance. En introduisant une phrase elliptique, on renforce l'élément de surprise, on met en lumière un avant et un après dans la narration de cet épisode.

7. *Her next wail rings out, clear as a bell* (p. 340)

L'exemple suivant du tome 2 que nous analyserons est le verbe *rings out* avec son sujet *Her next wail*. En soi, le verbe n'est pas métaphorique, mais sa collusion avec *wail* et le comparatif *bell* fait de l'énoncé une métaphore.

La première chose qui nous vient à l'esprit avec *ring*, c'est le bruit émis par une sonnerie ou une cloche qui entre en communication avec nous pour donner une information. Le verbe *wail* qualifie cette alerte. Quelles sont les modalités que se partage *wail* dans ses emplois stabilisés ? Par exemple dans les phrases suivantes données par le dictionnaire de Cambridge :

> – *The women gathered around the coffin and began to wail…*
> – *"My finger hurts," wailed the child.*
> – *Business people wailed that their trade would be ruined.*
> – *The wail of the siren woke me up.*

> « – Les femmes se sont rassemblées autour du cercueil et ont commencé à gémir…
> – "J'ai mal au doigt", gémit l'enfant.

> – Les gens d'affaires gémissaient que leur commerce serait ruiné.
> – Le hurlement de la sirène m'a réveillé. »

Deux qualités président à ce son : son intensité, en force ou en durée ou en hauteur de ton et sa dimension émotionnelle très marquée : plainte, tristesse, souffrance ou avertissement d'un danger. Dans cet épisode, Katniss pense, à tort, qu'il s'agit d'un cri émis par sa petite sœur Prim, alors qu'il s'agit de la voix d'un geai bavard, utilisé par le Capitole pour imiter la voix des humains et tromper ses adversaires. Le hurlement de souffrance que Katniss pense entendre chez sa sœur est rendu de façon très édulcorée par le traducteur qui n'a pas transposé l'intensité et la tension affective dans le son décrit tout en préférant céder à la facilité d'une comparaison très figée en français pour accompagner le segment métaphorique :

> « Un nouveau hurlement s'élève, clair comme du cristal. » (Collins/Fournier, 2010, p. 279).

Même si la suite du texte nous apprend que le son provient du bec d'un petit oiseau perché sur une branche au-dessus de Katnisss, l'usage métaphorique, ici le profilage de sens dans *wail* assorti de *rings out*, fait entendre de multiples harmoniques interprétatives à partir d'une caractéristique promue et retravaillée. Une traduction possible serait :

> « À nouveau, un hurlement strident, au son aussi clair que celui d'une sonnerie. »

Le rejet de l'adjectif en tête de phrase et sa recatégorisation en adverbe intensifient la tension du cri qui retrouve hauteur de ton, souffrance et angoisse.

8. *My knees turn to water and I sink to the ground* (p. 342)

Cette métaphore, apparemment anodine, s'avère plus complexe qu'il n'y parait, replacée dans le contexte du récit tout entier. Elle est située dans une scène où Katniss et Finnick, dans le deuxième jeu, sont piégés dans une forêt. Ils entendent les cris de leurs proches. Katniss imagine Prim en train d'être torturée sur une table par des inconnus masqués et s'écroule sur le sol, paniquée.

La dimension mythique de la scène y est révélée par l'opposition de l'eau au feu, symbole omniprésent qui préside à la destinée de l'héroïne rebelle, porteuse de la flamme de la rébellion. L'eau, c'est donc ici ce qui détruit le feu, symbole même de vie et de survie.

L'eau renvoie à ce principe d'imprégnation de ce qu'il touche allant jusqu'à la dissolution. C'est aussi ce qui participe de l'organique ou de l'émotionnel par opposition au feu, de nature plus sèche et plus mentale. Enfin, une autre de ses propriétés est de se couler, de prendre la forme de son conteneur. Le corps de Katniss adopte donc les qualités de l'eau et tout son être s'effondre car le feu est éteint.

Les qualités de l'eau se révèlent particulièrement efficaces puisqu'elles touchent les genoux. Il semble intéressant de noter la symbolique traditionnelle des genoux dans de nombreuses cultures :

> [...] de nombreuses traditions anciennes font du genou le siège principal de la force du corps... le symbole de l'autorité de l'homme et de sa puissance sociale [...]. De là, le sens des expressions : plier le genou = faire acte d'humilité ; faire plier les genoux = imposer sa volonté à quelqu'un, voire le tuer ; s'agenouiller devant quelqu'un = faire acte d'allégeance, adorer ; dans les genoux des dieux = en leur pouvoir ; toucher les genoux = demander protection ; etc. Pline l'Ancien signale le caractère religieux des genoux, symbole de la puissance (Gheerbrant et Chevalier, *CHE à G*, 1974, p. 373-374).

Plutôt que le choix de « céder » qui ne donne qu'une partie du sens, « se liquéfier » souligne l'enjeu de l'épisode où Katniss redevient un être ordinaire, fait de chair et submergé par l'émotion, et qui abandonne provisoirement son habit de lumière et de flammes, sa force au sein du groupe, pour chavirer comme un bateau. On pourra ainsi filer la métaphore aquatique jusque dans la narratrice qui « s'échoue » comme un bateau :

> « Mes genoux se liquéfient et, submergée, je m'échoue sur le sol. »

MOCKINGJAY, TOME 3

	The Hunger Games. Mockingjay, Suzanne Collins, New York, Scholastic Press, 2010	*Hunger Games. La Révolte*, trad. Guillaume Fournier, Paris, Pocket Jeunesse, 2011
1	*How else could I orient myself in this sea of gray ?* (p. 3)	Comment se repérer autrement dans cette mer de grisaille ? (p. 4)

2	*It was my arrow, aimed at the chink in the force field surrounding the arena that brought on this firestorm of retribution.* (p. 5-6)	C'est ma flèche, tirée sur le défaut du champ de force autour de l'arène, qui a entraîné ce déluge de feu en représailles. (p. 6)
3	*The surface beneath my feet hardens, and under the carpet of ash, I feel the paving stones of the square.* (p. 8)	Le sol durcit sous mes semelles, et à travers la couche de cendres, je décèle les pavés de la place principale. (p. 8)
4	*What they want is for me to truly take on the role they designed for me. The symbol of the revolution. The Mockingjay.* (p. 10)	Ce qu'on attend de moi, c'est que j'endosse le rôle qu'on a conçu à mon intention. Celui du symbole de la révolution : le geai moqueur. (p. 10)
5	*You could ask for the moon and they'd have to find some way to get it.* (p. 36)	Tu réclamerais la lune, qu'on chercherait un moyen de te la décrocher. (p. 33)
6	[...] *then having to recover from the shock that I might not want the wings.* (p. 59)	[...] pour découvrir avec stupéfaction que je trouve les ailes un peu lourdes à mon goût. (p. 53)
7	*It's a beehive of rooms full of computers, labs, research equipment, and testing ranges.* (p. 64)	C'est une véritable ruche qui bourdonne d'ordinateurs, de laboratoires, de matériel de recherche et salles de tests. (p. 58)
8	*Hungry fingers devour me, wanting to feel my flesh.* (p. 90)	Des doigts avides me happent, cherchent à palper ma chair. (p. 80)

1. *How else could I orient myself in this sea of gray ?* (p. 3)

Cette expression métaphorique, *sea of gray*, correspond en fait à une double métaphore puisqu'il faut tout d'abord comprendre que la narratrice est plongée dans une « mer », dans un vaste environnement où elle a du mal à s'orienter. Puis c'est tout cet environnement qui prend la couleur du gris car on peut lire dans la phrase qui suit : « Almost nothing remains of District 12. A month ago, the Capitol's firebombs obliterated the poor miners' houses in the Seam, the shops in the town, even the Justice Building. » (Collins, 2010, p. 3). « Il ne reste quasiment rien du district Douze. Un mois plus tôt, les bombes incendiaires du Capitole ont réduit en cendres les masures des mineurs de la Veine, les boutiques de la ville et même l'hôtel de justice. » (Collins/Fournier, 2010, p. 4).

La mer est non seulement un des symboles traditionnels de la vie, mais elle est aussi, de façon plus précise un lieu de transformation, de dissolution, donc d'anéantissement, et de renaissance possible : c'est un entre-mondes. Elle est donc par nature fondamentalement ambivalente.

Quant au gris dans nos civilisations, il est associé au demi-deuil. Cette couleur a depuis toujours évoqué la cendre. Les Hébreux avaient l'habitude de se couvrir de cendres en signe de grande douleur. Sa symbolique est donc renforcée ici puisque le district Douze est en cendres. On entre donc de plain-pied dans un monde intermédiaire d'obscurcissement, au sens physique comme au sens plus abstrait : la perte des couleurs préfigure la mort et la perte de la lumière signifie la perte de toute valeur humaine.

Dans cet énoncé, le même motif d'incertitude, de perte de repères, se retrouve dans les trois lexèmes : *orient*, *sea* et *gray*. C'est une qualité crépusculaire qui s'installe, qui marque tout du sceau de l'indifférenciation et qui en connectant les trois mots au sein d'une phrase de surcroît interrogative se profile pour suggérer la réalité devenue inintelligible à l'intérieur du district. L'addition de l'adverse *else* concourt à la même sensation de désorientation, d'incapacité à trouver ces marques, ici celles du passé, les quelques vestiges de la cheminée à l'intérieur de sa maison. La thématisation de temps apocalyptiques et de mort généralisée est l'horizon qui semble se dessiner.

C'est donc bien toute la phrase qu'il faudra prendre en considération pour la traduction du segment. Fournier l'a traduite par :

> « Comment se repérer autrement dans cette mer de grisaille ? » (Collins/Fournier, 2011, p. 4)

La traduction, très littérale, rend justice au motif sur le plan lexical. Mais le traducteur n'a pas considéré le plan sonore où là aussi une certaine dissolution est à l'œuvre dans l'emploi des sifflantes avec l'emploi de *else*, *myself*, *this sea*. On aurait pu faire émerger le motif et les propriétés qui y concourent en montrant que tous les paramètres linguistiques sont « au gris » :

« Comment est-il possible de se situer dans cet océan de grisaille ? »

2. *It was my arrow, aimed at the chink in the force field surrounding the arena that brought on this firestorm of retribution* (p. 5-6)

Lue approximativement, cette expression métaphorique, *firestorm of retribution* semble une métaphore doublement guerrière. Le feu nourri du bombardement (*firestorm*) et la vengeance par les armes pour punir l'adversaire (*retribution*) étant apparemment sans ambiguïté sémantique.

Mais on voit bien que le contenu n'adhère pas aux formes, en d'autres termes le signifié au signifiant, et l'idée qu'on puisse avoir directement accès à un sens déjà établi, représentable, est mise à mal par l'analyse de l'accès au sens. On s'attachera donc à envisager les signifiés comme des modalités de donation du sens avant de « savoir quelle sorte de chose est X » (Eco, 2001, p. 99).

Considérons la composition nominale *firestorm*. Le substantif *storm* a plusieurs motifs : un même mode d'être, une spécificité similaire de comportement se rencontre dans les expressions suivantes en anglais :

– *A storm broke out over the city*
– *The new regulations raised a storm of criticism*
– *Her performance has taken the critics by storm*
– *The soldiers took the city by storm*

Dans chaque cas, il s'agit d'une réaction caractérisée par l'intensité voire la violence et la soudaineté, que cette réaction soit respectivement : celle des éléments naturels comme le vent de la tempête ou bien celle qui donne lieu à une série de critiques très violentes ou encore celle face à quelque chose ou quelqu'un qui plait soudain et de façon immédiate, qui fait fureur, ou même celle qui consiste à prendre par assaut (une ville, etc.). On constate donc que la disponibilité transdomaniale de ce lexème empêche de désigner un sens dit premier. Les divers emplois ne visent pas une dénomination précise.

Dans le cas présent l'association de ce lexème avec le feu ne signifie pas que cette tempête (*storm*) a un ensemble de propriétés qui en font un feu (*fire*), mais que : a) cette tempête a une spécificité singulière pour une tempête, par laquelle elle se différencie des autres tempêtes ; b) cette spécificité singulière pour une tempête est en revanche conforme à ce qu'on attendrait d'un feu dans le même type de situation ; c) la spécificité en question est caractéristique des feux.

La caractéristique est donc un processus qui se situe entre propriété détachée de l'expérience atemporelle et propriété ancrée dans l'expérience immédiate. Le nom est donc un indice de différenciation d'une phase susceptible d'être appliquée dans des domaines variés : par exemple, *fire* peut servir à indiquer des spécificités de réaction à l'intérieur de la classe des éléments naturels.

Avant de passer à la traduction, voyons le reste de cette expression métaphorique qui se définit par une triple caractérisation, *retribution* s'associant à la composition nominale *firestorm*.

La propriété commune avec les deux autres lexèmes est l'intensité, la violence de la réaction, *retribution* se profilant ensuite dans ce contexte pour s'appliquer au domaine de la guerre et des comportements de vengeance de ceux qui y participent. À noter que dans *retribution*, on entend *tribute* et que l'héroïne fait partie des tributs choisis pour participer aux Jeux, punition infligée aux districts pour avoir désobéi. C'est donc un jugement moral qui s'esquisse dans le nom et qui, couplé avec *firestorm*, profile une vengeance à la hauteur de la tempête de feu.

Le traducteur a choisi de traduire l'énoncé métaphorique comme suit :

> « C'est ma flèche, [...] qui a entraîné ce déluge de feu en représailles ; » (Collins/Fournier, 2011, p. 6)

Si la dimension morale et l'intensité de la réaction des ennemis de Katniss ont bien été rendues par le traducteur qui a préféré « déluge » à « tempête » et laissé entendre le déferlement de la vengeance, semblable à celle du Dieu de l'Ancien Testament, toutefois la métaphore strictement militaire ne fait entendre qu'une seule harmonique figurale et semble fixer le sens dans le seul domaine militaire. On aurait pu dans la même veine préféré « châtiment ». On aurait ainsi montré la continuité entre les motifs :

> « C'est ma flèche, [...] qui a entraîné ce déluge de feu en châtiment. »

3. *The surface beneath my feet hardens, and under the carpet of ash, I feel the paving stones of the square* (p. 8)

Ici, c'est plutôt la dimension sonore qu'il faudra rendre. La propriété de dureté qu'on entend dans l'accumulation des occlusives en [p] (*carpet*, *paving*), [t] (*feet*, *carpet*), [d] (*hardens*, *under*) et qui rappelle la sévérité de la situation du district Douze après le bombardement, mais aussi la tristesse muette des habitants sous le choc semble se concentrer dans *carpet* où les occlusives sourdes sont doublées. La redistribution des sonorités pourrait s'opérer ainsi : au lieu de :

> « Le sol durcit sous mes semelles, et à travers la couche de cendres, je décèle les pavés de la place principale. » (Collins/Fournier, 2011, p. 8).

> « Le sol durcit sous mes pieds et à travers le tapis de cendres, je décèle les pavés de la place principale. »

C'est cinq fois l'occlusive sourde [p] au lieu de trois qui contribue à orienter de façon plus cohérente le sens. En d'autres termes, on tente de saisir le sens dans une strate plus intérieure qui prend en compte le champ subjectif de la conscience et de la sensation et pas seulement la dénomination. Cette strate se manifeste aussi sur le plan sonore.

4. *What they want is for me to truly take on the role they designed for me. The symbol of the revolution. The Mockingjay* (p. 10)

Dans cette phrase, Fournier a traduit *The Mockingjay* par « le geai moqueur » :

> « Ce qu'on attend de moi, c'est que j'endosse le rôle qu'on a conçu à mon intention. Celui du symbole de la révolution : le geai moqueur. » (Collins/Fournier, 2011, p. 10)

Dans le troisième tome de la quadrilogie, Katniss doit devenir « le visage, la voix, l'incarnation de la révolution » (p. 10). Et le geai moqueur qui apparaît sur sa broche en est le symbole.

Se pose ici le problème de la différenciation entre symbole et métaphore, en particulier dans l'approche de la TFS dont les formes sémantiques sont des formes symboliques, mais au sens où le philosophe Cassirer l'entendait. Jean Lassègue montre les différents modèles de compréhension du langage, dont le modèle symbolique :

> De nombreux modèles de l'émergence du langage ont été proposés depuis dix ans. Ils s'articulent autour de trois grands pôles : le premier porte sur la possibilité d'une mémorisation interne du lexique, en envisageant le langage comme une vaste nomenclature ; le second, en mettant l'accent sur la co-évolution du langage et de la taille des sociétés de primates puis humaines, met l'accent sur le facteur social dans la possibilité de l'émergence du langage ; le dernier, en insistant sur l'aspect intrinsèquement fictionnel du langage, met l'accent sur la construction progressive du medium abstrait qu'est le langage à partir des projections du corps propre spécifiques à l'espèce humaine[27].

Il semble donc que la dimension symbolique du langage mentionnée ici participe d'une phénoménologie de la perception par le corps. C'est cette dimension à laquelle se réfèrent les auteurs Cadiot et Visetti. Elle se différencie de ce qu'on nomme traditionnellement le symbolisme, qui a un caractère essentiellement référentiel. Ainsi, dans cette logique, le symbole du *mockingjay* et sa traduction doivent être traités de la même façon que la métaphore.

Dans le contexte de la narration, cet oiseau, créé dans les laboratoires du Capitole, fut d'abord « un geai bavard », utilisé à des fins d'espionnage par le Capitole car il possède une mémoire exceptionnelle. Il est capable de mémoriser, puis de reproduire de très longues conversations. Puis, abandonnés par le gouvernement de Panem, les geais bavards se sont accouplés à des moqueurs femelles et une nouvelle race d'oiseau est née, « le geai moqueur », capable de reproduire les chants d'oiseaux et la voix des humains, aussi bien le babillement des bébés que les voix graves d'hommes, ou des chansons entières. Rue, tribut du district Onze, aimait chanter avec les geais.

La question est de savoir si l'on aurait pu traduire *mockingjay* autrement. Les divers emplois de *jay* comme par exemple dans *jaywalk*, *jaywalking* font affleurer une disposition à agir à contre-courant et de façon ostentatoire. L'oiseau lui-même n'est guère apprécié. On sait qu'il vole et chante très fort. Mais il est aussi doté d'un beau plumage coloré. On voit donc mal comment le traduire autrement puisqu'il correspond parfaitement à

27 Jean Lassègue, « Note sur l'actualité de la notion de forme symbolique », *Methodos*, n° 2, 2002, http://journals.openedition.org/methodos/88 (consulté le 20/05/2022).

ces caractéristiques dans le roman. Sa combinaison avec *mocking* renforce cette qualité à se mettre à distance du groupe, ce que fait précisément Katniss en tant que leader de la révolte. Un autre motif se dessine dans *mock* qui est celui de se préparer à simuler, à imiter, voire à tromper. Mais le participe présent empêche cette harmonique figurative d'affleurer. En conséquence, la traduction littérale en français ne pose pas de problème.

5. *You could ask for the moon and they'd have to find some way to get it* (p. 36)

Dans le passage où figure cette métaphore, Katniss est choisie comme le symbole, le leader de la révolution. Son rôle est si important que les autorités du district Treize vont tout faire pour qu'elle accepte cette charge. Les autres districts attendent un signe de la part de Katniss pour se réunir et se battre contre le Capitole. Le district Douze doit motiver Katniss, démoralisée par les événements dans les arènes, surtout lors du deuxième jeu où Peeta a été capturé par le Capitole. La lune (*the moon*) devient alors en théorie la métaphore de l'impossible, d'autant plus que l'expression métaphorique est lexicalisée et filée puisque la fin de la phrase évoque l'idée d'aller la chercher dans le ciel, de la décrocher. On a donc deux métaphores lexicalisées, *to ask for the moon* et *to get the moon.*

Si l'on raisonne autrement, on voit émerger une forme, une Gestalt visuelle de proximité et de distance. La lune nous incite à l'impossible car, bien que lointaine, elle est relativement proche de nous comme planète, d'où l'expression « prometteur de lune » qui est en usage depuis le XVIe siècle.

Mais il y aussi une nuance émotionnelle, celle de la surprise, que l'on sent affleurer dans l'expression to *get the moon* qui suggère une réussite très inattendue, justement parce qu'elle semblait impossible. L'expression *ask for the moon* réintroduit cette sensation de distance qui peut se profiler dans l'espoir d'atteindre un impossible, se concrétisant ou pas. Dans ce dernier cas, il s'objectivise dans le fait d'avoir de trop grandes exigences.

Dans la traduction française, très acceptable à nos yeux, le conditionnel des deux verbes fixe le profilage, en mettant en valeur la distance entre le présent et le conditionnel, l'événement hypothétique qu'est le « décrochage » de la lune :

> « Tu réclamerais la lune, qu'on chercherait un moyen de te la décrocher. »

6. [...] *then having to recover from the shock that I might not want the wings* (p. 59)

I might not want the wings possède une valeur métaphorique. Le contexte est le suivant : le programme de nombreux personnages du récit est que Katniss devienne le Geai moqueur, désormais le symbole des rebelles. Mais Katniss n'est pas dans un état d'esprit favorable pour accepter cette lourde tâche. Elle vient d'énumérer tous ceux qui voulaient, à un titre ou à un autre, qu'elle devienne le leader de la révolte : les juges qui cherchaient une star pour leurs Jeux, puis le président Snow qui comptait sur elle pour éteindre le feu de la rébellion et enfin les rebelles qui voulaient qu'elle les représente et les mène au combat contre le Capitole.

Les potentialités sémantiques de *geai moqueur* se dessinent sous forme de modalités singulières, ici une figure de synecdoque. Le mot *wings* devient ainsi un point de vue particulier, une perception de l'héroïne sur son rôle de chef, trop difficile à porter.

Le traducteur français a eu raison d'introduire l'adjectif « lourd » dans la traduction du segment :

> « [...] pour découvrir avec stupéfaction que je trouve les ailes un peu lourdes à mon goût. » (Collins/Fournier, 2011, p. 53).

Non seulement, il a traduit en contexte, mais il a traduit le discours et le motif, ici, la Gestalt perceptive de mouvement vers le haut, vers les airs à travers *wings*. L'héroïne ne veut pas s'envoler vers sa destinée de guide, s'éloigner d'un destin plus quelconque.

7. *It's a beehive of rooms full of computers, labs, research equipment, and testing ranges* (p. 64)

Cet exemple décrit les pièces dans le niveau appelé *The Special Defense* du district Treize qui commence à se rebeller : les pièces ont les qualités d'une ruche : elles sont animées, il y règne une intense activité, elles forment un ensemble de petits lieux clos les uns à côté des autres où l'on peut se nicher pour y travailler. Même si la traduction va de soi, la métaphore de la ruche étant évidente ici, le traducteur a su tirer parti des motifs les plus évidents attachés à *beehive* : deux formes perceptuelles de mouvement et de bruit incessant. Il a donc introduit à juste titre le verbe « bourdonne » qui à strictement parler n'est pas dans le texte source si on s'en tient à une visée référentialiste, mais qui est présent si l'on conçoit le langage comme porteur de nos perceptions, ici visuelles et auditives. De plus il a bien senti que l'expression renfermait également un jugement et a ajouté aussi l'adjectif « véritable » :

> « C'est une véritable ruche qui bourdonne d'ordinateurs, de laboratoires, de matériel de recherche et salles de tests. » (Collins/Fournier, 2012b, p. 58)

8. *Hungry fingers devour me, wanting to feel my flesh* (p. 90)

Les propriétés qui se dégagent de *hungry* sont celles, déjà évoquées de *hunger* : avidité promue par l'adjonction du verbe *devour*, désir de posséder, mais aussi cette tendance imminente à un comportement agressif, à l'attaque. Par contre il s'y adjoint un indice ancré dans l'expérience vécue par les combattants qui éloigne d'un simple schéma perceptuel où ne règne qu'une sensation intensifiée. Le sens de l'expression se profile alors jusqu'à l'expression synecdotique *hungry fingers devour me*, où l'on détecte une dimension praxéologique – on agit véritablement par admiration de Katniss – et axiologique – en tant que vecteur de valeur morale, ici l'identification de Katniss à un sauveur. C'est la conviction non seulement de la fonction « royale » de Katniss, mais de sa nature quasi sacrée – la royauté se voulant d'essence divine – qui dicte ce geste en direction de l'héroïne : la toucher n'est pas uniquement demander son aide, l'exiger comme leader, mais c'est aussi la toucher comme on touche une relique. L'action renvoie à la croyance au toucher royal qui s'inscrit plus largement dans la croyance à la nature sacrée des rois et leur capacité à nous sauver.

En conséquence, si la traduction du segment métaphorique du début de la phase est tout à fait acceptable, il semble qu'il faille, pour plus de cohérence, prêter attention au second geste évoqué dans la personnification des doigts tendus et retenir le motif très solaire de royauté, noblesse ou divinité que le verbe *feel* implique dans ce contexte. Le traducteur a proposé :

> « Des doigts avides me happent, cherchent à palper ma chair. » (Collins/Fournier, 2011, p. 80)

Nous proposons :

> « Des doigts avides me happent, cherchent à toucher ma chair. »

La suite du texte confirme d'ailleurs ce motif. Katniss se rend compte qu'elle était en quelque sorte désignée par des milliers et milliers d'habitants des districts, qu'elle était leur Geai moqueur bien avant d'accepter ce rôle.

THE BALLAD OF SONGBIRDS AND SNAKES, TOME 4

	The Hunger Games. The Ballad of Songbirds and Snakes, Suzanne Collins, New York, Scholastic Press, 2020	*Hunger Games. La Ballade du serpent et de l'oiseau chanteur*, trad. Guillaume Fournier, Paris, Pocket Jeunesse, 2020
1	*Gem of Panem, mighty city, Through the ages, you shine anew.* (p. 4)	Cœur de Panem, Ville glorieuse, Tu brilles pour l'éternité. (p. 12)
2	*Lucy Gray Baird stood upright in a dress made of a rainbow of ruffles, now ragged but once fancy.* (p. 24)	Lucy Gray Baird se tenait bien droite dans une robe à volants arc-en-ciel passablement élimée mais qui avait dû être jolie autrefois. (p. 36)
3	*Snow lands on top.* (p. 29)	La neige se posait toujours au sommet. (p. 42)
4	*That word was poison in the mouth of Capitol citizens.* (p. 43)	Ce mot, qui était une insulte dans la bouche des citoyens du Capitole, elle l'avait employé sur un ton approbateur, comme un compliment. (p. 59)
5	*Perhaps, as she claims, she is not really district.* (p. 143)	Elle a peut-être raison, finalement, quand elle prétend ne pas être des districts. (p. 175)
6	*They could have been from any of the twelve districts, or a ragtag bunch that had escaped from District 13, or even, fate forbid, some long dormant cell in the Capitol itself.* (p. 143)	Ils pouvaient venir de n'importe quel district. Il pouvait s'agir d'une poignée de rescapés du district Treize, ou peut-être même d'une cellule dormante au sein du Capitole. (p. 176)

7	*This growing perception that they were great friends, that he was the confident of the loose cannon from the districts, was beginning to worry him.* (p. 208)	On les considérait de plus en plus comme des amis et cette association avec une tête brûlée originaire des districts devenait préoccupante. (p. 253)
8	*"I don't have time for explanations. Right now the Plinth's brat's loose in the arena with a pack of wolves. If the see him, they'll kill him on the spot."* (p. 225)	« Le temps nous est compté, monsieur Snow. À la minute même, le jeune Plinth est dans l'arène avec une meute de loups. S'ils le voient, ils vont en faire de la charpie. » (p. 272)

1. *Gem of Panem, Mighty city, Through the ages, you shine anew.* (p. 4)

Cette métaphore figure dans les premiers paragraphes du roman, et elle se répète tout au long du récit parce qu'il s'agit de l'hymne du Capitole, « Gem of Panem ». Le Capitole est donc comparé à une pierre précieuse. Les motifs inclus dans *gem* sont multiples et tous jouent sur la valeur et les qualités physiques de cette pierre précieuse. La pierre est d'autant plus précieuse qu'elle subit des traitements, qu'on la coupe, l'affine ou la taille.

Le terme *Gem* est plutôt une métaphore lexicalisée ; elle est utilisée pour définir la qualité des choses ou des personnes ; voici les définitions du mot *gem* dans le dictionnaire en ligne de Merriam-Webster :

– *a precious our sometimes semiprecious stone cut and polished for ornament*
– *something prized especially for great beauty or perfection*
– *a highly prized or well-beloved person*[28]

Dans le même dictionnaire, l'un des synonymes pour le mot *gem* est *brilliant*. On peut donc dire que les motifs de *gem* sont la valeur, la brillance, l'originalité, l'unicité.

En outre, il faut considérer le Capitole, auquel le mot *gem* renvoie. Le Capitole est la capitale de Panem, ce qui lui accorde un statut important. Dans le contexte du roman, le Capitole est doublement puissant

28 https://www.merriam-webster.com/dictionary/gem (consulté le 20/05/2022).

parce que d'une part, comme il s'agit d'une dictature, le dictateur lui-même réside dans le Capitole. Et d'autre part, le Capitole a gagné la guerre il y a dix ans. Donc c'est une « pierre » coupée, traitée, taillée par l'épreuve de la guerre. Les motifs de la pierre précieuse se reflètent alors dans le Capitole.

Dans le verset qui suit le verset métaphorique, nous avons une référence au motif de la « brillance » : *Through the ages, you shine anew.* Ce qui renforce la métaphoricité et sa comparaison avec le Capitole.

La traduction française de ces versets faite par Fournier est la suivante :

> « Cœur de Panem,
> Ville glorieuse,
> Tu brilles pour l'éternité. » (Collins/Fournier, 2020, p. 12)

Dans la traduction, Fournier a utilisé l'équivalent « cœur » pour la métaphore de *gem*. « Cœur » possède aussi une valeur métaphorique mais il n'évoque pas les mêmes motifs que la pierre précieuse. Le cœur évoque la vie même. C'est un organe vital pour le corps nécessaire à tous les autres organes ; sans le cœur le corps ne fonctionne plus. Le cœur est comme un souverain qui vient en aide, qui donne la vie à ses sujets. Mais dans Panem, ce sont les districts qui rendent services au Capitole, qui lui envoient des matériaux premiers de toutes sortes. Le Capitole prend la vie des enfants des districts sans aucune pitié et condamne les gens des districts à vivre dans la misère en ne leur donnant jamais rien.

En ce qui concerne la brillance, ce motif est totalement perdu dans le « cœur ».

La traduction que nous proposons pour l'énoncé métaphorique est la suivante : « Diamant de Panem ».

Nous avons choisi « diamant » parce que cet équivalent englobe tous les motifs contenus dans *gem* : c'est une pierre précieuse de valeur, très prisée, et brillante qui est utilisée comme bijou quand elle est taillée. On ne retrouve pas ces motifs dans l'apparent équivalent « gemme » en français qui désigne n'importe quel type de pierre dure servant d'ornement. Un autre choix pourrait être « la perle » ; mais dans « la perle » nous perdons deux motifs : d'une part la perle n'a pas besoin d'être taillée, elle est ronde quand elle se forme. D'autre part, la perle n'est pas aussi brillante que le diamant. Le diamant semble donc un meilleur choix métaphorique où tous les motifs contenus dans *gem* se stabilisent.

2. *Lucy Gray Baird stood upright in a dress made of a rainbow of ruffles, now ragged but once fancy.* (p. 24)

Dans la métaphore *a rainbow of ruffles*, il s'agit d'une analogie entre les volants multicolores de la jupe et l'arc-en-ciel. Là aussi, au tout début du roman, nous avons affaire avec une métaphore à multiples facettes. On peut tout d'abord considérer le symbolisme de l'arc-en-ciel, en premier lieu la procédure de la formation de l'arc-en-ciel : pour qu'il y ait un arc-en-ciel, on sait qu'il faut des gouttes d'eau et des rayons de soleil ; lorsque les rayons de soleil apparaissent après un orage, on s'attend à percevoir un arc-en-ciel. La lumière qui passe à travers les gouttes d'eau crée un arc-en-ciel. L'arc-en-ciel est donc le symbole de l'espoir, parce qu'il apparaît après un épisode tumultueux, c'est une lumière annonciatrice d'une sortie de tunnel, de fin d'une période sombre.

D'autre part, l'arc-en-ciel renvoie toujours à la tradition biblique et à l'histoire de Noé. De ce point de vue, l'arc-en-ciel est considéré comme un symbole de promesse : quand Noé sort de l'arche, il voit l'arc-en-ciel qui est le symbole que Dieu a tenu sa promesse concernant la fin du Déluge, du retour au calme. L'arc-en-ciel est alors le signe de la confiance en une force supérieure qui guide l'homme à travers les épreuves.

Enfin, l'arc-en-ciel est considéré dans plusieurs cultures et religions comme le portail qui met en relation deux mondes, le monde terrestre et le monde spirituel. Dans la mythologie grecque par exemple, la déesse Iris était la déesse de l'arc-en-ciel et la messagère des dieux qui voyage entre le ciel et la terre.

D'autre part, on peut aborder l'arc-en-ciel par rapport à la notion de *rainbow nation*, « nation arc-en-ciel », un terme créé par archevêque Desmond Tutu[29]. C'est un terme créé à la suite de l'installation de la démocratie en Afrique de Sud, à l'époque postapartheid. Tutu parlait de *rainbow people of God*, en se fondant sur l'image dérivée de l'Ancien Testament et l'histoire du Déluge dont nous avons parlé, et le symbolisme de l'arc-en-ciel comme la promesse de Dieu :

29 Gary Braines, « The rainbow nation ? Identity and nation building in post-apartheid South Africa", *Mots pliriels*, 1998, n° 7, http://www.arts.uwa.edu.au/MotsPluriels/MP798gb.html (consulté le 20/05/2022).

> [...] *not to pass further judgment on humankind. Perhaps this represents another chance to build a nation from which the evil of apartheid has been removed?* (G. Braines, 1998, p. 1)
>
> « [...] de ne pas porter d'autres jugements sur l'humanité. Peut-être cela représente-t-il une autre chance de construire une nation dont le mal de l'apartheid a été éliminé ? » (G. Braines, 1998, p. 1)

Tutu s'est également basé sur le symbolisme de l'espoir et un avenir souriant, toujours mentionné plus haut (*ibid.*).

D'autre côté, *rainbow nation* est considéré comme une métaphore pour une nation où toutes les cultures, toutes les couleurs, peuvent vivre l'une à côté de l'autre en paix. D'ailleurs, dans l'arc-en-ciel, il n'y a pas de frontière précise entre les couleurs : elles s'entremêlent et on ne peut pas distinguer précisément où elles se différencient :

> *The rainbow symbolises a range of cultural groups represented by discrete colours and hues which blur into one another; none of which is completely distinct but each is essential to the composition of the entire spectrum. The rainbow is incomplete without each of the colours, but none of the colours or strands is dominant over the other (McAllister 1995 : 12). Thus the rainbow implies the co-existence of individual and collective identities; a representation of different cultures and of a shared South Africanness* (*ibid.* p. 9).
>
> « L'arc-en-ciel est le symbole d'un éventail de groupes culturels représentés par des couleurs discrètes qui se fondent les unes dans les autres ; aucune d'entre elles n'est complètement distincte mais chacune est essentielle à la composition de l'ensemble du spectre. L'arc-en-ciel est incomplet sans chacune des couleurs, mais aucune des couleurs ou bandes ne domine l'autre (McAllister 1995 : 12). Ainsi l'arc-en-ciel sous-entend la coexistence d'identités individuelles et collectives ; une représentation de différentes cultures et d'une Afrique du Sud partagée » (*ibid.* p. 9).

Étant tribut du district du charbon, la robe de Lucy Gray Baird *made of a rainbow of ruffle*, est une métaphore d'espoir. L'espoir de la victoire du district Douze, de Lucy Gray Baird, des districts contre le Capitole ou de la réconciliation entre eux. D'autre part, les couleurs de l'arc-en-ciel ressortent dans le contexte gris ; alors l'arc-en-ciel peut être une métaphore. Dans les Jeux, il est important de pouvoir gagner des sponsors et Lucy Gray Baird doit se distinguer des autres pour gagner ce privilège. En plus, Lucy Gray Baird est la chanteuse de Covey, un groupe musical qui vivait jadis comme des bohémiens. Ils voyageaient tout le temps et ne se considéraient comme n'appartenant à aucun des districts ; ils se sentaient libres. Après la guerre, les pacificateurs les obligent à s'installer dans le district Douze. Pourtant, quand on interroge Lucy Gray Baird sur son district, elle insiste sur le fait qu'elle n'est vraiment pas de ce district, ni d'ailleurs d'aucun autre. Le fait que le tribut du district Douze n'appartienne à aucun district, renforce cette idée qu'elle est de tous les districts et en même temps d'aucun. On voit donc se profiler cette idée de notion arc-en-ciel (*rainbow nation*).

En conséquence, l'usage métaphorique pluriel de *rainbow* est contenu dans le choix de ce terme. La traduction française de Fournier de la phrase où se trouve la métaphore est la suivante :

> « Lucy Gray Baird se tenait bien droite dans <u>une robe à volants arc-en-ciel</u> passablement élimée mais qui avait dû être jolie autrefois. » (Collins/Fournier, 2020, p. 36).

La métaphore est traduite comme adjectif et a donc quasiment perdu son caractère métaphorique. Pour profiler tous les motifs de l'arc-en-ciel, il faut nécessairement l'utiliser métaphoriquement. On a donc choisi de mettre en avant la métaphore, promesse d'un avenir souriant, d'une unité dans la diversité, d'un élan quasi spirituel. La traduction a aussi accentué l'état dans lequel est la robe avec l'emploi de l'adjectif « déchirée » pour *ragged* qui fait du vêtement le symbole du désastre et de la division de la société de Panem :

> « Lucy Gray Baird se tenait bien droite dans un arc-en-ciel de volants, une robe à présent déchirée mais qui avait dû être jolie autrefois. »

3. *Snow lands on top* (p. 29)

C'est le mantra de la famille Snow, une phrase que Coriolanus Snow et sa cousine Tigris se répètent tout le temps, dans des moments difficiles, pour se rassurer l'un l'autre. La famille Snow occupait auparavant un haut rang, était très riche et puissante. La guerre leur a causé la perte de leurs biens, comme bon nombre d'autres d'ailleurs ; mais il était hors de question qu'ils laissent les autres comprendre qu'ils vivaient dans la détresse. Coriolanus visait la présidence, sa grand-mère aussi le voyait futur président de Panem. La phrase *Snow lands on top* est une métaphore fondée sur l'allégorie ; *Snow*, la neige, est un nom propre. Donc dire

Snow lands on top veut dire métaphoriquement que Coriolanus Snow va devenir le leader, l'homme le plus puissant de Panem, le Président. Dans la traduction française, Fournier a traduit *Snow* par la « neige » dans cette phrase, comme s'il ne s'agissait pas du nom propre :

> « La neige se posait toujours au sommet. » (Collins/Fournier, p. 42).

Ainsi, l'aspect métaphorique du mantra de la famille se perd. Pour résoudre ce problème, le traducteur s'est contenté, dans une note de bas de page, de donner la traduction de *snonw* « la neige ».

C'est un cas particulier en traduction où il est difficile de tout traduire. Snow, le nom propre, n'a pas été traduit et *snow* en tant que phénomène météorologique (la neige) doit être traduit. Une solution pourrait être de traduire le nom propre, mais un problème se pose : ne faudrait-il pas alors traduire tous les noms propres ? Ce roman, bien qu'il se situe chronologiquement avant les trois premiers romans, est sorti en dernier. On ne peut donc guère traduire un nom qui n'a pas été traduit dans les autres ouvrages.

Une autre solution serait d'introduire une comparaison pour maintenir les deux sens :

> « Snow, telle la neige, se pose toujours au sommet. »

Le motif commun au nom propre, à la neige et au sommet de la montagne serait ainsi maintenu, même s'il n'est pas fondu en un seul terme, pour exprimer la qualité qui préside souvent au pouvoir : la hauteur, la solitude, le froid.

4. *That word was poison in the mouth of Capitol citizens* (p. 43)

Le poison veut dire métaphoriquement la mort. La mort est un des motifs les plus répandus dans le roman. Dans le passage qui suit, scène de rencontre à la gare entre Coriolanus et Lucy Gray Baird, son tribut, Lucy Gray trouve anormale la présence de Coriolanus en ce lieu, ce qu'il admet :

> *"I probably shouldn't be," he admitted. "But I'm your mentor. And I wanted to meet you on my own terms. Not the Gamemakers."*
> *"Ah, a rebel," she said.*

> *That word was poison in the mouths of Capitol citizens, but she had said it approvingly, as a compliment.* (p. 43)

> « – Je ne devrais sans doute pas être là, admit-il. Seulement, je suis ton mentor. Et je désirais te rencontrer sur le terrain de mon choix. Pas sur celui que m'imposeraient les Juges.
> – Ah, un rebelle !
> Ce mot, qui était une insulte dans la bouche des citoyens du Capitole, elle l'avait employé sur un ton approbateur, comme un compliment. » (Collins/Fournier, 2020, p. 58-59)

Rebel est le mot interdit. Si les habitants de Capitole prononcent ce mot, s'ils ont la moindre tendance à être ou à se montrer rebelle, ils sont condamnés à mort, et à une mort instantanée, comme la mort causée par un poison. Nous sommes témoins de cette réalité à la fin du roman. Sejanus, le soi-disant ami de Coriolanus, se trouve condamné à mort parce qu'on a appris qu'il avait l'intention d'aider les rebelles : il est exécuté sur le champ. Sejanus avait commis plusieurs erreurs, moins graves que la trahison, et à chaque fois, son père avait résolu le problème en glissant un chèque aux autorités de Panem pour investir dans des projets divers, telle la construction d'un nouveau laboratoire pour la Dr Volumnia Gaul, la Haute Juge et directrice du département des armes expérimentales du Capitole. Mais cette fois, les autorités n'ont même pas attendu que le père de Sejanus soit au courant de l'acte de son fils. Rappelons la traduction de cette métaphore :

> Ce mot, qui était une insulte dans la bouche des citoyens du Capitole, elle l'avait employé sur un ton approbateur, comme un compliment. (Collins/Fournier, 2020, p. 59)

La métaphore n'existe plus avec l'emploi de « insulte », la signification a changé. Comme nous venons de le mentionner, Sejanus avait fait beaucoup d'erreurs, erreurs qui pouvaient être considérées comme des insultes. Il critiquait directement les Jeux disant que c'était de la sauvagerie et qu'ils étaient injustes. Il défendait les enfants des districts. Étant lui-même originaire du district Deux, il avait eu de la peine de voir son camarade de classe du district Deux, Marcus, tribut au 10e Hunger Games. Une fois celui-ci tué, il s'était glissé dans l'arène et avait rendu hommage à son corps à la manière des habitants du district Deux. Ou encore, le soir de l'arrivée des tributs au Capitole, Sejanus leur avait apporté de la nourriture, action inexistante chez les représentants de l'autorité qui laissaient les tributs affamés. Donc, cette réaction de Sejanus pouvait effectivement être interprétée comme une insulte.

Mais, « l'insulte » est dépourvue du motif de « silence » inclus dans *poison*. Comme nous l'avons mentionné plus haut, le poison est une arme qui tue sans faire de bruit. L'insulte, au contraire, doit être prononcée, est liée à l'expression, à la prise de parole.

De plus, l'insulte est moins dangereuse que le poison. Nous proposons alors « venin » comme traduction de *poison*. L'acte ou la parole rebelle comme substance toxique destinée à détruire ou paralyser le système en place, mais de façon souterraine et faisant écho à toutes les illustrations du motif de la mort.

> Ce mot, qui était du venin dans la bouche des citoyens du Capitole, elle l'avait employé sur un ton approbateur, comme un compliment.

5. *she is not really district.* (p. 143)

Dans le contexte du roman, *district* est une métaphore pour « sans valeur », « inférieure », « délinquante », « sauvage ». Quand les tributs arrivent au Capitole, nous constatons pour la première fois combien ils sont inhumains aux yeux des autorités et des habitants :

> *It was a short train, only an engine and two cars. Coriolanus looked for a glimpse of his tribute in the windows before he realized the cars had none. They were designed not for passengers but for cargo* (Collins, 2020, p. 40).

> « C'était un petit train, constitué d'une locomotive et de deux wagons. Coriolanus voulut chercher le visage de son tribut à la fenêtre et se rendit compte que les wagons n'en avaient pas. Ils étaient destinés au transport de marchandises, pas de voyageurs » (Collins/Fournier, 2020, p. 55).

Et un peu plus loin on lit :

> *By now the smell of the car, musty and heavy with manure, had reached Coriolanus. They were transporting the tributes in livestock cars, and not very clean ones at that. He wondered if they had been fed and let out for fresh air, or just locked in after their reapings* (Collins, 2020, p. 41).

> « L'odeur qui se dégageait des wagons, une odeur puissante de paille et de bouse, parvint aux narines de Coriolanus. On avait transporté les tributs dans des wagons à bestiaux qu'on n'avait même pas nettoyés. Il se demanda

> si on leur avait donné à manger, si on les avait laissés prendre l'air de temps en temps, ou si on s'était contenté de les boucler là-dedans aussitôt après la Moisson » (Collins/Fournier, 2020, p. 56-57).

Tout au long du roman, à maintes reprises on voit des situations où les tributs sont traités comme des animaux ou des objets sans valeur. Alors, bien que par *she is not really district*, on puisse comprendre qu'elle n'appartient pas au district, étant donné le contexte et la place qu'occupent les habitants des districts auprès de ceux du Capitole, on peut considérer que le mot *district* lorsqu'il est utilisé dans un pareil énoncé, soit une métaphore de mépris.

Le traducteur français a traduit cette phrase comme suit :

> « Elle a peut-être raison, finalement, quand elle prétend ne pas être des districts » (Collins/Fournier, 2020, p. 175).

Dans la traduction, la forme de cet énoncé n'est plus celle d'une métaphore ; la phrase est remaniée de manière à rendre l'aspect péjoratif moins méprisant, en disant tout simplement qu'elle n'est peut-être pas véritablement originaire des districts. Le ton méprisant du mot est toujours présent, mais il est amoindri. Je propose de renforcer la remarque dépréciative en étoffant par un adjectif le substantif « district » pour faire ressortir ce ton, qu'il faut bien traduire :

> « Elle a peut-être raison, finalement, quand elle prétend ne pas être de ses sales districts. »

6. *They could have been from any of the twelve districts, or a ragtag bunch that had escaped from District 13, or even, fate forbid, some long dormant cell in the Capitol itself.* (p. 143)

Il s'agit de l'événement terroriste qui s'est passé le jour où les mentors et leurs tributs visitaient l'arène. Des explosions ont eu lieu et ont conduit à tuer ou blesser quelques mentors, enfants du Capitole, de même que quelques tributs dont certains ont fui. On n'a jamais su qui avait posé les bombes.

Dans la métaphore *long dormant cell*, le ou les rebelles à l'origine de la tentative terroriste sont comparés à une *long dormant cell*, on retrouve le motif de la mort. En cancérologie, la dormance (*dormancy*) est une étape de la progression du cancer où les cellules cessent de se diviser mais survivent dans un état de repos en attendant les conditions environnementales appropriées afin de recommencer à proliférer[30]. L'énoncé métaphorique confirme donc l'existence de la cellule ou les cellules mortifères dans le corps, le Capitole, et cela dans l'étape dormante.

D'autre part, dans le corps, les cellules malignes ont la capacité de migrer de la tumeur vers d'autres organes du corps où elles se multiplient : la métastase. Celle-ci aggrave le cancer. Le Capitole, étant considéré comme la partie principale de Panem, comme on l'entend dans l'hymne du Capitole, a contracté la maladie, la cellule cancéreuse s'y est multipliée. Étant donné la phrase : *or a ragtag bunch that had escaped from District 13*, le thème de la métastase est confirmé.

Effectivement, la guerre s'est terminée dix ans auparavant et donc la cellule maligne a dormi pendant cette décennie. Elle était là en train de se reproduire pour se montrer le moment venu et aller ensuite infecter les autres sites, les districts, pour déclencher à nouveau les rébellions dans tout Panem. Cette idée est affirmée dans les trois premiers romans où l'on voit que la rébellion était soutenue par les gens du Capitole. Ainsi, soit la métastase est la conséquence d'une tumeur originale dans le Capitole, soit cette tumeur se trouvait dans les districts ou l'un d'entre eux.

La traduction française de cette métaphore est la suivante :

> Ils pouvaient venir de n'importe quel district. Il pouvait s'agir d'une poignée de rescapés du district Treize, ou peut-être même d'une cellule dormante au sein du Capitole (Collins/Fournier, 2020, p. 176).

Le choix du traducteur évoque un profilage visant à thématiser le domaine du terrorisme et de l'antiterrorisme. Une cellule dormante relie, dans le lexique du domaine de l'antiterrorisme et du contre-espionnage, les services secrets et les espions ou agents infiltrés qui ne sont pas encore passés à l'action[31]. Ce n'est pas tout à fait hors contexte, parce qu'une telle tentative terroriste ne peut être organisée et mise en œuvre que par des agents infiltrés et des terroristes organisés. Mais, dans cette

30 https://en.wikipedia.org/wiki/Cancer_dormancy (consulté le 20/05/2022).

31 https://fr.wikipedia.org/wiki/Cellule_dormante#:~:text=Une%20cellule%20dormante%20relie%2C%20dans,encore%20pass%C3%A9s%20%C3%A0%20l'action (consulté le 20/05/2022).

traduction, les profilages renvoyant à la maladie, aux cellules cancéreuses, à la métastase etc. qui devraient être mis en avant, ne se profilent qu'au deuxième plan.

Trois possibilités existent pour fixer et mettre en avant les profilages du motif de la mort, de la destruction en « tumeur dormante » ou en « cellule cancéreuse dormante » ou même en « cellule endormie ». Cette dernière proposition possède plus de poids par rapport à la maladie et évoque également le domaine de l'antiterrorisme des services secrets. Par contre, « une cellule cancéreuse dormante » semble à l'évidence une traduction trop explicative et trop orientée vers le seul domaine de la maladie. Notre proposition est donc la suivante :

> Ils pouvaient venir de n'importe quel district. Il pouvait s'agir d'une poignée de rescapés du district Treize, ou peut-être même d'une cellule endormie au sein du Capitole.

7. *This growing perception that they were great friends, that he was the confident of the loose cannon from the districts, was beginning to worry him.* (p. 208)

The loose cannon est une expression métaphorique figée. Mais être une métaphore figée n'en réduit pas pour autant les valeurs induites par les motifs qu'elle laisse transparaître. *Loose cannon* se dit d'un canon installé dans un bateau, détaché de ses cordes et qui risque de provoquer de graves dommages à l'embarcation et aux hommes. Métaphoriquement, il se dit d'une personne imprévisible sur laquelle on a perdu tout contrôle et dont l'attitude peut avoir de lourdes conséquences sur son entourage. Cette métaphore militaire est surtout d'usage dans le vocabulaire politique en anglais.

Dans le contexte du roman, cette métaphore renvoie à Sejanus Plinth, fils du plus grand fournisseur de munitions, ami de Coriolanus Snow. Le fait que le père de Sejanus soit dans le commerce de munitions renforce le motif de rupture, d'indépendance qui établit un lien entre Sejanus et le « canon détaché ». Il faut rappeler que la famille de Sejanus vient du district Deux. Sejanus est donc un « canon détaché » des districts. Ses actes et leurs conséquences vont retomber sur son entourage. Et son entourage comprend sa famille et son meilleur ami, Coriolanus Snow.

Sejanus est un rebelle, il proteste ouvertement contre les actions du Capitole, les Hunger Games plus précisément. Pour réparer le dégât de ses rébellions, comme nous avons déjà dit, son père est obligé de payer le Capitole. Et il met aussi en danger le statut de Coriolanus.

Fournier a traduit cette métaphore en ignorant le motif de rupture et en préférant une expression figée mettant en avant un motif de violence :

> « On les considérait de plus en plus comme des amis et cette association avec une tête brûlée originaire des districts devenait préoccupante » (Collins/ Fournier, 2020, p. 253).

« Tête brûlée » se dit d'une personne qui aime le danger, qui risque sa vie volontairement. Tandis que *loose cannon* ne se dit pas nécessairement d'une personne qui prend des risques volontairement. D'autre part, le motif d'imprévisibilité contenu dans *loose cannon* n'est pas non plus présent dans cette traduction. Tout ce que fait Sejanus est fait sans réfléchir, spontanément, au gré de ses émotions qui motivent ses actions, jamais préméditées.

Il est donc préférable de choisir une métaphore qui profile ces deux motifs. Nous avons ainsi opté pour :

> « Cette prise de conscience croissante qu'ils étaient de grands amis et qu'il était le confident d'un franc-tireur originaire des districts commençait à le préoccuper. »

L'expression « franc-tireur » a l'avantage d'appartenir, comme *loose cannon*, au registre militaire. L'adjectif « franc » possède ce motif de rupture d'un milieu puisqu'il désigne un combattant qui se bat parallèlement à l'armée régulière, agissant de façon indépendante, en dehors des structures officielles. Le motif d'imprévisibilité est également présent dans cette métaphore puisque les francs-tireurs ne reçoivent leurs ordres que d'eux-mêmes et agissent quand bon leur semble.

8. *"I don't have time for explanations. Right now the Plinth's brat's loose in the arena with a pack of wolves. If they see him, they'll kill him on the spot"*. (p. 225)

Cette expression métaphorique, *a pack of wolves*, renvoie aux tributs qui sont dans l'arène. Il s'agit de la scène où Sejanus Plinth vient d'y entrer. Les tributs sont dans l'arène pour s'entretuer mais dès leur entrée au Capitole, ils ont montré qu'ils n'hésiteraient pas à tuer les enfants du Capitole si l'occasion se présentait.

Les tributs se comportent toujours comme de dangereux prédateurs. Par exemple, Coriolanus Snow, qui était venu à la gare le jour de leur arrivée afin d'accueillir son tribut, s'est retrouvé dans les cages avec eux. Ceux-ci ont décidé de l'attaquer, et c'est uniquement grâce à Lucy Gray Baird qu'il a pu se sauver. À une autre occasion, l'un des enfants des districts n'hésita pas à égorger une fille du Capitole.

Dans l'épisode où se situe l'expression, Sejanus se trouve sans armes dans l'arène, égaré et perdu dans un lieu où les tributs sont bien armés, attristé par la mort brutale de son tribut Marcus.

Notons d'autre part que le loup est un animal sauvage qui vit et chasse en meute. Tout au début des Jeux, les tributs font de même et forment des équipes pour commencer à tuer les autres tributs en groupe. Qui plus est, les loups ne tuent pas seulement pour se nourrir, ils tuent par instinct, et c'est ce que font les tributs : ils ne sont pas obligés de tuer Sejanus et Coriolanus ou encore tout autre enfant du Capitole car pour pouvoir sortir vivant de l'arène, il leur suffit de s'entretuer. Mais par instinct, ils ont envie de tuer les enfants du Capitole, leurs vrais ennemis.

Il n'y a pas de difficulté de traduction pour rendre l'expression *pack of wolves* puisqu'un équivalent existe en français : « meute de loups ». La difficulté se trouve plutôt dans la traduction de *on the spot* dans *they'll kill him on the spot* pour maintenir visible à la fois les motifs de violence et celui de rapidité communs aux deux expressions. Fournier propose :

> « Le temps nous est compté, monsieur Snow. À la minute même, le jeune Plinth est dans l'arène avec <u>une meute de loups</u>. S'ils le voient, <u>ils vont en faire de la charpie</u> » (Collins/Fournier, 2020, p. 272).

Il semble que Fournier ne traduise que la violence en parlant de « charpie ». Si l'expression convient bien pour exprimer la voracité des loups, elle ne traduit pas toutefois l'action instinctive et rapide des prédateurs qui poursuivent immédiatement leur proie si elle cherche à s'enfuir. On peut proposer pour la seconde phrase :

> « S'ils le voient, ils vont l'expédier sur le champ. »

SYNTHÈSE COMPARATIVE DES MÉTHODES

Dans cette étude d'un choix de métaphores, notre objectif était clair : démontrer que le socle théorique sur lequel repose souvent toute une approche conceptuelle de la métaphore entraîne des solutions traductives souvent peu satisfaisantes, de type référentialiste. Ces traductions sont en général marquées par une imprécision plus ou moins grande, que le traducteur soit tenté d'utiliser la paraphrase pour retrouver le soi-disant sens premier afin d'éclairer le lecteur, probablement considéré comme incapable de saisir autre chose qu'une idée qu'il connaît déjà, ou qu'il veuille simplement rechercher des équivalents dans les entrées du dictionnaire bilingue. Une autre dérive est la tendance à analyser le segment source et à le traduire indépendamment de son contexte, comme si à nouveau un sens était quelque part en attente d'être choisi. Or, la métaphoricité rejaillit souvent sur tout son environnement linguistique et il n'est pas rare que les phrases suivantes, voire précédentes, se trouvent teintées de la même palette perceptive et cognitive que la métaphore elle-même. En d'autres termes, faute de réflexion sur la nature et le fonctionnement de la langue, la traduction française n'a pas toujours rendu la complexité et la richesse de la langue source. La langue cible s'en trouve donc parfois bien appauvrie.

Dans tous les exemples, nous avons essayé de souligner le fait que la langue fonctionne toujours dans sa strate minimale comme une fusion de plusieurs dimensions où coexistent la perception, la sensation, l'émotion, mais aussi la propension à agir et le jugement. Cette fusion se retrouve au niveau du motif en se déployant en propriétés extrinsèques. Ce sont elles qu'il faut mettre en valeur dans la traduction. Le mot porte en lui comme une pelote d'harmoniques qui viennent ensuite se fixer par profilages successifs pour aboutir à une sortie de sens temporairement définitive, objectivisée dans l'ancrage à un domaine. Cette fusion qui fonctionne comme une sorte de solidarité révèle le parallèle qui existe entre constitution du sens d'un énoncé métaphorique et un énoncé qui ne l'est pas, si tant est qu'il puisse ne pas l'être[32]. On s'aperçoit alors rapidement, par le biais de la traduction, que la différence entre sens premier et sens second ou dérivé est caduque.

Notre tâche consistait donc à essayer de refaire le parcours de constitution du sens de chaque énoncé métaphorique, d'abord en tant qu'énoncé source, puis comme énoncé cible. Nous avons systématiquement choisi des exemples vairés, lexicalisés ou non, et nous avons souligné l'avantage, à notre sens, qu'il existait à travailler à partir des motifs. Parfois, lorsqu'une traduction se trouvait refléter notre approche, même si le traducteur n'y souscrivait pas ou, plus probablement, n'en avait pas eu connaissance, nous n'avons pas donné d'autres traductions, estimant que le traducteur avait perçu quelque chose du fonctionnement interne du déroulé du sens de l'énoncé métaphorique. Par exemple, dans le tome 3, nous avons estimé que la traduction de Fournier, à deux reprises, rendait justice à notre propre approche. Ainsi, les deux segments qui suivent ont bien rendu, l'un, le motif de lourdeur, et l'autre, les propriétés extrinsèques de l'insecte :

> « [...] je trouve les ailes un peu lourdes à mon goût » (Collins/Fournier, 2011, p. 53).
>
> « C'est une véritable ruche qui bourdonne d'ordinateur [...] » (Collins/Fournier, 2011, p. 58).

Quel bilan établir après ce sondage métaphorique dans la traduction française ?

Le traducteur français ne tombe pas dans les pièges les plus évidents. Sa lecture soignée du texte source montre qu'il n'y a aucune zone d'ombre dans sa compréhension de la quadrilogie et des segments métaphoriques. Il connaît ses personnages et les péripéties du récit. Il a visiblement longuement réfléchi sur toute la métaphoricité des titres et des noms propres, par exemple. À une exception près cependant, mais il semble que ce soit davantage le fruit d'une traduction rapide plus qu'une erreur d'interprétation : lorsqu'il traduit le verbe métaphorique *wipes out* par la

32 *Cf.* Schulz et bien sûr Cadiot et Visetti.

métaphore quasi inverse « couronne en beauté » dans la phase : *Dropped a bomb that wipes out the efforts of every tribute who came before him.*

D'autre part, si le traducteur est visiblement conscient des enjeux culturels qu'implique toute traduction, néanmoins il persiste, à des degrés différents il est vrai, à chanter par instants les louanges de la culture source. Le traducteur français a par exemple décidé de laisser le titre en anglais, certains diraient, comme Lawrence Venuti, dans le bain de la culture dominante.

Venons-en à la spécificité de la traduction de la métaphore, s'il en existe une. Pour Fournier, justement, il ne semble pas y en avoir. Il adapte chaque fois sa traduction à l'exemple et ne recourt pas à une stratégie traductive que l'on pourrait systématiser. Il traite au cas par cas, sans a priori, pourrait-on dire, ce qui a le mérite de stimuler sa créativité personnelle, du moins dans les limites qu'il s'est fixées (*cf.* entretien). C'est aussi, il faut le souligner, une approche facile qui permet de traduire rapidement et de passer à côté du discours du texte, mais aussi de sa littérarité. Or deux courants se dessinent en lecture de la littérature à l'époque contemporaine, bien résumés, et non sans ironie, par Florent Coste dans son article « À quoi jouent les littéraires ? » sur le site du Collège de France[33] :

> L'enseignement de la littérature s'est habitué à s'arracher à l'illusion référentielle, à dénicher à travers le tamis de la stylistique, de la rhétorique ou de l'intertextualité des effets de langage, à déjouer les tours que nous jouent des écrivains fondamentalement manipulateurs, à déniaiser les lectures naïves qui s'agrippent au référent des textes et qui croient sur parole des « êtres de papier ». Forte de toutes ces théories du déniaisement, la lecture littéraire savante s'est piquée de ne pas tomber dans la lecture au premier degré, sans plus se préoccuper de ce qu'une œuvre nous fait.

Or, il nous semble que c'est précisément ce que fait une approche par les motifs : elle retrouve la perception de l'expérience vécue au cœur du langage et permet alors de faire que le texte nous touche davantage en mettant en avant toutes les dimensions, perceptuelles et autres, de la langue.

33 Florent Coste, « À quoi jouent les littéraires ? » à propos de l'ouvrage d'Hélène Merlin-Kajman, *Lire dans la gueule du loup. La littérature, une zone à défendre*, https://laviedesidees.fr/A-quoi-jouent-les-litteraires.htm (consulté le 20/05/2022).

Quant à la comparaison utilisée comme substitut de la métaphore, cela montre bien la conception du fonctionnement de la langue qu'a la traductrice car, pour rappeler ce qu'en dit clairement Cadiot : « La paraphrase comparante [...] tend à s'appuyer sur des propriétés supposées acquises (ce que nous appelons des propriétés intrinsèques), [...] quand la métaphore ne roule que sur des propriétés extrinsèques, garantes d'une constitution de l'objet dans son accès [...] et donc indépendantes d'une synthèse précoce » (Cadiot, 2012b, p. 44).

Enfin, dans le cadre du débat toujours d'actualité en traductologie de la visibilité du traducteur, on s'attendait à ce que Fournier, sur qui aucune contrainte ni censure ne s'exerce, marque de sa patte les diverses métaphores, surtout celles qui sont innovantes. En fait, il n'en est rien : sa créativité est très maîtrisée, pour ne pas dire brimée par instant, et le style du traducteur est par conséquent peu reconnaissable. On peut donner comme exemples : *This is the day of the reaping* / « Normal : c'est le jour de la Moisson » (Collins/Fournier, 2009 : 5) ou *It got blown off the map* / « Il a été rayé de la carte » (Collins/Fournier, 2010, p. 116).

En conclusion, le bilan est mitigé, mais s'il a un intérêt, c'est de souligner que la pratique traduisante, lorsqu'elle s'attaque au cœur du langage, là où les procédés langagiers sont les plus exacerbés comme la métaphore, ne peut, malgré le sérieux et les efforts d'un Fournier qui prône fidélité au contenu et au style, produire un nouveau texte sans se situer à l'intérieur des divers mouvements de pensée, littéraires, philosophiques ou linguistiques, qui s'interrogent sur la nature et le fonctionnement de la métaphore, puis sur la méthode la plus à même de faire ressortir toute sa richesse et sa complexité.

CONCLUSION

Le parcours adopté dans cette étude de la traduction de la métaphore a suivi un chemin qui va du général au particulier. Afin de pouvoir juger des qualités et des faiblesses des traductions examinées, encore fallait-il s'interroger en amont sur la manière dont la métaphore fut perçue et conceptualisée au cours des siècles jusqu'à nos jours, et ensuite sur la façon dont les traductologues d'aujourd'hui s'en emparent. Aborder la traduction de la métaphore ne nous semblait pas possible sans déterminer un cadre théorique où la langue même et son fonctionnement pouvaient s'inscrire. Ce fut l'objet de nos deux premières parties.

D'autre part, la métaphore analysée au plus près, c'est-à-dire au cours du processus qu'est la traduction, permettait de jeter un regard plus précis sur la littérarité de l'œuvre choisie, *The Hunger Games*, non seulement en soi, mais également par rapport aux romans d'autres auteurs américains pour la jeunesse dont nous avons tenté de donner les caractéristiques principales dans la troisième partie.

Ainsi, s'engrangeait un double mouvement, en premier lieu celui des études théoriques sur la métaphore qui devait conduire à l'exploration d'un choix de trente-cinq métaphores dans le texte source et dans des versions en français, et en second lieu, celui d'un retour sur l'appréciation de ce genre littéraire qu'est le roman pour la jeunesse. Ce double mouvement continuel, qui fut présent tout le long de l'analyse de la quatrième partie, nous a permis de souligner l'importance de faire sortir la traduction de l'illusion, à nos yeux, de cette conception de la métaphore comme un écart de la norme. Il nous semble à présent plus clair qu'on ne peut traduire de façon adéquate les potentialités du texte source si, assez souvent comme Fournier, en dépit de certaines qualités, on atrophie la métaphoricité pour n'en retenir qu'un sens qui préexisterait et auquel on ajouterait un élément linguistique, décoratif en quelque sorte. La conception de la langue que cette position sous-entend, montre surtout qu'encore beaucoup de traducteurs ne s'en tiennent qu'à une vision dictionnairique et synonymique de la traduction et se coupent, volontairement ou non, d'une réflexion approfondie sur ce sujet. Si l'on met de côté le prétexte du manque de temps du praticien de la traduction dont le métier est assez chronophage, il faut souligner qu'en dépit du rapprochement assez courant entre pratique et théorie de la traduction au sein des formations en traduction de par le monde depuis quelques décennies, tout se passe comme si le traducteur professionnel était soudain frappé d'amnésie quand il entrait dans le monde du travail. Ou alors, on constate une tendance marquée à la préférence pour les théories les plus accessibles et les plus critiquables dans une perspective littéraire, comme la théorie interprétative et la théorie du skopos qui remontent respectivement aux années 70 et 80 et qui, si elles eurent le mérite en leur temps de poser certaines problématiques, sont à présent largement distancées par les travaux plus récents qui au sein de la traductologie allient un certain nombre de disciplines comme la sémiotique, la sémantique ou la philosophie, en plus de la classique linguistique. En effet, l'analyse du discours, les études de sémiotique et de sémantique ont largement supplanté les approches fonctionnalistes en traduction, toutes issues, qu'elles l'avouent ou non, de l'ancienne conception rhétorique de la langue. D'autre part, on ne peut qu'observer que ces mêmes approches fonctionnalistes restent trop générales pour être d'une réelle efficacité en face de la feuille blanche du traducteur et que certaines d'entre elles, comme celles héritières du fameux ouvrage de 1958 de Vinay et Darbelnet sur la stylistique comparée, se positionnent toujours a posteriori de l'acte de traduction. La nomenclature des procédés de traduction reste ainsi lettre morte pour le traducteur confronté à la complexité du fonctionnement du langage. Tout comme la multiplication des catégories de métaphores répertoriées ces dernières années ne résout pas le problème de la traduction. Le test qui consiste à passer cette kyrielle de positions fonctionnalistes au crible de la traduction pour en déterminer leur utilité est assez parlant : La conception dualiste qui en découle aboutit quasi systématiquement à un appauvrissement du texte source et de sa métaphoricité en particulier.

Le roman pour la jeunesse n'a pas ou plus pour vocation de ne s'adresser qu'à un lectorat d'un certain groupe d'âge. Nous avons constaté que les métaphores utilisées ne cherchaient pas à diminuer la charge émotionnelle parfois violente qu'elles pouvaient susciter chez le jeune lecteur. La visée didactique, morale ou politique, est bien présente et non édulcorée. La traduction n'a donc pas à restreindre la complexité du processus de métaphoricité en diminuant l'expérience de la subjectivité dans la langue cible et en détournant ces moments d'intensité linguistique vers des figures de stylistique d'un autre âge. Car ce qu'apprend la métaphore au traducteur, c'est à s'interroger sur le point de vue théorique qu'il se doit d'adopter sur elle avant de traduire et sur la nature de cette littérarité en jeu dans l'exploitation de la langue par le biais du processus qu'elle représente. L'exploitation métaphorique renforce le lien entre dystopie et science-fiction par la mise en valeur de la subjectivité dans l'emploi récurrent de la première personne comme dans *The Hunger Games* et nombre d'autres romans de la même période. L'utilisation de métaphores personnelles en dit long sur le protagoniste, son impact sur la narration et la suite de l'intrigue, mais aussi sur l'évolution du genre littéraire qui tend par l'intermédiaire d'une voix, de plus en plus féminine comme celle de Katniss Everdeen, à se faire porte-parole d'une population dite silencieuse, celle de la jeunesse.

Pour conclure, j'aimerais citer cette remarque de Patricia Shculz qui synthétise notre position en ce qu'elle montre la fusion au sein de la langue de toutes les dimensions. C'est cette vision qui a motivé notre choix d'avoir suivi le parcours des motifs, profils et thèmes le long de cette étude de la traduction de la métaphore :

> Si la langue des écrivains et des poètes nous apparaît comme un langage puissant, vrai et authentique, ce n'est pas parce qu'ils toucheraient à la « nature profonde des choses », en faisant des métaphores et en brisant ainsi les chaînes imposées par les catégories de la langue et de la pensée. Mais c'est bien au contraire parce que, plus près de sa nature, ils savent suivre le mouvement propre de la langue, sans se laisser distraire par les séparations que nous y introduisons quand nous « réfléchissons ». L'authenticité de leurs discours ne vient pas des métaphores – qui n'existent d'ailleurs que de façon surajoutée – mais de leur capacité à exprimer la réalité non pas externe mais interne à la langue, et qui est la réalité même de cette langue selon laquelle il n'y a aucune différence entre le matériel et l'immatériel, l'animé et l'inanimé, l'humain et l'animal (Schulz, 2004, p. 221).

ANNEXE

TOME 1

The Hunger Games, Suzanne Collins, New York, Scholastic Press, 2008	*The Hunger Games*, trad. Guillaume Fournier, Paris, Pocket Jeunesse, 2009
The Hunger Games (titre)	*The Hunger Games* (titre)
The tributes (p. 1)	Les tributs (p. 4)
This is the day of the reaping. (p. 3)	… c'est le jour de la Moisson. (p. 5)
My little sister, Prim, curled up on her side, cocooned in my mother's body, their cheeks pressed together. (p. 3)	Ma petite sœur Prim, pelotonnée contre ma mère, leurs joues collées l'une à l'autre. (p. 5)
In sleep, my mother looks younger, still worn but not so beaten-down. (p. 3)	Dans son sommeil, maman paraît plus jeune, moins usée. (p. 5)
In the fall, a few brave souls sneak into the woods to harvest apples. (p. 6)	En automne, quelques courageux se hasardent dans les bois pour cueillir des pommes. (p. 7)
So I learned to hold my tongue and to turn my features into an indifferent mask so that no one could ever read my thoughts. (p. 6)	J'ai appris à tenir ma langue, à montrer en permanence un masque d'indifférence afin que personne ne puisse jamais deviner mes pensées. (p. 7)
Discuss little more than trades in the Hob, which is the black market where I make most of my money. (p. 6)	À me limiter aux banalités d'usage sur le marché, à ne discuter affaires qu'à la Plaque, le marché noir d'où je tire l'essentiel de mes revenus. (p. 7)

the Hunger Games (p. 6)	les Hunger Games – les Jeux de la faim (p. 7)
A thicket of berry bushes protects it from unwanted eyes. (p. 6)	D'épais buissons de mûres la mettent à l'abri des yeux indiscrets. (p. 8)
We have to joke about it because the alternative is to be scared out of your wits. (p. 8)	Nous préférons en rire plutôt qu'avoir une frousse de tous les diables. (p. 9)
Straight black hair, olive skin, we even have the same gray eyes. (p. 8)	Mêmes cheveux bruns et raides, même teint olivâtre et mêmes yeux gris. (p. 9)
That's why my mother and Prim, with their light hair and blue eyes, always look out of place. (p. 8)	C'est pourquoi maman et Prim, avec leurs cheveux blonds et leurs yeux bleus, ont toujours paru déplacées. (p. 9)
"If we didn't have so many kids," he adds quickly. (p. 9)	S'il n'y avait pas les enfants, s'empresse-t-il d'ajouter. (p. 10)
And a lot of people do, out of relief that their children have been spared for another year. (p. 10)	Beaucoup la font, d'ailleurs, soulagés de savoir que leurs enfants seront épargnés un an de plus. (p. 11)
But at least two families will pull their shutters, lock their doors, and try to figure out how they will survive the painful weeks to come. (p. 10)	Mais deux familles au moins ferment leurs volets, verrouillent leur porte et cherchent un moyen d'affronter les semaines douloureuses qui s'annoncent. (p. 11)
By late morning, we have a dozen fish, a bag of greens and, best of all, a gallon of strawberries. (p. 11)	À la fin de la matinée, nous avons une douzaine de poissons, quelques plantes comestibles et, surtout, un énorme sac de fraises. (p. 11)
Madge shoots him a look, trying to see if it's a genuine compliment or if he's just being ironic. (p. 12)	Madge lui jette un regard perçant, l'air de se demander si c'est un compliment sincère ou s'il est ironique. (p. 12)
I don't like that Gale took a dig at Madge, but he's right, of course. (p. 13)	Gale n'aurait pas dû s'en prendre à Madge, mais il a raison, bien sûr. (p. 12)

Gale and I divide our spoils, leaving two fish, a couple of loaves of good bread, greens, a quart of strawberries, salt, paraffin, and a bit of money for each. (p. 14)	Gale et moi partageons notre butin, soit deux poissons, deux tranches de pain, quelques légumes, un quart des fraises, un peu de sel, de paraffine et d'argent pour chacun. (p. 14)
"Tuck your tail in, little duck," I say, smoothing the blouse back in place. (p. 15)	Rentre ta queue, petit canard, lui dis-je en glissant le chemisier à l'intérieur de la jupe. (p. 15)
Attendance is mandatory unless you are at death's door. (p. 16)	La participation est obligatoire, à moins de se trouver aux portes de la mort. (p. 15)
Twelve-through-eighteen-year-olds are herded into roped areas marked off by ages, the oldest in the front, the young ones, like Prim, toward the back. (p. 16)	Les enfants de douze à dix-huit ans sont regroupés par tranches d'âge dans un secteur délimité par des cordons, les plus vieux devant, les plus jeunes, comme Prim, vers le fond. (p. 15)
But there are others, too, who have no one they love at stake, or who no longer care, who slip among the crowd, taking bets on the two kids whose names will be drawn. (p. 17)	D'autres, dont les proches ne sont pas menacés, ou qui semblent indifférents au sort des leurs, se glissent au premier rang et prennent des paris sur les deux malheureux qui seront désignés. (p. 15)
He tells of the history of Panem, the country that rose up out of the ashes of a place that was once called North America. (p. 18)	Le pays qui s'est relevé des cendres de ce qu'on appelait autrefois l'Amérique du Nord. (p. 16)
If you lift a finger, we will destroy every last one of you. (p. 19)	Si vous leviez seulement le petit doigt, nous vous éliminerions jusqu'au dernier. (p. 17)
I spot Gale looking back at me with a ghost of a smile. (p. 20)	je repère Gale, qui me fait un mince sourire. (p. 18)

One time, when I was in a blind in a tree, waiting motionless for a game to wander by, I dozed off and fell ten feet to the ground, landing on my back. (p. 21)	Un jour, alors que je guettais le passage du gibier, cachée dans un arbre, je me suis assoupie et j'ai fait une chute de trois mètres avant d'atterrir sur le dos. (p. 19)
District 12 hasn't had a volunteer in decades and the protocol has become rusty. (p. 22)	Le district Douze n'a plus connu de volontaires depuis des décennies, et le protocole est quelque peu rouillé. (p. 20)
But in District 12, where the word tribute *is pretty much synonymous with the word* corpse, *volunteers are all but extinct.* (p. 22)	Mais dans le district Douze, où le mot de « tribut » rime avec « vaincu », les volontaires sont une espèce disparue depuis longtemps. (p. 20)
A medal for her father, vaporized in the mines. (p. 23)	Une médaille posthume pour son père volatilisé dans la mine. (p. 20)
I steel myself and climb the steps. (p. 23)	Je redresse le buste et gravis les marches. (p. 20)
He's surprisingly strong for such a wreck. (p. 24)	Il est d'une force étonnante pour une épave pareille. (p. 21)
Haymitch is whisked away on a stretcher, and Effie Trinket is trying to get the ball rolling again. (p. 25)	On emporte Haymitch sur une civière, et Effie Trinket tente de réchauffer l'ambiance. (p. 22)
My father had been killed in the mine accident three months earlier in the bitterest January any one could remember. (p. 26)	Mon père était mort trois mois plus tôt dans ce coup de grisou, au cours du mois de janvier le plus froid qu'on ait jamais connu. (p. 23)
I suppose now that my mother was locked in some dark world of sadness, but at the time, all I knew was that I had lost not only a father, but a mother as well. (p. 27)	Aujourd'hui, je suppose que ma mère était en quelque sorte prisonnière de sa tristesse, mais, sur le moment, je voyais seulement que je ne pouvais plus compter sur aucun de mes deux parents. (p. 23)
I took over as head of the family. (p. 27)	j'ai pris notre famille en charge. (p. 23)

The sadness, the marks of angry hands on their faces, the hopelessness that curled their shoulders forward. (p. 27)	Leur tristesse, les marques de coups sur leur visage, le désespoir qui leur voûtait les épaules. (p. 23)
Sweet, tiny Prim [...] (p. 27)	La gentille petite Prim [...] (p. 23)
On the afternoon of my encounter with Peeta Mellark, the rain was falling in relentless icy sheets. (p. 28)	L'après-midi de ma rencontre avec Peeta Mellark, une pluie glaciale tombait à verse. (p. 24)
Because at home was my mother with her dead eyes and my little sister, with her hollow cheeks and cracked lips. (p. 28-29)	Parce qu'à la maison m'attendaient ma mère avec ses yeux éteints, ma petite sœur avec ses joues creuses et ses lèvres gercées. (p. 24)
I stood mesmerized by the heat and the luscious scent until the rain interfered, running its icy fingers down my back, forcing me back to life. (p. 29)	Je suis restée là, fascinée par la chaleur et l'arôme capiteux, jusqu'à ce que la pluie s'en mêle et que ses doigts glacés au creux de mon dos me ramènent à la réalité. (p. 25)
The realization that I'd have nothing to take home had finally sunk in. (p. 30)	J'ai fini par me résigner à l'idée de rentrer bredouille. (p. 25)
The boy took one look back to the bakery as if checking that the coast was clear, then, his attention back on the pig, he threw a loaf of bread in my direction. (p. 31)	Le garçon a jeté un coup d'œil derrière lui, comme pour s'assurer que la voie était libre, puis, se retournant vers le cochon, a lancé l'une des miches dans ma direction. (p. 26)
Warm sweet air. (p. 32)	L'air était tiède et parfumé [...]. (p. 27)
Fluffy clouds. (p. 32)	[...] les nuages paraissaient floconneux. (p. 27)
I cannot afford to get upset, to leave this room with puffy eyes and a red nose. (p. 34)	Je ne peux pas me permettre d'avoir l'air bouleversée, de ressortir de cette pièce avec les yeux gonflés et le nez rouge. (p. 29)
My mother's eyes find the floor. (p. 35)	Maman baisse les yeux au sol. (p. 30)

You can't clock out and leave Prim on her own. (p. 35)	Tu ne peux pas t'effondrer et laisser Prim livrée à elle-même. (p. 30)
People to weed out before the real fun begins. (p. 36)	Des adversaires à éliminer avant que les choses sérieuses ne commencent pour de bon. (p. 31)
We always wait to trade with him when his witch of a wife isn't around because he's so much nicer. (p. 37)	Nous attendons toujours que sa sorcière de femme soit occupée ailleurs pour négocier avec lui, car il est beaucoup plus gentil. (p. 31)
You could hardly see them because they were just huddled in balls and had no wood for fires or torches or anything. (p. 39)	On les distinguait à peine, recroquevillés sur eux-mêmes, sans bois pour se chauffer ni s'éclairer. (p. 33)
The station is swarming with reporters whit their insectlike cameras trained directly on my face. (p. 40)	La gare grouille de reporters, leurs caméras insectoïdes braquées sur mon visage. (p. 34)
She seemed like such a sniveling, cowardly fool that no one bothered about her until there were only a handful of contestants left. (p. 41)	Elle était passée pour une telle froussarde, pleurnicharde et sans cervelle, que les autres l'avaient ignorée jusqu'à ce qu'il ne reste plus qu'une poignée de concurrents. (p. 34)
They're funny birds and something of a slap in the face to the Capitol. (p. 42)	C'est un drôle d'oiseau, qui représente une forme de camouflet pour le Capitole. (p. 35)
After the birds gathered words, they'd fly back to centers to be recorded. (p. 43)	Les oiseaux recueillaient ce qu'ils entendaient, puis regagnaient leurs centres pour le répéter. (p. 35-36)
Effie Trinket comes to collect me for supper. (p. 44)	Effie Trinket passe me prendre pour le dîner. (p. 36)
A fox-faced girl (p. 45)	Une rousse au visage de renard (p. 38)
"Yes," hisses Effie Trinket. (p. 46)	Oui, répond sèchement Effie Trinket. (p. 38)

You know your mentor is your lifeline. (p. 46)	Votre mentor est votre unique bouée de sauvetage, lors de ces Jeux. (p. 38)
Kind people have a way of working their way inside me and rooting there. (p. 49)	Les personnes gentilles ont le chic pour m'attendrir. (p. 41)
The woods became our savior, and each day I went a bit farther into its arms. (p. 51)	La forêt est devenue notre providence. Chaque jour, je m'enfonçais un peu plus profondément entre ses bras. (p. 42)
Head Peacekeeper loved wild turkey. (p. 52)	Le chef des Pacificateurs raffolait du dindon sauvage. (p. 43)
As I enter the dining car, Effie Trinket brushes by me with a cup of black coffee. (p. 55)	En entrant dans la voiture-salon, je croise Effie Trinket, une tasse de café noir à la main. (p. 45)
I grit my teeth as Venia, a woman with aqua hair and gold tattoos above her eyebrows, yanks a strip of Fabric from my leg tearing out the hair beneath it. (p. 61)	Je serre les dents pendant que Venia, une femme aux cheveux bleus avec des tatouages dorés au-dessus des sourcils, arrache la bande de cire sur mon mollet. (p. 50)
My fingers stroke the silky braids my mother so carefully arranged. (p. 63)	Je caresse les mèches soyeuses que ma mère a disposées avec tant de soin. (p. 51)
She has very clever fingers. (p. 64)	Elle est très douée de ses mains [...]. (p. 52)
"As you know, it's customary to reflect the flavor of the district." (p. 66)	Comme tu le sais, la coutume consiste à refléter votre district d'origine. (p. 53)
"Katniss, the girl who was on fire." (p. 67)	Katniss, la fille du feu. (p. 55)
The president, a small, thin man with paper-white hair, gives the official welcome from a balcony above us. (p. 71)	Le président, un petit homme mince aux cheveux très blancs, nous accueille officiellement du haut de son balcon. (p. 58)

As I glance around, I notice a lot of the other tributes are shooting us dirty looks, which confirms what I've suspected, we've literally outshone them all. (p. 72)	En jetant un coup d'œil autour de moi, je vois beaucoup d'autres tributs nous lancer des regards noirs, ce qui confirme ce que je pensais : nous avons éclipsé tout le monde. (p. 58)
You should wear flames more often. (p. 72)	Tu devrais porter des flammes plus souvent. (p. 58)
And then he gives me a smile that seems so genuinely sweet with just the right touch of shyness that unexpected warmth rushes through me. (p. 72)	Et il m'adresse un sourire qui paraît si gentil, si sincère, avec une légère touche de timidité, que je sens une chaleur inattendue monter en moi. (p. 58)
Effi Trinket, on the other hand, seems to be flying high. (p. 73)	Effie Trinket, à l'inverse, est dans une forme éblouissante. (p. 60)
Although lacking in many departments, Effie Trinket has a certain determination I have to admire. (p. 75)	En dépit de ses lacunes, Effie Trinket possède une détermination certaine, que je suis bien obligée de saluer. (p. 61)
About halfway through my glass of wine, my head starts feeling foggy, so I change to water instead. (p. 77)	À la moitié de mon verre de vin, mes idées s'embrouillent, et je décide de me rabattre sur l'eau. (p. 63)
The dark red hair, the striking features, the porcelain white skin. (p. 77)	Ses cheveux roux, ses traits, son teint de porcelaine. (p. 63)
Tight black pants, a long-sleeved burgundy tunic, and leather shoes. (p. 86)	Un pantalon noir moulant, une tunique bordeaux à manches longues et des chaussures en cuir. (p. 70)
She has bright, dark, eyes and satiny brown skin and stands tilted up on her toes with her arms slightly extended to her sides, as if ready to take wing at the slightest sound. (p. 98-99)	Elle a de grands yeux noirs, une peau sombre et satinée, et elle se tient sur la pointe des pieds, les bras légèrement écartés, comme si elle se préparait à prendre son envol au moindre bruit. (p. 80)

Suddenly I am furious, that with my life on the line, they don't even have the decency to pay attention to me. (p. 101)	Soudain, je suis furieuse. Ma vie est en jeu, et ils n'ont pas la décence de m'accorder un regard. Ils préfèrent s'intéresser à un cochon crevé. (p. 82)
Then I just lay curled up on the bed, stroking the silken sheets, watching the sun set over the artificial candy Capitol. (p. 104)	Puis je reste pelotonnée dans mon lit, à caresser les draps de soie en regardant le soleil se coucher sur un Capitole aux couleurs de sucre candi. (p. 83-84)
I hate her, too, with her knowing reproachful eyes that call me a coward, a monster, a puppet of the Capitol, both now and then. (p. 118-119)	Je la déteste elle aussi, avec son regard de reproche qui me traite de lâche, de monstre, de valet du Capitole, aussi bien maintenant qu'autrefois. (p. 95)
emerald green eyes (p. 125)	ses yeux émeraude (p. 100)
He's one of the giants, probably six and a half feet tall and built like an ox, but I noticed he rejected the invitations from the Career Tributes to join their crowd. (p. 126)	C'est un géant de près de deux mètres, fort comme un bœuf, mais j'ai remarqué qu'il a décliné l'invitation des tributs de carrière à se joindre à eux. (p. 101)
My lips are sealed. (p. 129)	Je ne peux rien dire. (p. 103)
"Tell me, do I still smell like roses ?" he asks Caesar, and then there's a whole run where they take turn sniffing each other that brings down the house. (p. 130)	Dites, est-ce que j'empeste encore la rose ? s'inquiète-t-il. Caesar et lui entament un vrai numéro de duettistes, se reniflant l'un l'autre, ce qui déclenche un fou rire général. (p. 104)
The words are sinking in. (p. 136)	Ses mots font mouche. (p. 108)
My anger fading, I'm torn now between thinking I've been used and thinking I've been given edge. (p. 136)	Ma colère retombe. On s'est servi de moi, mais on m'a également donné un avantage. (p. 108)
When the anthem finishes and the screen goes dark, a hush falls on the room. (p. 138)	Quand l'hymne prend fin et que l'écran redevient noir, un silence s'installe dans la pièce. (p. 109)

I can't bear returning to that stuffy cage of a room. (p. 140)	je ne supporte pas l'idée de regagner ma cage dorée. (p. 111)
I'm a statue. (p. 143)	Je suis une statue. (p. 114)
I can hear the blade whistling toward me and reflexively hike the pack up to protect my head. The blade lodges in the pack. (p. 151)	J'entends la lame siffler dans l'air et, d'instinct, je remonte un peu le sac pour protéger ma nuque. La lame se fiche dans le sac. (p. 119)
And a half-gallon plastic bottle with a cap for carrying the water that's bone dry. (p. 154)	Et une gourde en plastique de deux litres, complètement vide. (p. 121)
Now when it is dark, and I have traveled far, and I am nestled high in this tree, now I must try and rest. (p. 157)	Pour l'instant il fait noir, j'ai une longue marche dans les jambes et je suis perchée à l'abri dans cet arbre. Je dois me reposer. (p. 124)
But now, when they've probably been combing the woods for hours looking for victims. (p. 158)	Mais à présent, alors qu'ils doivent battre la forêt depuis des heures à la recherche de victimes [...]. (p. 125)
I turn to stone, not even daring to breathe. (p. 160)	Je me change en statue. Je n'ose même plus respirer. (p. 126)
"We're wasting time ! I'll go finish her and let's move on !" (p. 160)	On perd du temps ! Je vais retourner l'achever. Et ensuite, on bouge ! (p. 126)
Career Tributes are overly vicious, arrogant, better fed, but only because they're the Capitol's lapdogs. (p. 161)	Les tributs de carrière sont des salopards arrogants, bien nourris, uniquement parce qu'ils sont les laquais du Capitole. (p. 127)
Has Peeta revealed his true colors ? (p. 165)	Peeta a-t-il montré son vrai visage ? (p. 130)
I lean back against the trunk of my tree, one finger gingerly stroking the sandpaper surface of my tongue, as I assess my options. (p. 167)	Je m'adosse à mon arbre, palpe du bout du doigt ma langue râpeuse et dresse la liste de mes options. (p. 131)
This fire is designed to flush us out, to drive us together. (p. 173)	Cet incendie est destiné à nous regrouper, à nous pousser les uns vers les autres. (p. 136)

My calf is screaming, my hands covered in red welts. (p. 176)	Mon mollet me fait souffrir le martyre, j'ai les mains couvertes de boursouflures rouges. (p. 138)
And I refuse to let them slip through my fingers again ! (p. 192)	Pas question de le voir m'échapper encore une fois ! (p. 149)
Fix me up. (p. 200)	Soigne-moi. (p. 156)
The boy from District 1, Cato and the girl from District 2, and a scrawny, ashen-skinned boy who must be from District 3. (p. 215)	Il y a le garçon du district Un, Cato et la fille du district Deux, ainsi qu'un maigrichon au teint cadavérique, qui doit être le garçon du district Trois. (p. 167)
The impact with the hard-packed earth of the plain knocks the wind out of me. (p. 222)	Ma réception brutale sur le dos chasse l'air de mes poumons. (p. 172)
Now I strip off my boots and socks and go barefoot up the bed of the stream. (p. 228)	Là, j'ôte mes bottines et mes chaussettes, et je continue pieds nus dans le lit du ruisseau. (p. 176)
My head keeps turning to the injured side, as my right ear tries to compensate for the wall of nothingness where yesterday there was a constant flow of information. (p. 228-229)	Je n'arrête pas de tourner la tête du côté qui n'entend rien – mon autre oreille cherche à compenser l'absence de ces informations qui m'arrivaient hier encore en flot continu. (p. 177)
A bed of grass (p. 234)	L'herbe tendre te fait comme un grand lit (p. 182)
That I'm more than just a piece in their Games. (p. 236)	Que je suis davantage qu'un simple pion dans ses Jeux. (p. 183)
I climb dangerously high into a tree, not for safety but to get as far away from today as I can. (p. 239)	Je grimpe dangereusement haut dans mon arbre, non pas par souci de sécurité mais pour m'élever le plus possible au-dessus de cette journée. (p. 185)
It tastes of home. (p. 239)	Il me rappelle la maison. (p. 185)

I've lost the will to do the simplest tasks, to do anything but lie here, staring unblinkingly through <u>the canopy of leaves</u>. (p. 240)	J'ai perdu toute volonté de faire quoi que ce soit, hormis rester allongée dans mon sac, à regarder fixement <u>la cime des arbres</u>. (p. 186)
<u>He's so caked</u> with mud and matted leaves, I can't even see his clothes. (p. 254)	<u>Il est tellement enrobé</u> de boue et de feuilles qu'on ne distingue même pas ses vêtements. (p. 196)
<u>Paper white</u>, panting, and, even though it's only just cooling off, he's shivering. (p. 260)	<u>Livide</u>, haletant et, bien que la température commence à peine à se rafraîchir, secoué de frissons. (p. 200)
<u>I steel myself</u> and unwrap the leg. (p. 265)	Enfin, <u>je m'arme de courage</u> et défais son bandage. (p. 205)
<u>My heart drops into my stomach</u>. (p. 265)	<u>Mon cœur se serre douloureusement</u>. (p. 205)
Even <u>as he fades away</u>, I can see in his eyes what I've done is unforgivable. (p. 277)	<u>Avant que ses paupières se ferment</u>, je lis dans son regard que j'ai commis une faute impardonnable. (p. 215)
Gale's not my boyfriend, but would he be, <u>if I opened that door</u> ? (p. 280)	Gale n'est pas mon petit ami, mais le serait-il <u>si j'avais entrouvert la porte</u> ? (p. 217-218)
"You better run now, <u>Fire Girl</u>," says Thresh. (p. 288)	Tu ferais mieux de déguerpir, <u>Fille du feu</u>, me prévient Thresh.
How long <u>have I been out</u> ? I ask. (p. 290)	<u>Je suis restée inconsciente</u> combien de temps ? (p. 225)
"Not sure. I woke up yesterday evening and you were lying next to me in a very scary <u>pool of blood</u>," he says. (p. 290-291)	Je ne sais pas. Quand je me suis réveillé, hier soir, tu étais couchée à côté de moi dans une <u>flaque de sang</u> drôlement impressionnante, répond-il. (p. 225)
But Peeta's story has <u>a ring of truth</u> to it. (p. 301)	Mais le récit de Peeta a <u>des accents de vérité</u>. (p. 234)

Perhaps he thinks a bowl of broth would just be a bowl of broth to Peeta, whereas I'll see the strings attached to it. (p. 305-306)	Peut-être pense-t-il qu'un pot de bouillon ne serait qu'un pot de bouillon aux yeux de Peeta, alors que je perçois les significations cachées. (p. 238)
Not in the way that causes sponsors to rain gifts on you. (p. 306)	Rien qui puisse lui valoir spontanément l'affection des sponsors. (p. 238)
Huh. I always assumed the shopkeepers live a soft life. (p. 309)	Hum. J'ai toujours cru que les artisans avaient la belle vie. (p. 241)
They're nightlock. (p. 318)	C'est du sureau mortel. (p. 248)
Until you outfoxed her. (p. 320)	Jusqu'à ce que tu te montres plus malin qu'elle. (p. 249)
In fact, a soft gray day has begun when I shake his shoulder. (p. 324-325)	En fait, un jour grisâtre pointe à l'horizon quand je le secoue par l'épaule. (p. 252-253)
"Two against one. Should be a piece of cake," he says. (p. 327)	Deux contre un, ça va être du gâteau, m'assure-t-il. (p. 254)
Then one of them, a good-size mutt with silky waves of blond fur takes a running start and leaps onto the horn. (p. 333)	Puis l'un d'entre eux, un chien de bonne taille, au long poil blond et ondulé, s'élance et se jette à l'assaut de la Corne. (p. 258)
It's a bit warmer, sharing our body heat inside my double layer of jackets, but the night is young. (p. 338)	Je me réchauffe un peu, mais ce n'est que le début de la nuit. (p. 262)
I stare at Peeta in disbelief as the truth sinks in. (p. 342)	Je dévisage Peeta avec incrédulité pendant que la vérité s'impose à moi. (p. 265)

TOME 2

The Hunger Games. Catching Fire, Suzanne Collins, New York, Scholastic Press, 2009	*Hunger Games. L'embrasement*, trad. Guillaume Fournier, Paris, Pocket Jeunesse, 2010
And this year, I am one of the stars of the show. (p. 4)	Et cette fois-ci, je suis la reine de la fête. (p. 5-6)
The sun persists in rising, so I make myself stand. (p. 4)	Comme le soleil persiste à monter dans le ciel, je décide de me lever enfin. (p. 6)
All my joints complain and my left leg has been asleep for so long that it takes several minutes of pacing to bring the feeling back into it. (p. 4)	Toutes mes articulations protestent. Ma jambe gauche est restée engourdie si longtemps que la circulation sanguine met plusieurs minutes à se rétablir. (p. 6)
We barely scraped by, but I knew where I fit in, I knew what my place was in the tightly interwoven fabric that was our life. (p. 7)	Nous avions du mal à joindre les deux bouts, mais au moins je savais qui j'étais, je me sentais à ma place. (p. 8)
A wailing at the back door demands my attention. (p. 7)	Un miaulement à la porte de derrière me fait sursauter. (p. 8)
The shoes pinch my toes as I crunch along the cinder street. (p. 7)	Mes chaussures me font mal aux pieds tandis que je m'éloigne le long de la rue charbonneuse. (p. 8)
[...] *it became a meeting place for illegal trades and then blossomed into full-time black market.* (p. 9)	Toutes sortes de commerces illégaux y ont fleuri, donnant naissance à un véritable marché noir. (p. 10)
Haymitch is still dead to the world. (p. 14)	Haymitch ne s'est toujours pas réveillé. (p. 13)
He's right, of course. The audience will be expecting the pair of lovebirds who won the Hunger Games. (p. 15)	Il a raison, bien sûr. Le public s'attend à retrouver le couple d'amoureux qui a remporté les Hunger Games. (p. 15)

But as I walk toward the door of the study, a door I have never even seen closed until this moment, I can feel my mind begin to race. (p. 17)	Mais tout en me dirigeant vers la porte du bureau, que je vois fermée pour la première fois, je sens mon esprit s'emballer. (p. 16)
I think my tongue has frozen [...]. (p. 19)	Croyant avoir avalé ma langue [...]. (p. 18)
Unfortunately, not everyone in the districts fell for your act. (p. 21)	Hélas, tous les habitants des districts ne sont pas tombés aussi facilement dans le panneau. (p. 19)
It takes a moment for his last sentence to sink in. (p. 21)	Je ne saisis pas tout de suite la signification de cette dernière phrase. (p. 19)
"Peeta." And for the first time, I find I can't hold his gaze. (p. 23)	Non, Peeta. Pour la première fois, je me sens incapable de soutenir son regard. (p. 21)
After a few weeks, things finally died down. (p. 25)	Au bout de quelques semaines, les choses ont fini par se calmer. (p. 23)
I imagine him sipping it from a teacup. Dipping a cookie into the stuff and pulling it out dripping red. (p. 30)	Je l'imagine en train de siroter une tasse de sang. D'y tremper un cookie pour le ressortir dégoulinant de rouge. (p. 27)
silky water (p. 32)	bain onctueux (p. 29)
The trees still wear green leaves. (p. 50)	Les arbres ont encore des feuilles vertes. (p. 44)
[...] *I sink to the ground* [...]. (p. 50)	[...] je me laisse tomber par terre [...]. (p. 44)
Now the crops begin, stretched out as far as the eye can see. (p. 55)	Les champs se déploient à perte de vue. (p. 49)
Every hand must be needed for the harvest. (p. 55)	Tout le monde doit travailler aux champs. (p. 49)
How exactly did Rue end up on that stage with nothing but the wind offe-ring to take her place ? (p. 56)	Comment Rue a-t-elle pu se retrouver seule sur cette estrade, sans personne pour s'offrir à prendre sa place ? (p. 49)

[…] *I ended up with a blank paper staring me in the face.* (p. 57)	[…] je suis restée pétrifiée devant ma feuille blanche. (p. 50)
[…] *the trace of a smile plays on her lips.* (p. 60)	L'ombre d'un sourire joue sur ses lèvres. (p. 53)
Little bits of bright sunshine dance before my eyes. (p. 62)	Des taches lumineuses dansent dans mon champ de vision. (p. 54)
a wall of white Peacekeeper (p. 63)	un cordon de Pacificateurs en uniformes blancs (p. 55)
Even without our personal speeches to trigger dissent – needless to say the ones we gave in District 11 were edited out before the event was broadcast – you can feel something in the air, the rolling boil of a pot about to run over. (p. 71)	Même sans nos discours personnels qui encourageaient la rébellion – faut-il préciser que ceux que nous avons prononcés au district Onze ont été coupés au montage ? –, on sent une tension dans l'air, le bouillonnement d'une marmite sur le point de déborder. (p. 62)
[…] *where we will go in the dead of winter* […] (p. 75)	Où irons-nous au plus fort de l'hiver ? (p. 65)
[…] *everyone in the whole district will have full bellies.* (p. 86)	[…] la population entière aura le ventre plein. (p. 74)
It turns out Madge has plenty of empty hours to fill, too. (p. 87)	Madge aussi a besoin d'occuper ses journées. (p. 75)
His face is impossible to read. (p. 96)	Impossible de déchiffrer son expression. (p. 81)
I can see him swallowing his disappointment. (p. 97)	Je le vois ravaler sa déception. (p. 83)
But the happiness has fled […]. (p. 97)	Mais sa gaieté a disparu […]. (p. 83)
I try to backpedal. (p. 99)	J'essaie de faire marche arrière. (p. 84)
I'd never go in a million years. (p. 100)	Moi, je reste. (p. 85)
[…] *she might straighten him out.* (p. 101)	[…] peut-être parviendra-t-elle à lui faire entendre raison. (p. 86)
[…] *by selling their bodies.* (p. 115)	[…] vendre leurs corps […]. (p. 97)

snow-<u>caked</u> <u>figure</u>. (p. 115)	<u>couverte</u> de neige. (p. 97)
for the <u>phantom girl</u> (p. 117)	pour cette <u>fille imaginaire</u> (p. 99)
a new <u>wave of pain</u> (p. 121)	une nouvelle <u>onde de douleur</u> (p. 102)
She lays a clean cloth across his <u>angry flesh</u> [...]. (p. 124)	Elle pose un linge propre sur sa <u>chair à vif</u> [...]. (p. 104)
I feel <u>a pang of remorse</u> [...]. (p. 125)	J'éprouve <u>une pointe de remords</u> [...]. (p. 105)
<u>The words numb my tongue</u> [...]. (p. 125)	<u>Ces mots m'engourdissent la langue</u> [...]. (p. 105)
I can hear <u>the pleading creeping into my voice</u>. (p. 128)	-
Gale and I were <u>too blind</u> to see. (p. 130)	[...] ni Gale ni moi n'avons su voir. (p. 108)
[...] *one of her <u>chocolate brown eyes</u>.* (p. 140)	-
It got <u>blown off the map</u>. (p. 141)	Il a été <u>rayé de la carte</u>. (p. 116)
I was actually *<u>buying time</u>* [...]. (p. 143)	En réalité, <u>je gagnais du temps</u> [...]. (p. 118)
I know how hard it is when you are that <u>hollow</u>. (p. 143)	[...] mais je sais à quel point c'est dur quand on a <u>le ventre creux</u>. (p. 118)
[...] *<u>she's chasing a dream</u>* [...] (p. 148)	[...] <u>elle poursuit une chimère</u> [...]. (p. 122)
<u>They pour out thanks</u> [...]. (p. 149)	<u>Elles</u> [...] <u>se confondent en remerciements</u>. (p. 123)
<u>My mind is spinning</u> [...]. (p. 149)	<u>Je n'arrête pas de repenser</u> [...]. (p. 123)
[...] *the fence is <u>alive with electricity</u>.* (p. 150)	[...] le grillage est <u>sous tension</u>. (p. 124)
<u>I blend into</u> the trees. (p. 151)	<u>Je bats en retraite sous les arbres</u>. (p. 125)
[...] *something else <u>grabs my attention</u>.* (p. 162)	[...] une autre séquence <u>retient mon attention</u>. (p. 135)

Evening has fallen (p. 166)	le soir tombe (p. 138)
[...] *I think they'd have no problem killing off another district* [...]. (p. 168)	[...] ils n'auront aucun scrupule à éradiquer un nouveau district [...]. (p. 140)
Make an example of it (p. 168)	Pour l'exemple (p. 140)
[...] *to remind us all of the Dark Days from which the Hunger Games were born*. (p. 171)	[...] pour évoquer les jours sombres dont sont sortis les Hunger Games. (p. 142)
[...] *I'm aware of the sharp bite of the wind* [...]. (p. 174)	[...] malgré le vent cinglant [...]. (p. 144)
weighing my words. (p. 179)	en fronçant les sourcils. (p. 148)
[...] *I have obviously lost my grip on everything*. (p. 179)	[...] tout me glisse entre les doigts en ce moment. (p. 148)
It's my *dying wish*. (p. 189)	Ma dernière volonté. (p. 155)
[...] *I be at the top of my game*. (p. 189)	[...] je sois au mieux de ma forme. (p. 155)
Eighteen tributes are killed in the bloodbath that first day. (p. 198)	Dix-huit tributs perdent la vie dans le bain de sang de ce premier jour. (p. 163)
"No, I'm an open book," I whisper back. (p. 210)	Non, je suis un livre ouvert, lui dis-je. (p. 173)
Still, I brush my teeth before meandering down the hall, effectively killing another five minutes. (p. 222)	Je prends quand même le temps de me brosser les dents avant de lui obéir, ce qui me fait gagner cinq minutes. (p. 182)
I forget the rest of the gym and the victors and how miserable I am and lose myself in the shooting. (p. 232-233)	J'oublie bientôt le reste du gymnase, les autres vainqueurs et ma mauvaise humeur pour ne plus faire qu'un avec mon arc. (p. 190)
I feel a pang of worry. (p. 235)	J'éprouve un frisson d'inquiétude. (p. 193)
I didn't realize until now how starved I've been for human closeness. (p. 244)	Je n'avais pas réalisé à quel point j'avais soif de présence humaine. (p. 200)

My foolish, shallow, affectionate pets [...]. (p. 247)	Mes gentils assistants, stupides, creux et attentionnés [...]. (p. 202)
A shadow of recognition flickers across Caesar's face, and I can tell he knows that the mockingjay isn't just my token. (p. 253)	Une lueur éclaire brièvement le visage de Caesar : il comprend soudain que mon geai moqueur n'est pas uniquement un bijou. (p. 208)
Dropped a bomb that wipes out the efforts of every tribute who came before him. (p. 256)	Il vient de lâcher une bombe qui couronne en beauté les efforts de tous les tributs qui l'ont précédé. (p. 210)
The audience can't absorb the news right away. (p. 257)	Le public accuse le coup. (p. 211)
The people in this arena weren't crowned for their compassion. (p. 277)	Les gens qui se trouvent dans cette arène n'ont pas la palme de la compassion. (p. 226)
And who knows what the night will hold? (p. 278)	Et puis, qui sait ce que la nuit nous réserve ? (p. 226-227)
I rush over to where he lies, motionless in a web of vines. (p. 279)	Je me précipite à l'endroit où il atterrit, sur un amas de lianes. (p. 227)
His heart has failed. I am slapping emptiness. (p. 280)	[...] son cœur s'est arrêté. Je parle dans le vide. (p. 228)
Agonizing minutes drag past as my hopes diminish. (p. 281)	Plusieurs minutes interminables s'écoulent. (p. 229)
I've watched Cinna beaten to a pulp, landed in another arena, and seen Peeta die. (p. 283)	Depuis ce matin j'ai regardé Cinna se faire rouer de coups sous mes yeux, j'ai atterri dans une nouvelle arène, et j'ai vu mourir Peeta. (p. 230)
Still, I'm glad Finnick keeps playing the pregnancy card for me, because from a sponsor's point of view, I'm not handling things all that well. (p. 283)	Encore heureux que Finnick joue la carte de la grossesse pour moi, car du point de vue des sponsors on ne peut pas dire que je fasse des étincelles. (p. 230-231)

No one's thrilled with the idea of me going off alone, but the treat of dehydration bangs over us. (p. 288)	L'idée que je parte seule n'emballe personne, mais la menace de déshydratation pèse sur nous. (p. 235)
Really, it's not a bad meal for our first night in the arena. If only we had something to wash it down with. (p. 291)	Ce n'est pas un mauvais repas pour notre premier soir dans l'arène. Si seulement nous avions un peu d'eau pour le digérer… (p. 237)
All gone. (p. 292)	C'est fini pour eux. (p. 237)
Haymitch's gifts, or lack thereof, carry weighty messages. (p. 293)	Les cadeaux d'Haymitch – ou leur absence – sont toujours lourds de signification. (p. 238)
I begin to ache for them, for my district, for my woods. (p. 293)	Ils commencent à me manquer. Je regrette mon district, ma forêt. (p. 239)
Was it because she was so old that her days were numbered, anyway ? (p. 306)	Est-ce parce qu'elle était vieille, parce que ses jours étaient comptés de toute manière ? (p. 250)
Peeta's still out beside me. (p. 315)	Peeta est toujours couché à côté de moi. (p. 257)
Finnick's hands have not been idle. (p. 315)	Finnick n'est pas resté inactif. (p. 257)
We all turn to look at Beetee, who seems to be coming back to life. (p. 330)	Tout le monde se tourne vers Beetee, qui paraît revenir à la vie. (p. 271)
armed to the teeth (p. 332)	bardés (p. 272)
Cover me. (p. 334)	Couvrez-moi. (p. 273)
"I'll at least watch your back," Peeta says. (p. 337)	Très bien, je couvre tes arrières. (p. 276)
Vines cut into my face and arms, creepers grab my feet (p. 340)	Je me griffe le visage et les bras aux lianes, je me prends les pieds dans des racines. (p. 279)
Her next wail rings out, clear as a bell, … (p. 340)	Un nouveau hurlement s'élève, clair comme du cristal, … (p. 279)

My knees turn to water and I sink to the ground. (p. 342)	Mes genoux cèdent et je m'écroule par terre. (p. 281)
I realize only one person will be damaged beyond repair if Peeta dies. Me. (p. 352)	La seule personne qui ne s'en remettra pas si Peeta meurt, c'est moi. (p. 289)
Let's stick around until Brutus and Enobaria are dead. (p. 357)	Restons avec eux jusqu'à la mort de Brutus et d'Enobaria. (p. 292)
There's a long pause while we all digest Beetee's plan. (p. 360)	Une longue pause s'ensuit, durant laquelle nous digérons le plan de Beetee. (p. 295)
We're all just one big, warm stew. (p. 362)	nous marinons tous dans notre jus. (p. 297)
We gorge ourselves until no one can hold another bite (p. 366)	Nous nous goinfrons jusqu'à ce que personne ne puisse plus rien avaler (p. 300)
It's hard to breathe, and I realize Johanna's sitting on my chest, pinning me at the shoulders with her knees. (p. 371)	Elle me cloue les épaules avec ses genoux. (p. 304)
she hisses (p. 371)	siffle-t-elle. (p. 304)
Finnick flies by me, his skin shadowy with medicine, leaping through the undergrowth like a deer. (p. 374)	Finnick me dépasse au pas de charge, la peau marbrée de pommade, en bondissant comme un cerf à travers les sous-bois. (p. 307)
Or perhaps my final act of rebellion forced their hand. (p. 380)	À moins que mon dernier geste de rébellion n'ait forcé la décision. (p. 312)
My thoughts grow foggy. (p. 381)	Mes idées s'embrouillent. (p. 313)
I'm alone except for Beetee, who still lies in front of me, being sustained by his army of machines. (p. 382)	Je suis seule à l'exception de Beetee, toujours couché devant moi, alimenté par son armée de machines. (p. 314)
I'm sure they'll want to make an example of us all. (p. 383)	Je suis sûre que le Capitole voudra faire un exemple de nous tous. (p. 314)

"The first ones ? Why ?" I say, trying to hang on to the train of thought. (p. 386)	Pourquoi, les premiers ? dis-je en m'efforçant de suivre son raisonnement. (p. 317)
Maybe I'm already going crazy and no one has the heart to tell me. (p. 388)	Si ça se trouve, je suis déjà folle et personne n'a encore osé me le dire. (p. 319)

TOME 3

The Hunger Games. Mockingjay, Suzanne Collins, New York, Scholastic Press, 2010	*Hunger Games. La Révolte*, trad. Guillaume Fournier, Paris, Pocket Jeunesse, 2011
How else could I orient myself in this sea of gray ? (p. 3)	Comment se repérer autrement dans cette mer de grisaille (p. 4)
Maybe a little tour of Twelve is just what she needs to convince her we're on the same side. (p. 4)	Peut-être a-t-elle besoin de cette visite dans le district Douze pour se persuader que nous sommes dans le même camp. (p. 4)
The memories swirl as I try to sort out what is true and what is false. (p. 4)	Les souvenirs se bousculent tandis que je m'efforce de démêler le vrai du faux. (p. 5)
[...] *thoughts still have a tendency to jumble together.* (p. 4)	[...] mes pensées ont encore tendance à s'embrouiller. (p. 5)
The list begins to roll in my head... (p. 4)	La liste commence à défiler dans ma tête... (p. 5)
[...] *blanketed by flies.* (p. 5)	[...] un nuage de mouches. (p. 6)
[...] *firestorm of retribution.* (p. 6)	[...] feu en représailles. (p. 6)
[...] *flames eat up everything* (p. 7)	[...] les flammes engloutir tout (p. 8)
It brings on the flood of images that torments me, awake or asleep. (p. 9)	Cela réveille toutes sortes d'images qui m'assaillent déjà jour et nuit. (p. 9)

[...] *losing my fragile hold on the situation entirely.* (p. 12)	[...] je risque de perdre le peu de contrôle que je parviens à conserver. (p. 12)
He gives a rusty meow and approaches me. (p. 13)	Il m'adresse un miaulement rauque et s'approche. (p. 13)
Gale's expression darkens. (p. 29)	Gale se renfrogne. (p. 26)
[...] *which is fine since I may as well start the ball rolling.* (p. 35)	[...] ce qui me convient à merveille. Autant se débarrasser de cette corvée sans attendre. (p. 31)
I sit at the table assigned to the Everdeens and the Hawthornes and some other refugees, and shovel my food down, wishing for seconds, but there are never seconds here. (p. 35)	Je prends place à la table assignée aux Everdeen, aux Hawthorne ainsi qu'à quelques autres réfugiés et j'avale mon petit déjeuner avec voracité, en regrettant de ne pas pouvoir en demander un peu plus. (p. 32)
My voice fails me. (p. 43)	Ma voix s'étrangle. (p. 39)
The stains of human misery that must have been hosed off these white tiles... (p. 49)	Les souillures de misère humaine qu'on a dû nettoyer au jet sur ces carreaux blancs... (p. 45)
I plant myself on a bench in the hall outside the hospital entrance, waiting to hear her verdict. (p. 50)	Je m'installe sur un banc dans le couloir pour y attendre son verdict. (p. 45)
I get knotted up in my words. (p. 53)	Je m'embrouille dans mon discours. (p. 49)
In other words, I step out of line and we're all dead. (p. 58)	Autrement dit, un seul pas de travers de ma part, et nous sommes tous condamnés. (p. 52)
[...] *I might not want the wings.* (p. 59)	[...] je trouve les ailes un peu lourdes à mon goût. (p. 53)
It's a beehive of rooms full of computers, labs, research equipment, and testing ranges. (p. 64)	C'est une véritable ruche qui bourdonne d'ordinateurs, de laboratoires, de matériel de recherche et salles de tests. (p. 58)

When we ask for Beetee, we're directed through the maze until we reach an enormous plate-glass window. (p. 65)	Nous demandons à voir Beetee. On nous guide à travers le labyrinthe jusqu'à une immense baie vitrée. (p. 58)
And in my heart of hearts… (p. 77)	Au fond de mon cœur… (p. 69)
But he just seems so in step with Coin… (p. 80)	Mais il est tellement dévoué à Coin… (p. 71)
I'm all ears. (p. 87)	je suis tout ouïe. (p. 78)
I step through the curtain and my senses are assaulted. (p. 88)	Je franchis le rideau. Tous mes sens sont aussitôt agressés. (p. 78)
I hear my name rippling through the hot air, spreading out into the hospital. (p. 89)	J'entends mon nom circuler dans l'air chaud, se répandre à travers l'hôpital. (p. 80)
Hungry fingers (p. 90)	Des doigts avides (p. 80)
I just rode the wave of emotion rolling through the place. (p. 91)	Je me suis laissé porter par la vague d'émotion qui parcourait l'endroit. (p. 81)
Plutarch must be in everyone's ear […]. (p. 93)	J'imagine que Plutarch s'adressait à tout le monde […]. (p. 83)
I instinctively dive into the alley and roll toward the blue wall. (p. 94)	Je plonge dans la ruelle et roule en direction du mur bleu. (p. 83)
[…] *machine gun nests on the street side of the warehouse.* (p. 95)	[…] nids de mitrailleuses qui bordent la façade. (p. 84)
I lead earlier and score a direct hit on the point plane, blasting a hole in its belly. (p. 97)	Je vise avec soin et touche de plein fouet l'appareil de tête, en lui ouvrant un grand trou dans le ventre. (p. 86)
giving me the stage. (p. 99)	pour me laisser seule à l'image. (p. 88)
The Capitol seal on a wing glows clearly through the flames. "Fire is catching ! » I am shouting now, determined that he will not miss a word. « And if we burn, you burn with us ! » (p. 99-100)	À travers les flammes, on distingue clairement le sceau du Capitole sur l'une des ailes). Le feu se propage ! Je crie, bien résolue à ce qu'il m'entende. Et si nous brûlons, vous brûlerez avec nous ! (p. 88)

The adrenaline rush that overrode the sensation has passed and my body parts join in a chorus of complaints. (p. 101)	L'effet anesthésiant de l'adrénaline s'est dissipé et un concert de protestations s'élève de toutes les parties de mon corps. (p. 90)
If we win the war, that's when Plutarch will take his bow. (p. 110)	Si nous remportons la guerre, c'est là que Plutarch s'avancera en pleine lumière. (p. 98)
[...] *I'm not the reporting kind.* (p. 111)	[...] je ne suis pas du genre à moucharder. (p. 99)
Finnick presses the button on the remote that kills the power. (p. 113)	Finnick presse le bouton d'arrêt sur la télécommande. (p. 101)
I am Avox mute, choking on my grief. (p. 137)	Me voilà transformée en muette, étranglée par l'anxiété. (p. 121)
Even if I could release the muscles in my neck, let the sound tear into space, would anyone notice it ? (p. 137)	Même si je pouvais détendre les muscles de mon cou, relâcher le cri qui m'étouffe, m'entendrait-on au milieu du tumulte ? (p. 121)
I look behind her into a sea of strangers. (p. 143)	Je regarde la marée d'étrangers derrière elle. (p. 126)
Prim sounds about thousand years old when she speaks. (p. 151)	Prim a l'air d'avoir mille ans quand elle répond [...]. (p. 133)
This is the question that consumes me over the next three days as we wait to be released from our prison of safety. (p. 152)	Cette question me ronge depuis trois jours alors que nous attendons encore de pouvoir quitter notre refuge. (p. 134)
Drunken secrets whispered over damp pillow-cases in the dead of night. (p. 171)	Autant de secrets avinés chuchotés sur l'oreiller humide au beau milieu de la nuit [...] (p. 150)
A pang of jealousy hits me. (p. 176)	Une bouffée de jalousie m'envahit. (p. 154)
I hunger for air. (p. 178)	j'ai désespérément besoin d'air. (p. 156)
It's a tough nut to crack, though. (p. 191)	Mais c'est une noix plutôt difficile à briser. (p. 167)

At the center of the district is a virtually impenetrable mountain that houses the heart of the Capitol's military. (p. 192)	[...] une montagne virtuellement impénétrable au centre du district, qui héberge le cœur de l'armée du Capitole. (p. 168)
When the brains are selected, I'm not surprised to see Gale's name on the list. (p. 196)	Quand on nous communique la liste des cerveaux, je ne suis pas étonnée d'y lire le nom de Gale. (p. 171)
As the afternoon wears on, talk keeps returning to a strategy that has been tried repeatedly-the storming of the entrances. (p. 201)	À mesure que l'après-midi s'écoule, la discussion revient sans arrêt à la même stratégie essayée à de nombreuses reprises – l'assaut frontal contre les entrées. (p. 176)
I have to close my eyes a minute, as the image rips through me. (p. 204)	Je ferme les yeux une minute en imaginant la scène. (p. 178)
We stood in the freezing air as the afternoon turned overcast, a light snow dusted the earth. (p. 208)	Nous avons attendu tout l'après-midi dans l'air glacial, sous une neige légère. (p. 181)
They tried to feed me lines [...]. (p. 213)	On a déjà tenté de me souffler mon texte [...]. (p. 185)
My words hang in the air. (p. 217)	Mes paroles restent suspendues en l'air. (p. 188)
I say rustily. (p. 219)	dis-je d'une voix enrouée. (p. 190)
Through the beehive of compartments. (p. 232)	Je traverse le dédale des compartiments [...] (p. 201)
I fly down the steps [...]. (p. 233)	Je dévale les marches [...]. (p. 202)
After about twenty minutes, Johanna comes in and throws herself across the foot of my bed. (p. 244)	Au bout de vingt minutes environ, Johanna me rejoint et se laisse tomber en travers de mon lit. (p. 212)
But you'll throw support to someone. (p. 266)	Mais tu prendras forcément position en faveur de quelqu'un. (p. 229)
You're the face of the rebellion. (p. 266)	Tu es le visage de la rébellion. (p. 229)

There's only one last thing you could do to add fire to the rebellion. (p. 266)	Il ne reste plus qu'une seule chose que tu puisses faire pour donner un nouvel élan à la rébellion. (p. 229)
[...] *to find something to stem the red flow from his body.* (p. 277)	[...] à la recherche de quelque chose pour étancher le flot rouge qui s'étale autour de lui. (p. 238)
If that's so, we really are on our own. (p. 289)	Si c'est le cas, nous ne pouvons compter que sur nous-mêmes. (p. 248)
I'm the monster. (p. 290)	C'est moi, le monstre. (p. 249)
I'm the one Snow has turned into a weapon ! (p. 290)	C'est moi que Snow a transformé en arme ! (p. 249)
Who else would they get to maintain these dank, evil-smelling passages mined with pods ? (p. 299)	À qui d'autre voudrait-on confier l'entretien de ces passages humides et nauséabonds truffés de pièges ? (p. 256)
As soon as the fire died down, anyway. (p. 304)	Dès l'extinction de l'incendie, en tout cas. (p. 261)
The feathers of flame that grow from my body. (p. 348)	Des plumes de feu sortent de mon corps. (p. 300)
Gale and Beetee's brainchild. (p. 360)	L'invention géniale de Gale et de Beetee. (p. 310)
Did Coin do it, hoping that losing Prim would push me completely over the edge ? (p. 361)	Coin espérait-elle que la disparition de Prim achèverait de me faire perdre la raison ? (p. 310)
When the guards finally locate me, I'm sitting on the floor of the wardrobe, tangled in silk, screaming my head off. (p. 363)	Quand les gardes finissent par me retrouver, je suis assise au fond de l'armoire, empêtrée dans la soie, en train de hurler à pleins poumons. (p. 313)
The tub's deep, with three steps to the bottom. I ease down into the warm water and sit, up to my neck in suds, hoping the medicines kick in soon. (p. 364)	Je me glisse dans l'eau fumante et m'assieds jusqu'au cou dans les bulles de savon, en espérant que mes pilules vont agir vite. (p. 313)

They can barely touch my patchwork of skin for fear of hurting me, so I rinse and dry off myself. (p. 364)	Comme ils osent à peine effleurer ma peau en patchwork de peur de me faire mal, je me rince et me sèche toute seule. (p. 313)
I can't believe how normal they've made me look on the outside when inwardly I'm such a wasteland. (p. 366)	Je n'arrive pas à croire qu'ils aient pu me rendre une allure aussi normale alors qu'au fond de moi, je me sens tellement ravagée. (p. 314)
I'm wondering what would have happened to them if the Hunger Games had not reaped the girl. (p. 366)	Je me demande ce qu'ils seraient devenus si les Hunger Games n'avaient pas moissonné la fille. (p. 315)
[...] *doing whatever I can to free myself from this web of hands as the crowd pushes in.* (p. 374)	[...] je fais tout ce que je peux pour échapper aux mains qui me tiennent pendant que la foule s'avance. (p. 321)
It's a struggle to get to my feet and peel off my Mockingjay suit. (p. 374)	Je dois lutter pour me relever et me défaire de mon costume de geai moqueur. (p. 322)
The reaping of the dead. (p. 385)	Le ramassage des morts. (p. 331)

TOME 4

The Hunger Games. The Ballade of Songbirds and Snakes, Suzanne Collins, New York, Scholastic Press, 2020	*Hunger Games. La ballade du serpent et de l'oiseau chanteur*, trad. Guillaume Fournier, Paris, Pocket Jeunesse, 2020
The shirt they'd dug from the back of the wardrobe – his father's, from better days – was stained and yellowed with age, half the buttons missing, a cigarette burn on one cuff. (p. 3)	La chemise qu'ils avaient exhumée du fond de la penderie – celle de son père, à l'époque où ils connaissaient des jours meilleurs – était tachée, jaunie par l'âge ; il lui manquait la moitié des boutons et elle présentait une brûlure de cigarette sur la manchette. (p. 12)
And what on earth would she possess worth trading for it ? Only one thing – herself – and the house of Snow had not yet fallen that far. (p. 4)	Que pouvait-elle bien posséder qui ait assez de valeur pour être échangé ? Une seule chose : elle-même, et la maison Snow n'était pas tombée aussi bas. (p. 12)
Gem of Panem, *Mighty city,* *Through the ages, you shine anew.* (p. 4)	Cœur de Panem, Ville glorieuse, Tu brilles pour l'éternité. (p. 12)
Then she would warble the anthem out of the penthouse window as the bombs rained down. (p. 4)	Après quoi elle entonnait l'hymne à pleins poumons devant la fenêtre ouverte pendant que les bombes pleuvaient à l'extérieur. (p. 13)
Gem of Panem, *Heart of justice,* *Wisdom crowns your marble brow.* (p. 5)	Cœur de Panem, Phare de justice, La sagesse pare ton front. (p. 13)
He steeled himself and picked up the phone to plead dire illness when another thought hit him : If he failed to show, would she allow them to replace him as a mentor ? (p. 8)	S'armant de courage, il saisissait le téléphone, quand une autre pensée le fit hésiter : s'il ne se présentait pas à la cérémonie, désignerait-elle quelqu'un d'autre pour le remplacer comme mentor ? (p. 17)

The front door, warped and complaining, scraped open. (p. 9)	La porte d'entrée, déformée par l'humidité, s'ouvrit en tremblant et en grinçant. (p. 18)
The thick linen was neither the original white nor the yellow of age, but a delicious cream. (p. 9)	L'étoffe n'avait pas sa blancheur d'origine ni la coloration jaunie qu'elle avait prise mais une jolie teinte crème. (p. 18)
Snow lands on top ! (p. 9)	La neige se pose toujours au sommet ! (p. 18)
Lucy Gray Baird stood upright in a dress made of a rainbow of ruffles, now raggedy but once fancy. (p. 24)	Lucy Gray Baird se tenait bien droite dans une robe à volants arc-en-ciel passablement élimée mais qui avait dû être jolie autrefois. (p. 36)
His long shot of a tribute, his throwaway, his insult had captured the Capitol's attention. (p. 25)	La pauvre fille pathétique qu'on lui avait attribuée, comme une insulte, venait de capter l'attention du Capitole. (p. 37)
They watched as their neighbor Nero Price, a titan in the railroad industry, carved the leg from the maid, sawing back and forth with a terrifying knife until the limb came free. (p. 32)	Ils avaient alors vu Nero Price, un géant de l'industrie ferroviaire, trancher la jambe de la bonne avec un grand couteau… (p. 45)
Another hour crawled by and he was just about ready to give up, when a train whistle sounded deep in the tunnel. (p. 39)	Une heure de plus s'écoula, et il était sur le point de renoncer quand une série de coups de sifflet résonna dans le tunnel. (p. 55)
That word was poison in the mouth of Capitol citizens, but she had said it approvingly, as a compliment. (p. 43)	Ce mot, qui était une insulte dans la bouche des citoyens du Capitole, elle l'avait employé sur un ton approbateur, comme un compliment. (p. 59)
You see, Casca, this one took the initiative. He understands the importance of keeping the games alive. (p. 59)	Vous voyez, Casca, […], ce garçon prend des initiatives. Il a parfaitement saisi toute l'importance des Jeux. (p. 78)

Was he trying to outdo him and steal the day's thunder ? (p. 63)	Cherchait-il à doubler Coriolanus, à ramener toute la lumière sur lui ? (p. 82)
But Marcus remained stone-faced and immobile. (p. 66)	Marcus, le visage de pierre, demeura immobile. (p. 86)
I want you to know I don't really believe you're here for grades or glory. You're a rare bird, Coriolanus. (p. 123)	Je veux que tu saches que je ne crois pas au fond que tu sois là pour te couvrir de gloire ou pour obtenir de bonnes notes. Tu es drôle d'oiseau, Coriolanus. (p. 151)
Staring up at the towering rows of seats made him feel diminished to the point of insignificance. A raindrop in a flood, a pebble in an avalanche. (p. 136)	Les rangées de sièges qui s'étendaient à perte de vue lui donnaient la sensation d'être minuscule, insignifiant. Une goutte d'eau dans la mer, un caillou dans une avalanche. (p. 167)
Perhaps, as she claims, she is not really district. (p. 143)	Elle a peut-être raison, finalement, quand elle prétend ne pas être des districts. (p. 175)
They could've been from any of the twelve districts, or a ragtag bunch that had escaped from District 13, or even, fate forbid, some long-dormant cell in the Capitol itself. (p. 143)	Ils pouvaient venir de n'importe quel district. Il pouvait s'agir d'une poignée de rescapés du district Treize, ou peut-être même d'une cellule dormante au sein du Capitole. (p. 176)
The pleasant cocoon of the hospital now seemed an insidious trap shrinking to suffocate him. (p. 148)	Le cocon douillet de l'hôpital ressemblait désormais à un piège mortel en train de se resserrer autour de lui. (p. 181)
No one checked on him as the hours crept by, which added to his distress. (p. 148)	Personne ne revint le voir avant la fin de la nuit, ce qui ne fit qu'augmenter son angoisse. (p. 181)
We fell on hard times and we lost our bright color. (p. 170)	Mais les temps étaient durs, et tout s'est compliqué. (p. 209)

This growing perception that they were great friends, that he was the confident of the loos cannon from the districts, was beginning to worry him. (p. 208)	On les considérait de plus en plus comme des amis et cette association avec une tête brûlée originaire des districts devenait préoccupante. (p. 253)
I don't have time for explanations. Right now the Plinth brat's loose in the arena with a pack of wolves. (p. 225)	Le temps nous est compté, monsieur Snow. À la minute même, le jeune Plinth est dans l'arène avec une meute de loups. (p. 272)
Five minutes passed before an ambulance drove up and popped open its back doors. The boys were loaded in without so much as a glance from the authorities. (p. 240)	Cinq minutes s'écoulèrent avant qu'une ambulance n'arrive pour les embarquer sous l'œil indifférent des autorités. (p. 289)
The main student body had been told to report at a quarter to eight, so the early birds consisted of the active mentors and a few Avoxes tidying the hall. (p. 247)	On avait demandé aux élèves d'arriver à huit heures moins le quart, si bien qu'à cette heure matinale il n'y avait dans le hall que les mentors dont les tributs étaient encore en lice ainsi que quelques Muets chargés du nettoyage. (p. 297)
The girl tribute from District 5, a rickety little thing who had been one of the unwashed herd to Coriolanus, made her way out onto the bleaches at the far end of the arena. (p. 252)	La fille du district Cing, une petite maigrichonne qui avait fait partie de ceux qui voulaient s'en prendre à Coriolanus, s'aventura sur les gradins au fond de l'arène. (p. 303)
Her face registered little emotion, but a single tear slid down her cheek, just kissing the edge of her mouth before she brushed it away. (p. 258)	Son visage ne trahissait aucune émotion, à l'exception d'une larme unique qui roula sur sa joue et qu'elle essuya d'un revers de main. (p. 310)

They examined one another with new eyes now that the Plinth Prize was in play, each hoping not just to have *a victor but to* be *a victor in the Games.* (p. 263)	Ils se regardaient d'un œil nouveau à présent qu'il y avait le prix Plinth à gagner : ils n'aspiraient plus simplement à être le mentor du vainqueur, ils désiraient devenir eux-mêmes un vainqueur des Jeux. (p. 315)
And they shouldn't forget how she'd stood by Jessup until the bitter end. (p. 270)	… et il ne fallait pas oublier qu'elle était restée auprès de Jessup jusqu'à la fin. (p. 324)
Lucy Gray was not prone to carelessness. Perhaps she'd even chosen frail Wovey as a target because the child's already-grave condition would mask the poisoning. (p. 295)	Lucy Gray n'était pas du genre à négliger les détails. Peut-être avait-elle ciblé Wovey parce que sa fragilité masquerait l'empoisonnement. (p. 353)
But actions speak louder than words, and our rebel enemies seem somewhat hard of hearing. (p. 297)	Toutefois, les actes parlent plus fort que tous les mots, et nos ennemis rebelles sont décidément durs d'oreille. (p. 356)
Perhaps the dean wanted to congratulate him in private. Or even apologize for abusing him. A falling star might one day have need of a rising one. (p. 320)	Le doyen voulait peut-être le féliciter en privé. Ou peut-être même s'excuser de son comportement envers lui. Une étoile sur le déclin pouvait toujours avoir besoin d'une étoile montante. (p. 381)
"Do you hear that, Coriolanus ? It's the sound of Snow falling." (p. 324)	« Vous entendez ça, Coriolanus ? C'est le bruit que fait la neige en tombant. » (p. 386)
It was all for exposing you then, presenting you with another demerit, and disqualifying you from the Games, but Dr. Gaul felt you were of more use as a martyr for the cause of the wounded Capitol. (p. 324)	Je voulais vous dénoncer publiquement, vous infliger un autre blâme et vous disqualifier des Jeux, mais la Dr Gaul a estimé que vous nous seriez plus utile en martyr du Capitole. (p. 386)
Out of the frying pan and into the fire, as they say. (p. 324)	Quelle désillusion. (p. 387)

Rumor would fly. (p. 330)	… et les rumeurs iraient bon train. (p. 393)
Or, even worse, sentenced to a life of experimentation in Dr. Gaul's lab of horrors. (p. 330)	Pire, elle pourrait la condamner à finir ses jours en tant que cobaye dans son labo des horreurs. (p. 394)
Every so often the train would stop and vomit out more recruits, either at their designated district or for transfer to transports headed north or south or wherever they'd been assigned. (p. 331)	Régulièrement, le train faisait halte pour lâcher une partie des recrues, soit dans le district qu'on leur avait assigné, soit pour leur permettre de prendre une correspondance vers le nord ou le sud. (p. 394)
Sometimes he stared out the windows at the dead cities they passed, now abandoned to the elements, and wondered what the world had been like when they'd all been in their glory. (p. 331)	Parfois il voyait défiler derrière la vitre des villes mortes, livrées aux éléments, et se demandait à quoi avait bien pu ressembler ce pays au temps de leur splendeur. (p. 394)
Coriolanus stumbled onto the platform with a throbbing head and sandpaper mouth. (p. 331)	Coriolanus descendit sur le quai avec un gros mal de tête et la bouche pâteuse. (p. 395)
At the barracks, the two girls peeled off while he and the only other new male recruit, a tall, rail-thin boy named Junius, were directed to a room lined with four sets of bunk beds and eight lockers. (p. 332)	Une fois devant leurs baraquements, on les sépara, les deux filles d'un côté, les deux garçons de l'autre. Lui et un grand échalas prénommé Junius furent conduits dans une chambre comportant quatre lits superposés et huit casiers. (p. 395)
It's Monday night now, and the apartment echoes with your absence. (p. 336)	Nous sommes lundi soir, et l'appartement paraît bien vide en ton absence. (p. 400)
That's the one sweet spot in all this madness. (p. 337)	C'est le seul rayon de soleil dans toute cette histoire. (p. 400)
Coriolanus buried his face in his hands. (p. 337)	Coriolanus enfouit son visage dans ses mains. (p. 401)
She's head over heels in love with you ! (p. 342)	Elle est folle de toi ! (p. 407)

"Yes, to punish the districts and remind us what beasts we are," said Coriolanus, focused on lining up Sejanus's folded socks in the locker. (p. 343)	Eh oui. Pour punir les districts et nous rappeler que nous ne sommes que des animaux, répondit Coriolanus en rangeant les chaussettes de Sejanus dans son tiroir. (p. 407)
Sejanus turned out to be a natural marksman and soon earned the nickname Bull's Eye. (p. 345)	Sejanus se révéla être un tireur hors pair, ce qui lui valut bientôt le surnom de Sniper, qu'il accepta, quoique à contrecœur. (p. 410)
Green as he was, Coriolanus couldn't see how this could involve him, and went about his schedule. (p. 346)	Encore novice, Coriolanus ne vit pas en quoi cela pouvait le concerner et suivit donc sa routine habituelle. (p. 411)
But during drill practice, the base commander himself, an old goat named Hoff, dropped by and observed for a short time. (p. 346)	Pendant l'exercice, le commandant de la base, un vétéran du nom de Hoff, vint observer les recrues. (p. 412)
"Well, you know what they say. The show's not over until the mockingjay sings." (p. 352)	Eh bien, tu sais ce qu'on dit. Le spectacle n'est pas fini tant que le geai moqueur n'a pas chanté. (p. 418)
A few of the Peacekeepers had gathered around her, and she chatted whit them, but he could see her eyes darting his way. (p. 368)	Une poignée de Pacificateurs étaient montés sur scène, et elle échangea quelques mots avec eux, mais il voyait bien qu'elle le cherchait du regard. (p. 436)
Maude Ivory planted her wispy frame squarely in front of Lucy Gray. (p. 369)	Maude Ivory planta sa silhouette gracile devant Lucy Gray… (p. 437)
"Don't need you neither. Go on and get. And take your weasel girl with you," ordered Maude Ivory. (p. 369)	Non, personne n'a besoin de toi. Fiche le camp. Et emmène ta copine à tête de fouine, ordonna Maude Ivory. (p. 437)

"We can do without you, Billy Taupe. You made your choice. Now leave us be," said Barb Azure, her quiet voice underlaid with steel. (p. 369)	On se passe très bien de toi, Billy Taupe. Tu as fait ton choix. Maintenant, laisse-nous tranquilles, dit Barbe Azure de sa voix douce. (p. 437)
The band had made their position clear when it came to his rival, and yet he didn't know how they would take Coriolanus's ratting him out, possibly landing him in jail. (p. 373)	Les musiciens avaient clairement pris position contre son rival, seulement, il ignorait comment ils réagiraient s'il le dénonçait. (p. 442)
Particularly Lucy Gray, who might be very interested to know that her old flame had run to the mayor's daughter's house for solace. (p. 373)	Surtout Lucy Gray, qui apprendrait sans doute avec intérêt que son ex-petit ami avait couru chercher du réconfort chez la fille du maire. (p. 442)
Now what will you do when I go to my grave ? (p. 373)	Que feras-tu, dis-moi, quand ils m'auront tuée ? (p. 442)
The owner, a beet-faced woman, had little interest in providing directions to nonpaying customers, so Sejanus bartered his fancy chewing gum for a loaf of bread. (p. 376)	Comme la patronne, une femme au visage rougeaud, n'était guère disposée à renseigner des clients qui ne lui achetaient rien, Sejanus lui échangea son paquet de chewing-gums du Capitole contre une miche de pain. (p. 445)
"Or what, Lucy Gray ? You'll sic your Peacekeepers on me ?" He laughed. (p. 391)	Sinon quoi, Lucy Gray ? Tu lâcheras tes Pacificateurs sur moi ? Il rit. (p. 461)
"And who sent me over there in the first place, I wonder ? Makes me sick how you're playing the kids. Poor Lucy Gray. Poor lamb," he sneered. (p. 392)	Et qui m'a envoyé là-bas, hein ? Ça me dégoûte, ce numéro que tu joues auprès des gosses. Pauvre Lucy Gray. Innocente comme l'agneau, ricana-t-il. (p. 462)
"Me ? I'm the rosebud in that dung heap." (p. 392)	Moi ? Je suis la rose sur ce tas de fumier. (p. 462)
But a cloud hung over her. (p. 393)	Mais une ombre semblait toujours peser sur elle. (p. 463)

For all he knew, Billy Taupe was trying to worm his way back into her heart at this very moment. (p. 410)	Qui pouvait lui certifier que Billy Taupe n'était pas en train de s'insinuer dans ses bonnes grâces en ce moment même ? (p. 483)
I don't know what she told him. Certainly not that Billy Taupe was her flame. (p. 440)	J'ignore quelle histoire elle a bien pu inventer. Sûrement pas qu'elle en pinçait pour Billy Taupe ! (p. 516)
Wear a necklace of rope, side by side with me. (p. 486)	Mettre un collier de corde et pendre à mes côtés ? (p. 569)
They'd come up with the idea that everyone in the district would receive a parcel of food if their tribute took the crown. (p. 511)	On avait donc envisagé que chacun dans le district recevrait un colis de nourriture en cas de victoire de son tribut. (p. 597)
His fingers stroked his butter-soft leather satchel, a back-to-school gift from the Plinths. (p. 511)	Il caressa du bout des doigts la sacoche en cuir offerte par les Plinth pour la rentrée. (p. 598)
The fresh air on the walk to the Academy left his mind razor sharp. (p. 513)	La petite marche dans l'air frais jusqu'à l'Académie lui donna un coup de fouet. (p. 599)
And who but the vilest monster would stage it ? (p. 514)	Quel genre de monstre aurait pu vouloir le concrétiser ? (p. 601)
"Your little songbird," the dean said. (p. 515)	Votre petit oiseau chanteur. (p. 602)
She could fly around District 12 all she liked, but she and her mockingjays could never harm him again. (p. 516)	Elle pouvait voler à travers le Douze tant qu'elle voulait, ses geais moqueurs et elle ne pourraient plus jamais lui faire de mal. (p. 603)
People would call him a tyrant, ironfisted and cruel. (p. 516)	On l'accuserait d'être un tyran, dur et cruel… (p. 603)

RÉFÉRENCES BIBLIOGRAPHIQUES

SOURCES PRIMAIRES

ŒUVRES DE SUZANNE COLLINS

Textes sources

COLLINS, Suzanne, *The Underland Chronicles*, New York, Scholastic Press, 2003-2007.

COLLINS, Suzanne, *The Hunger Games*, New York, Scholastic Press, 2008.

COLLINS, Suzanne, *Catching Fire*, New York, Scholastic Press, 2009.

COLLINS, Suzanne, *Mockingjay*, New York, Scholastic Press, 2010.

COLLINS, Suzanne, *The Ballad of Songbirds and Snakes*, Scholastic Press, 2020.

Traductions

COLLINS, Suzanne, *Hunger Games*, trad. Guillaume Fournier, Paris, Pocket Jeunesse, 2009.

COLLINS, Suzanne, *Hunger Games. II. L'embrasement*, trad. Guillaume Fournier, Paris, Pocket Jeunesse, 2010.

COLLINS, Suzanne, *Hunger Games. III. La révolte*, trad. Guillaume Fournier, Paris, Pocket Jeunesse, 2011.

COLLINS, Suzanne, *Hunger Games. IV. La Ballade du serpent et de l'oiseau chanteur*, trad. Guillaume Fournier, Paris, Pocket Jeunesse, 2021.

ŒUVRES AMÉRICAINES DE LITTÉRATURE DE JEUNESSE

L'ENGLE, Madeleine, *A Wrinkle in Time*, New York, Farrar, Straus & Giroux, 1962.

L'ENGLE, Madeleine, *A Circle of Quiet*, New York, Farrar, Straus & Giroux, 1972.

L'ENGLE, Madeleine, *A Swiftly Tilting Planet*, New York, Farrar, Straus & Giroux, 1978.

L'ENGLE, Madeleine, *Many Waters*, New York, Farrar, Straus & Giroux, 1986.
MEYER, Stephenie, *Twilight*, New York, Little Brown and Company, 2005.
MEYER, Stephenie, *New Moon*, New York, Little Brown and Company, 2006.
MEYER, Stephenie, *Eclipse*, New York, Little Brown and Company, 2007.
MEYER, Stephenie, *Breaking Dawn*, New York, Little, Brown and Company, 2008.
RIORDAN, Rick, *Percy Jackson and the Olympians*, New York, Disney Hyperion, 2005-2009.
RIORDAN, Rick, *The Lightning Thief*, New York, Disney Hyperion, 2005.
RIORDAN, Rick, *The Kane Chronicles*, New York, Disney Hyperion, 2010.
RIORDAN, Rick, *The Magnus Chase and the Gods of Asgard*, New York, Disney Hyperion, 2015-2018.
RIORDAN, Rick, *The Trials of Apollo*, New York, Disney Hyperion, 2016.
ROTH, Veronica, *Divergent*, New York, Katherine Tegen Books (HarperCollins Publishers Inc.), 2011.
ROTH, Veronica, *Insurgent*, New York, Katherine Tegen Books, 2012.
ROTH, Veronica, *Allegiant*, New York, Katherine Tegen Books, 2013.
SNICKET, Lemony, *A Series of Unfortunate Events*, New York, HarperCollins, 1999-2006.
SNICKET, Lemony, *The Bad Beginning*, New York, HarperCollins, 1999.
STINE, R. L., *Fear Street*, New York, Simon Pulse and St. Martin's Press, 1989-1999 ; 2005 ; 2014-.
STINE, R. L., *Goosebumps*, New York, Scholastic Corporation, 1992-1997.
STINE, R. L., *The House of Evil – The First Horror*, New York, Simon Pulse, 1994.
STINE, R. L., *Give Yourself Goosebumps*, New York, Scholastic Press, 1995.
STINE, R. L., *The Nightmare Room*, New York, Harper Collins, 2001-2002.
STINE, R. L., *Mostly Ghostly*, New York, Random House, 2004-2006.
STINE, R. L., *Rotten School*, New York, Parachute Publishing, 2005-2008.

SOURCES SECONDAIRES

OUVRAGES ET ARTICLES GÉNÉRAUX EN LINGUISTIQUE, SÉMANTIQUE, SÉMIOTIQUE, PHILOSOPHIE ET LITTÉRATURE

Ouvrages

ARISTOTE, *Rhétorique*, trad. Jean Lauxerrois, Paris, Pocket, 2007.
ARISTOTE, *Poétique*, trad. Michel Magnien, Paris, Le Livre de Poche, 1990.

Bachelard, Gaston, *L'Eau et les rêves. Essai sur l'imagination de la matière*, Paris, José Corti, 1942.

Bachelard, Gaston, *La Psychanalyse du feu*, Paris, Gallimard, [1949] 1992.

Binswanger, Ludwig, *Analyse existentielle et psychanalyse freudienne*, trad. Roger Lewinter, Paris, Gallimard, [1947] 1970.

Bollack, Jean, *Sens contre sens : comment lit-on ? Entretiens avec Patrick Llored*, Genouilleux, La Passe du vent, 2000.

Bréal, Michel, *Essai de sémantique : science des significations*, Limoges, Lambert-Lucas, 2005.

Cadiot, Pierre et Visetti, Yves-Marie, *Pour une théorie des formes sémantiques : motifs, profils, thèmes*, Paris, PUF, 2001a.

Cadiot, Pierre et Visetti, Yves-Marie, *Motifs et proverbes, Essai de sémantique proverbiale*, Paris, PUF, 2006a.

Cadiot, Pierre, éd., *Linguistique et phénoménologie du langage*, revue *La TILV*, n° 52-23, mai 2012.

Cassirer, Ernst, *La Philosophie des formes symboliques 1. Le langage*, Paris, Éditions de minuit, 1991.

Cassirer, Ernst, *Trois essais sur le symbolique. Œuvres VI*, Paris, Cerf, coll. « Passages », 1997.

Chevalier, Jean et Gheerbrant, Alain, *Dictionnaire des symboles*, 4 vol., Paris, Seghers, 1974.

Chomsky, Noam, *Aspects de la théorie syntaxique*, trad. Jean-Claude Milner, Paris, Seuil, 1971.

Cicéron, *Rhétorique, à C. Herennius, Œuvres complètes*, éd. M. Nisard, t. 1, Paris, Didot, 1864, https://gallica.bnf.fr/ark:/12148/bpt6k2820666.texteImage (consulté le 12/12/2021).

Coquet, Jean-Claude, *La Quête du sens – Le Langage en question*, Paris, PUF, 1997.

Coquet, Jean-Claude, *Phusis et Logos. Une phénoménologie du langage*, Saint-Denis, Presses Universitaires Vincennes, 2007.

Culioli, Antoine, *Pour une linguistique de l'énonciation*, t. 1, Paris, Ophrys, 1991.

Culioli, Antoine, *Pour une linguistique de l'énonciation*, t. 2, Paris, Ophrys, 1999.

Culioli, Antoine, *Pour une linguistique de l'énonciation*, t. 3, Paris, Ophrys, 1999.

Eco, Umberto, *Sémiotique et philosophie du langage*, Paris, PUF, 1988.

Eco, Umberto, *Kant et l'ornithorynque*, Paris, Grasset, 1999.

Fauconnier, Gilles et Turner, Mark, *The Way We Think Conceptual Blending and The Mind's Hidden Complexities*, New York, Basic Books, 2002.

Foessel, Michaël et Lamouche, Fabien, éd., *Ricœur*, Paris, Points, 2007.

Fontanille, Jacques, *La Sémiotique du discours*, Liège, PULIM, 1999a.

Fontanille, Jacques, *Sémiotique et littérature : essais de méthode*, Paris, PUF, 1999b.

FUMAROLI, Marc, dir., *Histoire de la rhétorique dans l'Europe moderne, 1450-1950*, Paris, PUF, 1999.

GENETTE, Gérard, « La rhétorique restreinte », revue *Communications*, n° 16, Recherches rhétoriques, Paris, Le Seuil, 1970, p. 158-171, https://www.persee.fr/doc/comm_0588-8018_1970_num_16_1_1234 (consulté le 12/12/2021).

GENETTE, Gérard, *Figures I*, Paris, Seuil, 1966.

GENETTE, Gérard, *Figures III*, Paris, Seuil, 1972.

GENETTE, Gérard, *Figures IV*, Paris, Seuil, 1999.

GENETTE, Gérard, *Palimpsestes. La littérature au second degré*, Paris, Seuil, 1982.

GÉRARD, Christophe, *Contribution à une sémantique interprétative des styles. Étude de deux œuvres de la modernité poétique : Jacques Dupin et Gérard Macé*, thèse soutenue à l'Université de Toulouse 2 Le Mirail, 2004.

GURWITSCH, Aron, *Théorie du champ de la conscience*, Paris, Desclée de Brouwer, 1957.

HOLMES, Su et JERMYN, Deborah, éd., *Understanding Reality Television*, Londres, New York, Routledge, 2004.

HUMBOLDT, Wilhelm von, *Introduction à l'ouvrage sur la langue Kavi et autres essais*, trad. Caussat, Paris, Seuil, 1974.

KERBAT-ORECCHIONI, Catherine, *L'Implicite*, Paris, Armand Colin, 1986.

KLEIBER, Georges, *La Sémantique du prototype : catégories et sens lexical*, Paris, PUF, 1990.

KOLNAI, Aurel, « La Mentalité utopienne », *La Table ronde*, n° 153, sept. 1960, p. 62-84.

LANGACKER, Ronald W., *Foundations of Cognitive Grammar : Theoretical Prerequisites*, vol. 1, Stanford, Stanford University Press, 1987.

LAUTEL, Alain, éd. et trad., *Guillaume Apollinaire*, Zone. *Texte français / Traduction anglaise*, Paris, La TILV éditeur, coll. « BIP » 1993.

LAUTEL-RIBSTEIN, Florence, éd., *Formes sémantiques, langages et interprétations*, revue *La TILV*, n° 54, numéro spécial, juillet 2012.

LEVINAS, Emmanuel, *Humanisme de l'autre homme*, Paris, Le Livre de Poche, 1972.

MAINGUENEAU, Dominique, *Les Termes clés de l'analyse du discours*, Paris, Seuil, 1996a.

MAZALEYRAT, Hélène, *Vers une approche linguistico-cognitive de la polysémie : Représentation de la signification et construction du sens*, thèse de linguistique, Université Blaise Pascal – Clermont-Ferrand II, 2010.

MERLEAU-PONTY, Maurice, *Phénoménologie de la perception*, Paris, Gallimard, 1945.

MESCHONNIC, Henri, *Critique du rythme. Anthropologie historique du langage*, Paris, Verdier, 1982.

MORIN, Edgar, *L'Homme et la mort*, Paris, Seuil, 1970.

PROUST, Marcel, *Du côté de chez Swann*, Paris, Flammarion, 1987.

QUINTILIEN, *De l'Institution oratoire*. t. 5, Livres VIII-IX, éd. et trad. Jean Cousin, Paris, Les Belles Lettres, 1978.

RASTIER, François, *Sémantique interprétative*, Paris, Presses universitaires de France, 1987.

RASTIER, François, *Sens et textualité*, Paris, Hachette, 1989.

RASTIER, François, CAVAZZA, Marc et ABEILLE, Anne, *Sémantique pour l'analyse : de la linguistique à l''informatique*, Paris, Masson, 1994.

RENAN Ernest, *Histoire des origines du Christianisme, Vie de Jésus*, Paris, Hachette Livre BNF, 1863.

RICŒUR, Paul, *L'Herméneutique biblique*, Paris, éditions du Cerf, 2000.

SCHIFFRIN, Deborah, *Approaches to Discourse*, Oxford, Blackwell, 1994.

STEINER, George, *Grammaires de la création*, trad. P.-E. Dauzat, Paris, Gallimard, 2001.

STEINER, George, *Poésie de la pensée*, trad. P.-E. Dauzat, Paris, Gallimard, 2011.

TODOROV, Tzvetan, *Théories du symbole*, Paris, Seuil, 1977.

VALERY, Paul, *Œuvres I*, Paris, Gallimard, 1939.

VEYNE, Paul, *Le Pain et le cirque. Sociologie historique d'un pluralisme politique*, coll. « Point Histoire », Paris, Seuil, 1976.

VOSS, José, *Le Langage comme force selon Wilhelm von Humboldt*, Saint-Denis, Publibook, 2017.

WIERZBICKA, Anna, *Semantics. Primes and Universals*, Oxford & New York, Oxford University Press, 1996.

Articles

ABLALI, Driss, « Hjelmslev et Greimas : deux sémiotiques universelles différentes », *Linx*, n° 44, 2001, p. 39-53, http://linx.revues.org/1031 (consulté le 12/12/2021).

BRODEN, Thomas F., « La sémiotique greimassienne et la sémiotique peircienne : visées, principes et théories du signe », *Estudos semióticos*, vol. 10, n° 2, 2014, p. 1-16.

BRUZY, Claude, BURZLAFF, Werner, MARTY, Robert et RETHORE, Joëlle, « La sémiotique phanéroscopique de Charles S. Peirce », *La Sémiotique de C. S. Peirce*, éd. François Peraldi, *Langages*, n° 58, 1980, p. 29-59.

CADIOT, Pierre et HABERT, Benoît, « Introduction », *Aux sources de la polysémie nominale*, éd. Pierre Cadiot et Benoît Habert, *Langue française*, n° 113, 1997a, p. 3-11.

CADIOT, Pierre et NEMO, François, « Propriétés extrinsèques en sémantique lexicale », *French Language Studies*, n° 7, 1997b, p. 127-146.

CADIOT, Pierre et VISETTI, Yves-Marie, « Motifs, profils, thèmes : une approche globale de la polysémie », *Cahiers de Lexicologie*, n° 79 : 2, 2001b, p. 5-46, http://formes-symboliques.org/IMG/pdf/doc-26.pdf (consulté le 01/03/2022).

CADIOT, Pierre et VISETTI, Yves-Marie, « Motifs linguistiques et construction des formes sémantiques. Schématicité, généricité, figuralité », *Représentations du Sens linguistique*, éd. Dominique Lagorgette et Pierre Larrivée, *LINCOM Studies in Theoretical Linguistics (LST)*, n° 22, 2002a, p. 19-48, https://www.researchgate.net/publication/281933762_Motifs_Linguistiques_et_construction_des_formes_semantiques_schematicite_genericite_figuralite (consulté le 10/12/2021).

CADIOT, Pierre, « Du lexème au proverbe : pour une sémantique anti-représentationnaliste », *Variation, construction, et instrumentation du sens*, éd. M. Siksou, coll. « Hermès Sciences », Paris, Lavoisier, 2003, p. 25-46.

CADIOT, Pierre, « Le signifié : un objet non identifié ? », *Cahiers de linguistique analogique*, n° 2, *Un signifié : un signifiant. Débat*, 2005, p. 41-59.

CONTE, Sophie, « La rhétorique au XVIIe siècle : un règne contesté », *Modèles linguistiques*, n° 58, p. 2008, p. 111-130, http://journals.openedition.org/ml/373 (consulté le 10/12/2021).

COQUET, Jean-Claude, « L'être et le passage ou d'une sémiotique à l'autre », *TLE*, n° 6, Saint Denis, Presses Universitaires de Vincennes, 1988.

COQUET, Jean-Claude, « Réalité et principe d'immanence », *L'Objet sens et réalité*, éd. Jean-Claude Coquet et Jean Petitot, *Langages*, n° 103, 1991, p. 23-35.

FILLMORE, Charles J., « Scenes-and-Frames Semantics », *Linguistic Structures Processing*, éd. Antonio Zampolli, Amsterdam, N. Holland, 1976, p. 55-88

FUCHS, Catherine, « article SEME, *linguistique* », *Encyclopedia Unversalis*, http://www.universalis.fr/encyclopedie/seme-linguistique/ (consulté le 06/02/2022).

HARRIS, Zellig S., « Discourse Analysis », *Language*, vol. 28, n° 1, Jan. – Mar. 1952, p. 1-30.

HARRIS, Zellig S. et DUBOIS-CHARLIER, Françoise, « Analyse du discours », *Langages*, n° 13, 1969, p. 8-45.

HELSLOOT, Niels et HAK, Tony, « La contribution de Michel Pêcheux à l'analyse de discours », *Langage et société*, n° 91, 2000, p. 5-33.

JACKSON, Philip W. et MESSICK, Samuel, « The Person, the Product, and the Response : Conceptual Problems in the Assessment of Creativity », éd. J. Kagan, *Creativity and Learning*, Boston, Houghton Mifflin, 1967, p. 1-19.

JANZ, Nathalie, « Une réception "indirecte" de Gaston Bachelard ? De l'utilité de quelques concepts bachelardiens pour l'épistémologie d'Ernst Cassirer », Jean Gayon *et al.*, *Bachelard dans le monde*, Paris, PUF, 2000, p. 187-202.

KLEIBER, Georges, « Sens, référence et existence : que faire de l'extra-linguistique ? », *Langue, praxis et production du sens*, éd. Paul Siblot, *Langages*, n° 127, 1997, p. 9-37.

LASSÈGUE, Jean, « Note sur l'actualité de la notion de forme symbolique », *Methodos*, n° 2, 2002, http://journals.openedition.org/methodos/88 (consulté le 20/05/2022).

LORENT, Fanny, « Gérard Genette et la rhétorique », *Atelier de théorie littéraire de Fabula*, 2015, http://www.fabula.org/atelier.php?Genette_et_la_rhetorique (consulté le 12/12/2021).

MAINGUENEAU, Dominique, « L'analyse des discours constituants », *Les Analyses du discours en France*, éd. Dominique Maingueneau, *Langages*, n° 117, 1995, p. 112-125.

MAINGUENEAU, Dominique, « Jean Dubois et les débuts de l'analyse du discours en France : quelques réflexions », *Linx* n° 34-35, 1996b, p. 27-33.

MAINGUENEAU, Dominique, « L'analyse du discours et ses frontières », *Analyse du discours. État de l'art et perspectives*, éd. Dominique Maingueneau, *Marges linguistiques*, n° 9, 2005, http://www.revue- texto.net/Parutions/Marges/00_m109200 5.pdf (consulté le 11/01/2022).

MAINGUENEAU, Dominique, « Que cherchent les analystes du discours ? », *Argumentation et Analyse du Discours*, n° 9, 2012a, http://aad.revues.org/1354 (consulté le 12/12/2021).

MAINGUENEAU, Dominique, « Linguistique et littérature : le tournant discursif », *Vox Poetica*, 2012b, http://www.vox-poetica.org/t/maingueneau.html (consulté le 02/04/2022).

MAINGUENEAU, Dominique, « Énonciation et analyse du discours », *Corela*, n° 19, 2016, https://journals.openedition.org/corela/4446 (consulté le 11/01/2022).

MARX, William, « Les deux poétiques de Valéry », *Fabula / Les colloques*, « Paul Valéry et l'idée de littérature », 2011, http://www.fabula.org/colloques (consulté le 20/12/2021).

PARRET, Herman, « Approches sémiologiques », *Recherches en communication*, n° 11, 1999, p. 43-58.

RASTIER, François, « Rhétorique et interprétation – ou le miroir et les larmes », *Sémantique et rhétorique*, éd. Michel Ballabriga, Toulouse, Éditions universitaires du sud, 1998, p. 33-57, http://www.revue-texto.net/Lettre/Rastier_Rhetorique.html (consulté le 06/02/2022).

RASTIER, François, « Formes sémantiques et textualité », *Langages*, n° 63, 2006, p. 99-104.

RASTIER, François, « Linguistique interprétative et traduction », *De la linguistique à la traductologie*, éd. Tatiana Milliaressi, Villeneuve d'Ascq, Presses Universitaires du Septentrion, 2011, p. 27-43.

ROJTMAN, Betty, « Paul Ricœur et les signes », *Cités*, n° 33, 2008, p. 63-82.

ROSENTHAL, Victor et VISETTI, Yves-Marie, « Sens et temps de la Gestalt », *Intellectica*, n° 28, 1999 : 1, p. 147-227, https://formes-symboliques.org/IMG/pdf/doc-79.pdf (consulté le 06/02/2022).

ROSENTHAL, Victor, « Formes, sens et développement : quelques aperçus de la microgenèse », 2004, http://www.revue-texto.net/index.php?id=662 (consulté le 06/02/2022).

SERIOT, Patrick, « Oxymore ou malentendu ? Le relativisme universaliste de la métalangue sémantique naturelle universelle d'Anna Wierzbicka », *Cahiers Ferdinand de Saussure*, n° 57, 2004, p. 23-43.

SUMPF, Joseph et DUBOIS, M. Jean, « Problèmes de l'analyse du discours », *Langages*, n° 13, 1969, p. 3-7.

VISETTI, Yves-Marie, « Le continu en sémantique : une question de formes », *Cahiers de praxématique*, n° 42, 2004, p. 39-73, https://journals.openedition.org/praxematique/2226 (consulté le 19/03/2022).

VISETTI, Yves-Marie et CADIOT, Pierre, « Instabilité et théorie des formes en sémantique – pour une notion de motif linguistique », *TLE (Théorie, Littérature, Enseignement)*, n° 18, 2000, p. 137-169.

OUVRAGES ET ARTICLES SUR LA MÉTAPHORE

Ouvrages sur la métaphore

ALEXANDRE JOURNEAU, Véronique, ANGER, Violaine, LAUTEL-RIBSTEIN, Florence et MATTIUSSI, Laurent, éd., *Métaphores et cultures. En mots et en Images*, Paris, L'Harmattan, 2012.

BLUMENBERG, Hans, *Paradigmes pour une métaphorologie*, Paris, Vrin, 2006.

CHARBONNEL, Nadine et KLEIBER, Georges, *La Métaphore entre philosophie et rhétorique*, Paris, PUF, 1999.

DUMARSAIS, César Chesneau, *Des Tropes, ou des diférens sens dans lesquels on peut prendre un même mot dans une même langue*, Paris, Vve J.-B. Brocas, 1730, https://gallica.bnf.fr/ark:12148/bpt6k50576m.image (consulté le 06/12/2021).

DUMARSAIS, César Chesneau et FONTANIER, Pierre, *Les Tropes de Dumarsais, avec un commentaire raisonné, destiné à rendre plus utile que jamais, pour l'étude de la grammaire, de la littérature et de la philosophie, cet excellent ouvrage classique, encore unique en son genre*, Paris, Belin-Le Prieur, 1818, https://gallica.bnf.fr/ark:/12148/bpt6k8205n.image (consulté le 06/12/2021).

FONTANIER, Pierre, *Les Tropes de Dumarsais*, Paris, Imprimerie d'ant. Beraud, 1818, https://gallica.bnf.fr/ark:/12148/bpt6k50577z.image (consulté le 06/12/2021).

FONTANIER, Pierre, *Manuel classique pour l'étude des tropes, ou Éléments de la science du sens des mots*, Paris, Belin-Le Prieur, 1821.

FONTANIER, Pierre, *Traité des figures du discours autres que les tropes*, Paris, Maire-Nyon, 1827.

FONTANIER, Pierre, *Les Figures du discours*, préface Gérard Genette, Paris, Flammarion, [1821] 1968.

FRANQUART-DECLERCQ, Christelle, *Processus et représentations dans la compréhension des métaphores verbales : perspective générale et développementale*, thèse soutenue à l'Université Paris 13, 2000, https://www.researchgate.net/profile/Christelle_Declercq/publication/34509400_Processus_et_representations_dans_la_comprehension_des_metaphores_verbales_microform_perspective_generale_et_developpementale/links/53ced01c0cf2f7e53cf7db85/Processus-et-representations-dans-la-comprehension-des-metaphores-verbales-microform-perspective-generale-et-developpementale.pdf (consulté le 12/12/2021).

GARDE TAMINE, Jöelle, *Pour une nouvelle théorie des figures*, Paris, PUF, 2011.

GRÉA, Philippe, *La Théorie de l'intégration conceptuelle appliquée à la métaphore et la métaphore filée*, thèse de doctorat en linguistique, université de Nanterre-Paris X, 2001, https://tel.archives-ouvertes.fr/tel-00813135/document (consulté le 10/12/2021).

HEDLEY, Jane, *Power in Verse, Metaphor and Metonymy in the Renaissance Lyric*, University Park, Pennsylvania State University Press, 1988.

HENRY, Albert, *Métaphore et métonymie*, Paris, Klincksieck, 1971.

LAKOFF, George et JOHNSON, Mark, *Metaphors We Live By*, Chicago & Londres, The University of Chicago Press, [1980] 2003.

LAKOFF, George et JOHNSON, Mark, *Philosophy in the Flesh : the Embodied Mind and its Challenge to Western Thought*, New York, Basic Books, 1999.

LALA, Marie-Christine, « La métaphore et le linguiste », *Figures de la psychanalyse*, revue *ERES*, n° 11, 2005 : 1, p. 145-161.

LE GUERN, Michel, *Sémantique de la métaphore et de la métonymie*, Paris, Larousse, 1973.

RENAULT, Jean-Baptiste, *Théorie et esthétiques de la métaphore : la métaphore et son soupçon entre correspondances et dissemblances, métaphores linguistiques et iconiques, Musique, musicologie et arts de la scène*, thèse soutenue à l'Université de la Sorbonne nouvelle – Paris III, 2013, https://tel.archives-ouvertes.fr/tel-00916648/document (conslué le 10/12/2021).

RICŒUR, Paul, *La Métaphore vive*, Paris, Seuil, [1975] 1997.

RICŒUR, Paul, *Philosophie, éthique et politique. Entretiens et dialogues*, éd. Catherine Goldenstein, Paris, Seuil, 2017.

SCHULZ, Patricia, *Description critique du concept traditionnel de « métaphore »*, Berne, Peter Lang, 2004.

VICTORRI, Bernard et FUCHS, Catherine, *La Polysémie : construction dynamique du sens*, Paris, Hermès, 1996.

VICTORRI, Bernard, « La polysémie : un artefact de la linguistique ? », *Revue de sémantique et de pragmatique*, n° 2, 1997, p. 41-62.

VILLARD, Masako, *Les Universaux métaphoriques. Étude contrastive de la métaphore en japonais et en français*, Berne, Frankfurt s. Main & New York, Peter Lang, 1984.

Articles sur la métaphore

BERNICOT, Josie, « L'étude expérimentale des métaphores », *L'Année psychologique*, vol. 81, n° 2, 1981, p. 465-483.

CADIOT, Pierre, « Métaphore prédicative nominale et motifs lexicaux », *Langue Française*, n° 130, 2002b, p. 38-57.

CADIOT, Pierre, « La métaphore, ou l'entrelacs des motifs et des thèmes », *SEMEN*, n° 15 : 2, 2002c, p. 41-59, http://journals.openedition.org/semen/2374 (consulté le 6/12/2021).

CADIOT, Pierre, « Métaphore prédicative nominale : genèse de la constitution de l'objet dans le champ subjectif », *Aux carrefours du sens, hommages offerts à Georges Kleiber pour son 60e anniversaire*, Leuven, Paris et Dudley, Peeters, 2006b, p. 641-657.

CADIOT, Pierre, « Jugement thétique et métaphore prédicative », *La Prédication*, éd. Jean-Marie Merle, *Faits de langues,* n° 31-32, Paris, Ophrys, 2009, p. 109-120.

CONSTANTIN DE CHANAY, Hughes et REMI-GIRAUD, Sylvianne, « Espèces d'espaces : approche linguistique et sémiotique de la métaphore », *Mots. Les langages du politique*, n° 68, 2002, http://mots.revues.org/7013 (consulté le 12/04/2022).

DILKS, Charlotte, « Approches théoriques : la métaphore, la sémantique interprétative et la sémantique cognitive », *Revue Texto*, vol. XVI, n° 2, 2011, http://www.revue-texto.net/index.php?id=2857 (consulté le 20/03/2022).

GRIESCH, Jean, « RICŒUR PAUL (1913-2005) », *Encyclopædia Universalis*, http://www.universalis.fr/encyclopedie/paul-ricoeur/ (consulté le 20/12/2021).

KERMONES, Yvon, « Les Métaphores – et leur traduction – dans la vie quotidienne », *Des mots aux actes*, n° 5, 2013.

KLEIBER Georges, « Métaphore : le problème de la déviance », *Langue française, Les figures de rhétoriques et leur actualité en linguistique*, n° 101, 1994, p. 35-56.

KLEIBER Georges, « De la sémantique de la métaphore à la pragmatique de la métaphore », *La Métaphore entre philosophie et rhétorique*, éd. Nadine Charbonnel et Georges Kleiber, Paris, PUF, 1999, p. 3-13.

LACLAU, Ernesto, « L'articulation du sens et les limites de la métaphore », Centre Sèvres, *Archives de Philosophie*, n° 4, 2007, t. 70, p. 599-624, https://www.cairn.info/revue-archives-de-philosophie-2007-4-page-599.htm (consulté le 10/12/2021).

LANDHEER, Ronald, « La métaphore : une question de vie ou de mort ? », *SEMEN*, n° 15, 2002, http://semen.revues.org/2368 (consulté le 18/03/2022).

MARGEL, Serge, « La métaphore. De la langue naturelle au discours philosophique », *Rue Descartes*, n° 52, 2006/2, p. 16-26.

OLIVEIRA, Isabelle, « La métaphore terminologique sous un angle cognitif », *META*, n° 504, 2005, http://id.erudit.org/iderudit/019923a (consulté le 18/03/2022).

PIGEAUD, Jackie, « Je pense d'où je sens », *Affectivité et pensée*, éd. Patrice Loraux, *Époкhè*, n° 2, Grenoble, Jérôme Millon, 1991, p. 61-90.

PILOTE, Guillaume, « Métaphore rhétorique et métaphore poétique chez Aristote », *Ithaque*, Université de Montréal, 2012, http://www.revueithaque.org/fichiers/Ithaque4/02Pilote.pdf (consulté le 10/12/2021).

PRANDI, Michele, « Métonymie et métaphore : parcours partagés dans l'espace de la communication », *SEMEN*, n° 15, 2002, http://journals.openedition.org/semen/2386 (consulté le 01/04/2022).

REMI-GIRAUD, Sylvianne, « De la création à l'extinction : métaphore(s) et mondes de discours », *Cahiers de praxématique*, n° 46, 2006, http://praxematique.revues.org/612 (consulté le 19/03/2022).

TAMBA-MECZ, Irène et VEYNE, Paul, « *Metaphora* et comparaison selon Aristote », *Revue des Études Grecques*, n° 92, 1979a, p. 77-98.

TAMBA-MECZ, Irène, « Sens figuré et changement de sens », *L'Information Grammaticale*, n° 3, 1979b, p. 10-13, https://www.persee.fr/docAsPDF/igram_0222-9838_1979_num_3_1_2513.pdf (consulté le 10/12/2021).

TEHSEEM, Tazanfal et KHAN, Ahsan B., « Exploring the Use of Metaphors in Children Literature : a Discursive Perspective », *European Journal of English Language, Linguistics and Literature*, n° 2-2, 2015, p. 7-17.

THIBAUD, Pierre, « La notion peircienne de métaphore », *Histoire Épistémologie Langage*, n° 16 : 1, 1994, p. 123-136, http://www.persee.fr/doc/hel_0750-8069_1994_num_16_1_2388 (consulté le 10/12/2021).

OUVRAGES ET ARTICLES SUR LA LITTÉRATURE DE JEUNESSE

Ouvrages et articles généraux sur la littérature de jeunesse

ARIES, Philippe, *Centuries of Childhood*, Londres, Jonathan Cape, 1962.

BAUDOU, Jacques, *L'Encyclopédie de la fantasy*, Paris, Fetjaine, 2009.

BEAU, Nathalie et LORANT-JOLLY, Annick, éd., *Rencontres européennes de la littérature pour la jeunesse*, actes du colloque organisé à la Bibliothèque nationale de France, 27-28 novembre 2008, Paris, La Joie par les livres, 2009.

BOULAIRE, Cécile, dir., *Le Livre pour enfants : regards critiques offerts à Isabelle Nières-Chevrel*, Rennes, Presses universitaires de Rennes, 2006.

BOULAIRE, Cécile, HERVOUËT, Claudine et LETOURNEUX, Matthieu, dir., *L'Avenir du livre pour la jeunesse*, actes du colloque organisé à la Bibliothèque nationale de France, 26 novembre 2009, Paris, La Joie par les livres, 2010.

BRAY, Suzanne, éd., *Dimensions of Madeleine L'Engle : New Critical Approaches*, Jefferson, N. C., McFarland & Company, 2017.

BRUNO, Pierre, *La Littérature pour la jeunesse : médiologie des pratiques et des classements*, Dijon, Éditions universitaires de Dijon, 2010.

CANI, Isabelle, CHABROL-GAGNE, Nelly, d'HUMIERES, Catherine, dir., *Devenir adulte et rester enfant ? Relire les productions pour la jeunesse*, actes du colloque international de Clermont-Ferrand, 18-20 mai 2006, Clermont-Ferrand, Presses universitaires Blaise Pascal, 2008.

CART, Michael, *Young Adult Literature from Romance to Realism*, Chicago, American Library Association, 2010.

CHELEBOURG, Christian et MARCOIN, Francis, *La Littérature de jeunesse*, Paris, Armand Colin, 2007.

CLICK, Melissa A., AUBREY, Jennifer Stevens et BEHM-MORAWITZ, Elizabeth, *Bitten by Twilight : Youth Culture, Media, & the Vampire Franchise*, New York, Peter Lang, 2010.

CULLINAN, Bernice E. et GOETZ PERSON, Diane, éd., *Continuum Encyclopedia of Children's Literature*, Continuum International Publishing Group Ltd., 2005.

GAFFNEY, Loretta M., *Young Adult Literature, Libraries and Conservative Activism*, Londres, Rowman & Littlefield, 2017.

GRANT, Barry Keith, « Screams on Screens : Paradigms of Horror », *Thinking After Dark : Welcome to the World of Horror Video Games*, Special Issue, *Loading…, The Journal of the Canadian Game Studies Association*, Vancouver, vol. 4, n° 6, site de la Simon Fraser University, 2010.

GRAVETT, Sandra L., *From Twilight to Breaking Dawn : Religious Themes in the Twilight Saga*, St Louis, Missouri, Chalice Press, 2010.

HENEGHAM, Liam, *Beasts at Bedtime : Revealing the Environmental Wisdom in Children's Literature*, Chicago, The University of Chicago Press, 2018.

HUNT, Peter, *Understanding Children's Literature*, New York, Routledge, 2005.

KING, Stephen, *Danse macabre*, Londres, Futura, 1981.

KING, Stephen, *Anatomie de l'horreur*, Monaco, Éditions du Rocher, 1995.

LABROUSSE, Nathalie, *Pourquoi ces dystopies ?*, coll. « Livre'L », Paris, Ed. M-editer, 2009.

LURIE, Alison, *Il était une fois… et pour toujours : à propos de la littérature enfantine*, trad. Emmanuelle Fletcher, Paris, Rivages, 2004.

MARTIN, Marie-Claire et Serge, *Quelle littérature pour la jeunesse ?*, Paris, Klincksieck, 2009.

MERLOCK JACKSON, Kathy et WEST, Mark I., éd., *Shapers of American Childhood :*

Essays on Visionaries from L. Frank Baum to *Dr. Spock to J. K. Rowling*, Jefferson, N.C., McFarland & Company, 2018.

MILLER, Alice, *For Your Own Good : Hidden Cruelty in Child Rearing and the Roots of Violence*, New York, The Noonday Press, 1990.

NIERES-CHEVREL, Isabelle, « Faire une place à la littérature de jeunesse », *Revue d'histoire littéraire de la France*, n° 102, 2002, p. 97-114.

NIERES-CHEVREL, Isabelle, éd., *Littérature de jeunesse, incertaines frontières*, actes du colloque de Cerisy-la-Salle, 5-11 juin 2004, Paris, Gallimard Jeunesse, 2005.

NIERES-CHEVREL, Isabelle, *Introduction à la littérature de jeunesse*, Paris, Didier jeunesse, 2009.

NIERES-CHEVREL, Isabelle et PERROT Jean, éd., *Le Dictionnaire du livre de jeunesse*, Paris Électre-Ed. du cercle de la Librairie, 2013.

PARAVANO, Cristina, « Real and Metaphorical Hunger : The Case of the Divergent Triology », *Other Modernities*, n° 13, 2015, p. 121-135.

PARKE, Maggie et WILSON, Natalie, éd., *Theorizing Twilight : Critical Essays on What's at Stake in a Post-Vampire World*, Jefferson, North Carolina, McFarland & Company, 2011.

PERRIN, Raymond, *Littérature de jeunesse et presse des jeunes au début du XXIe siècle : esquisse d'un état des lieux, enjeux et perspectives : à travers les romans, les contes, les albums, la bande dessinée et le manga, les journaux et les publications destinées à la jeunesse*, Paris, L'Harmattan, 2008.

PERROT, Jean, *Actes du Xe Congrès de l'International Research Society for Children's Literature*, Nancy, Presses Universitaires de Nancy, 1993.

PERROT, Jean, *Mondialisation et littérature de jeunesse*, Paris, Éditions du Cercle de la librairie, 2008.

PRINCE, Nathalie, éd., *La Littérature de jeunesse en question(s)*, Rennes, Presses universitaires de Rennes, 2009.

PRINCE, Nathalie, *La Littérature de jeunesse : pour une théorie littéraire*, Paris, Armand Colin, 2010.

PRINCE, Nathalie et SERVOISE, Sylvie, éd., *Les Personnages mythiques dans la littérature de jeunesse*, Rennes, Presses Universitaires de Rennes, 2015.

ROLLIN, Lucy et WEST, Mark, éd., *Psychoanalytic Responses to Children's Literature*, Jefferson, N.C., McFarland & Company, 1999.

SHAVIT, Zohar, *Poetics of Children's Literature*, Athènes/Londres, University of Georgia Press, 1986.

STAHL, John Daniel, HANLON, Tina L. et KEYSER, Elizabeth Lannox, éd., *Crosscurrents of Children's Literature : An Anthology of Texts and Criticism*, Oxford, Oxford University Press, 2007.

WEST, Mark I., *Children, Culture and Controversy*, Hamden, Conn., Archon Books, 1998.

WEST, Mark I., *A Children's Literature Tour of Great Britain*, Lanham, Md., Scarecrow, Oxford, Oxford Publicity Partnership, 2004.

Ouvrages et articles sur The Hunger Games

BALKIND, Nicola, *Fan Phenomena : The Hunger Games*, Bristol & Chicago, Intellect Books, 2014.

BORDIER, Marc, « The Hunger Games – Suzanne Collins », *Carnet de lecture*, 12 mai 2012, http://www.carnetlecture.com/litterature-anglaise/the-hunger-games-suzanne-collins/ (consulté le 25/01/2022).

DRISCOLL, Catherine et HEATWOLE, Alexandra, *The Hunger Games : Spectacle, Risk and the Girl Action Hero*, Londres, Routledge, 2018.

DUNN, George et MICHAUD, Nicolas, *The Hunger Games and Philosophy : A Critique of Pure Treason*, Hoboken (N.J.), Wiley, 2012.

GORDIN, Michael D., TILLEY, Helen et PRAKASH, Gyan, *Utopia/Dystopia : Conditions of Historical Possibility*, Princeton, Princeton University Press, 2010.

HEIT, James, *The Politics of The Hunger Games*, Jefferson, North Carolina, McFarland & Company, 2015.

HENTHORNE, Tom, *Approaching the Hunger Games Trilogy : a Literary and Cultural Analysis*, Jefferson, N.C, McFarland & Company, 2012.

KURNIAWATI, Kurniawati, TALLAPESSY, Albert et SABTA, Diana, « A Study of Conceptual Metaphor in Suzanne Collins' *The Hunger Games* », *Publika Budaya*, vol. 2, n° 3, nov. 2014, p. 73-77, https://jurnal.unej.ac.id/index.php/PB/article/view/1531/1252 (consulté le 20/05/2022).

LEFEBVRE, Hermine, « La dimension sociale et politique de la littérature de jeunesse à travers l'exemple de la trilogie *Hunger Games* de Suzanne Collins », mémoire de Master, Université de Lyon, 2014.

MILLER, Mary Catherine, *Restorying Dystopia : Exploring the Hunger Games Series Through U.S. Cultural Geographies, Identities, and Fan Response*, PhD, The Ohio State University, 2017.

PEKSOY, Emrah, « Food as Control in *the Hunger Games* Trilogy », *Procedia-Social and Behavioral Sciences*, n° 158, 2014, p. 79-84.

PHARR, Mary et CLARK, Leisa A., *Of Bread, Blood, and "The Hunger Games" Critical Essays on the Suzanne Collins Trilogy*, Jefferson, N.C., McFarland & Company, 2012.

SEDEEK, Abeer R. et EHSAN, Amira, « Conceptual Metaphor in the Narrative and Visual Structures of Suzanne Collins' The Hunger Games », *International Journal of Management and Applied Science*, vol. 3, n° 2, fév. 2017, p. 118-130.

STRIMITEZ, Iris, *The Mockingjay, Symbol of a Revolution. Power and Dangers of Mass Media in "The Hunger Games Trilogy" by Suzanne Collins*, Munich, Grin Verlag, 2016.

OUVRAGES ET ARTICLES EN TRADUCTOLOGIE

Ouvrages généraux en traductologie

BERMAN, Antoine, *L'Épreuve de l'étranger*, Paris, Gallimard, 1984.

BERMAN, Antoine, *La Traduction et la lettre ou l'Auberge du lointain*, Paris, Seuil, 1985.

BERMAN, Antoine, *Pour une critique des traductions : John Donne*, Paris, Gallimard, 1995.

BONNEFOY Yves, *L'Autre langue à portée de voix*, coll. « La librairie du XXIe siècle », Paris, Seuil, 2013.

DELISLE, Jean, *L'Analyse du discours comme méthode de traduction : initiation à la traduction française de textes pragmatiques anglais : théorie et pratique*, Ottawa, Éditions de l'Université d'Ottawa, 1984.

ECO, Umberto, *Dire presque la même chose, expériences de traduction*, Paris, Grasset, 2007.

HERMANS, Theo, éd., *The Manipulation of Literature : Studies in Literary Translation*, Londres, Croom Helm, 1985.

LADMIRAL, Jean-René, *Théorèmes pour la traduction*, Paris, Payot, 1970.

LADMIRAL, Jean-René, *Sourcier ou cibliste*, Paris, Les Belles Lettres, 2014.

LAMY, Laurent, *Parallaxes : Lectures tangentes d'historiographie critique et d'épistémologie de la traduction*, thèse de traductologie, université de Montréal, 2017.

LAROSE, Robert, *Théories contemporaines de la traduction*, Sillery, Presses de l'Université du Québec, 1987, p. 133-134.

LAUTEL-RIBSTEIN, Florence, éd., *Traduction et Philosophie du Langage*, revue *Des mots aux actes*, n° 2, Éditions Anagrammes, juillet 2009.

LAUTEL-RIBSTEIN, Florence, éd., *Rhétorique et traduction*, revue *Des mots aux actes*, n° 4, Éditions Anagrammes, 2013.

LAUTEL-RIBSTEIN, Florence et PINEIRA-TRESMONTANT, Carmen, éd., *Sémantiques, sémiotiques et traduction*, revue *Des mots aux actes*, n° 7, Paris Classiques Garnier, 2018.

LEDERER, Marianne, *La Traduction aujourd'hui. Le modèle interprétatif*, Paris, Hachette, 1994.

MESCHONNIC, Henri, *Pour la poétique II. Épistémologie de l'écriture. Poétique de la traduction*, Paris, Gallimard, 1973.

MESCHONNIC, Henri, *Poétique du traduire*, Paris, Verdier, 1999.

MOUNIN, Georges, *Les Problèmes théoriques de la traduction*, Paris, Gallimard, 1963.

NORD, Christiane, *La Traduction : une activité ciblée. Introduction aux approches fonctionnalistes*, trad. Beverly Adab, Arras, Artois Presses Université, 2008.

NOWOTNA, Magdalena, *Le Sujet, son lieu, son temps : sémiotique et traduction littéraire*, Paris et Louvain, Peeters, 2002.

NOWOTNA, Magdalena, *D'une langue à l'autre : essai sur la traduction littéraire*, La Courneuve, Aux lieux d'être, 2005.

NOWOTNA, Magdalena et MOGHANI, Amir, *Les Traces du traducteur*, Paris, INALCO et CERLOM, 2009.

OSEKI-DÉPRÉ, Inês, *Théories et pratiques de la traduction littéraire*, Paris, Armand Colin, 2011.

OST, François, *Traduire – Défense et illustration du multilinguisme*, Paris, Fayard, 2009.

PYM, Anthony, *Exploring Translation Theories*, Abingdon & New York, Routledge, 2010.

RAKOVÁ, Zuzana, *Les Théories de la traduction*, Brno, Masarykova univerzita, 2014.

REISS, Katharina, *Problématiques de la traduction*, trad. Catherine A. Bocquet' Paris, ECONOMICA, 2009.

REISS, Katharina et VERMEER, Hans J., *Towards a General Theory of Translational Action : Skopos Theory Explained*, Abingdon, Routledge, [1984] 2014.

RICŒUR, Paul, *Sur la traduction*, Paris, Bayard, 2004.

SELESKOVITCH Danica et LEDERER, Marianne, *Interpréter pour traduire*, Paris, Didier érudition, 1984.

STEINER, Georges, *Après Babel. Une poétique du dire et de la traduction*, trad. Lucienne Lotringer et P. E. Dauzat, Paris, Albin Michel, 1978.

TOURY, Gideon, *In Search of a Theory of Translation*, Porter Institute for Poetics and Semiotics, Tel Aviv University, Tel Aviv, 1980.

TOURY, Gideon, *Descriptive Translation Studies and Beyond*, Amsterdam & Philadelphia, John Benjamins, 1995.

VENUTI, Lawrence, *The Translator's Invisitbility*, Londres / New York, Routledge, 1995.

VENUTI, Lawrence, *The Translation Studies Reader*, Londres / New York, Routledge, 2000.

Articles généraux en traductologie

BALACESCU, Ioana et STEFANINK, Bernd, « Modèles explicatifs de la créativité en traduction », *META*, XLVIII, n° 4, 2003, p. 509-525.

BALACESCU, Ioana et STEFANINK, Bernd « Poïétique, herméneutique et cognitivisme. Hommage à la grande dame de la poïétique : Irina Mavrodin », *L'Histoire de la traduction en question(s)*, *Atelier de traduction*, n° 7, 2012, p. 125-148.

CADIOT, Pierre et LAUTEL-RIBSTEIN, Florence, « Entretien avec Pierre Cadiot et Florence Lautel-Ribstein : Théorie des formes sémantiques : un tournant épistémologique en traduction », *Traductibilité des noms propres*, éd. Georgiana Lungu-Badea, *Revue Translationes*, n° 3, Université Ouest de Timisoara, 2011, p. 261-270.

DUPUIS, France, « Traduire le mouvement du sens : Germen et Gestalten en sémantique textuelle des formes », *Translationes*, n° 6, 2014, p. 17-32.

DURIEUX, Christine, « Vers une théorie décisionnelle de la traduction », *Revue LISA/LISA e-journal*, n° 7-3, 2009, http://lisa.revues.org/119 (consulté le 25/01/2022).

EVEN-ZOHAR, Itamar, « Polysystem Studies », *Poetics Today, International Journal for Theory and Analysis of Literature and Communication*, n° 11, 1990a ; p. 45-51.

EVEN-ZOHAR, Itamar, « The Position of Translated Literature Within the Literary Polysystem », *Poetics Today*, n° 11, 1990b.

GOES, Jan et ZAMFIR, Donia, « *La Nausée / Greața* : structures métaphoriques et traduction(s) », *Journées scientifiques internationales n° 1, Mélanges offerts à Irina Mavrodin*, Sibiu, Éditions Universitaires « Lucian Blaga », 2010, p. 383-402.

HENRIQUE DA COSTA, Cristina, « Peut-on entièrement traduire ce que le poème fait au langage ? », https://yorkspace.library.yorku.ca/xmlui/bitstream/handle/10315/27985/ /YS%20PAL%2003%20Da%20Costa.pdf?sequence=1&isAllowed=y (consulté le 24/04/2022).

HONG VAN, Dinh, « La théorie du sens et la traduction des facteurs culturels », *Synergies, Pays riverains du Mékong*, n° 1, 2010, p. 141-171.

KOURDIS, Evangelos, « Sémiotique et traduction », *Sémantique(s), sémiotique et traduction*, éd. Florence Lautel-Ribstein et Carmen Pineira-Tresontant, revue *Des mots aux actes*, n° 7, 2018, p. 153-165.

LAMY, Laurent, « Steiner et Meschonnic : pour en finir avec la fable de l'indicible et le spectre de l'objection préjudicielle : quelques notes improvisées sur le clavier bien tempéré d'un sceptique », *Belas Infiéis*, vol. 2, n° 1, 2013, p. 85-116.

LAUTEL-RIBSTEIN, Florence, en coll. avec DUPUIS, France, « Motivations, profilages et thématisations dans la traduction de *Du côté de chez Swann* en anglais : pour une nouvelle méthodologie du traduire », *Traduire* À la recherche du temps perdu, éd. Geneviève Henrot Sostero et Florence Lautel-Ribstein, Paris, Classiques Garnier, 2015, p. 409-423.

LAUTEL-RIBSTEIN, Florence et NOWOTNA, Magdalena, « La duchesse brisée. Sens et sensibilité en traduction », *Traduire* À la recherche du temps perdu, éd. Geneviève Henrot Sostero et Florence Lautel-Ribstein, Paris, Classiques Garnier, 2015, p. 25-33.

LAUTEL-RIBSTEIN, Florence, « Ernst Cassirer entre en traduction : des formes symboliques aux formes sémantiques », *Sémantique(s), sémiotique et traduction*, éd. Florence Lautel-Ribstein et Carmen Pineira-Tresontant, revue *Des mots aux actes*, n° 7, 2018, p. 37-58.

MILLIARESSI, Tatiana, « La linguistique et la traductologie », *Sémantique(s), sémiotique et traduction*, éd. Florence Lautel-Ribstein et Carmen Pineira-Tresmontant, revue *Des mots aux actes*, n° 7, 2018, p. 23-36.

NOWOTNA, Magdalena, « La sémiotique et la traductologie. Le rapport de réciprocité », *Sémantique(s), sémiotique et traduction*, éd. Florence Lautel-Ribstein et Carmen Pineira-Tresmontant, revue *Des mots aux actes*, n° 7, 2018, p. 167-181.

PYM, Anthony, « On Toury's Laws of How Translators Translate », 2008, https://www.researchgate.net/publication/254000343_On_Toury's_laws_of_how_translators_translate (consulté le 24/04/2022).

RAKOVA, Zuzana, « La traduction équivalente, adéquate ou fonctionnelle-quelle doctrine traductologique pour le XXIe siècle ? », *Études romanes de Brno*, n° 34 : 1, 2013, p. 55-65.

VERMEER, Hans J., « Skopos and Commission in Translational Action », *The Translation Studies Reader*, éd. Lawrence Venuti, 2000, Londres & New York, Routledge, p. 221-232.

OUVRAGES ET ARTICLES SUR LA TRADUCTION DE LA MÉTAPHORE

AKEMARK, Elisabet, *Le Problème de la traduction des métaphores*, thèse, Linnaeus University / School of Language and Literature, 2011, www.diva-portal.org/smash/get/diva2:429109/FULLTEXT01.pdf (consulté le 24/04/2022).

BACHIR PACHA-ABDESSELAM, Lila, « La traduction de la métaphore : quel(s) procédé(s) pour quelle(s) culture(s) ? », *Synergies Pologne*, n° 8, 2011, p. 69-81.

BOISSEAU Maryvonne, éd., *Traduire la figure de style*, revue *Palimpsestes*, n° 17, 2005.

BROCK, Julie et LAUTEL-RIBSTEIN, Florence, éd., *Traduire les métaphores du fond du cœur*, revue *La TILV*, n° 55, mai 2013.

BROECK, Raymond Van Den, « The Limits of Translatability Exemplified by Metaphor Translation », *Poetics Today*, n° 2 : 4, 1981, p. 73-87.

CADIOT, Pierre, « Théorie des formes sémantiques : quelques pistes pour la traduction de la métaphore », *Les Tiges de mil et les pattes du héron II*, éd. Julie Brock, Paris, CNRS Éditions, 2013, p. 259-268.

DAGUT, Menachem, « Can Metaphors Be Translated ? », *Babel*, vol. XXII, n° 1, 1976, p. 21-33.

GRESSET, Michel, « De la traduction de la métaphore littéraire à la traduction comme métaphore de l'écriture », *Revue Française d'Études Américaines*, n° 18, 1983, p. 501-519, https://www.persee.fr/doc/rfea_0397-7870_1983_num_18_1_1150 (consulté le 24/04/2022).

HANNE, Michael, « Metaphors for the Translator », *The Translator as Writer*, ed. Susan Bassnett & Peter Bush, Londres & New York, Continuum, 2006, p. 211.

KEROMNES, Yvon, « Les Métaphores – et leur traduction – dans la vie quotidienne », revue *Des mots aux actes*, n° 5, 2013, p. 68-87.

LAUTEL-RIBSTEIN, Florence, « Métaphoricité et traduction », *Métaphores et cultures. En mots et en Images*, éd. Véronique Alexandre Journeau, Violaire Anger, Florence Lautel-Ribstein et Laurent Mattiussi, Paris, L'Harmattan, 2012.

LAUTEL-RIBSTEIN, Florence, « Elsa, mon amour, ma jeunesse : du mentir-vrai à *L'amour qui n'est pas un mot* », *Traduire les métaphores du fond du cœur*, éd. Julie Brock et Florence Lautel-Ribstein, *La TILV*, n° 55, mai 2013.

MASON, Kirsten, « Metaphor and Translation », *Babel*, n° 28 : 3, 1982, p. 140-149.

NOWOTNA, Magdalena, « Métaphores d'amour dans la poésie polonaise de Maria Pawlikowska-Jasnorzewska et Halina Poswiatowska », *Traduire les métaphores du fond du cœur*, éd. Julie Brock et Florence Lautel-Ribstein, revue *La TILV*, n° 55, mai 2013, p. 64-69.

PAPAS, Christian, « La traduction des métaphores au regard de la psychologie cognitive », *META*, n° 52 : 1, 2007, p. 123-128, https://www.erudit.org/fr/revues/meta/2007-v52-n1-meta 1613/014727ar/ (consulté le 24/04/2022).

SNELL-HORNBY, Mary, « The Unfamiliar Image : Metaphor as a Problem in Translation », *Anglistentag 1987*, éd. Hans Werner Ludwig, Tübingen, Vorträge ; Hoffmann, Griessen, 1988, p. 258-270.

OUVRAGES ET ARTICLES SUR LA TRADUCTION DE LA LITTÉRATURE DE JEUNESSE

DIAMENT, Nic, GIBELLO, Corinne et KIEFÉ, Laurence, dir., *Traduire les livres pour la jeunesse : enjeux et spécificités*, actes du colloque, Bibliothèque nationale de France, 31 mai-1 juin 2007, Paris, Hachette Jeunesse, 2008.

DI GIOVANNI, Elena, ELEFANTE, Chiara et PEDERZOLI, Roberta, dir., *Écrire et traduire pour les enfants : Voix, images et mots*, Bruxelles, P.I.E.-Peter Lang, 2010.

DOUGLAS, Virginie, « Traduire l'intertextualité en littérature pour la jeunesse : le cas de Stalky & Co. De Rudyard Kipling », revue *Palimpsestes*, n° 18, 2006, http//palimpsestes. revues.org/563 (consulté le 24/04/2022).

FRIOT, Bernard, « Traduire la littérature pour la jeunesse », *Le Français aujourd'hui*, n° 142, 2003, p. 47-54.

GHANADZADEH YAZDI, Bahareh, « Quand la traduction de la littérature de jeunesse change de lecteur cible : une problématique traductologique contemporaine », *Parallèles*, n° 27 : 1, 2015, p. 114-124.

GHANADZADEH YAZDI, Bahareh, « Traduire la sémantique de la peur dans le roman *Coraline* de Neil Gaiman », revue *Des mots aux actes*, n° 7, Paris, Classiques Garnier, 2018, p. 305-330.

INGGS, Judith, « From Harry to Garri : Strategies for the Transfer of Culture and Ideology in Russian Translations of Two English Fantasy Stories », *META*, n° 48 : 1-2, 2003, p. 285-297.

INGGS, Judith A., « Censorship and Translated Children's Literature in the Soviet Union », *Target*, n° 23 : 1, 2011, p. 77-91.

KIBBEE, Douglas A., « When Children's Literature Transcends its Genre : Translating *Alice in Wonderland* », *META*, n° 48 : 1-2, 2003, p. 307-321.

KLINGBERG, Gote, *Children's Fiction in the Hands of the Translator, Studia psychologica et paedagogica*, series altera LXXXII, Lund, Bloms Boktryckeri Ab, 1986._

LEE, Sungyup, « Intertextualité dans la traduction des albums de type "double lectorat », *META*, n° 60 : 1, 2015, p. 53-70.

LEGER, Benoit, « Nouvelles aventures de Gulliver à Blefuscu : traductions, retraductions et rééditions des *Voyages de Gulliver* sous la monarchie de Juillet », *META*, n° 49 : 3, 2004, p. 526-543.

LEVEQUE, Mathilde, « Traduire pour la jeunesse en France, 2000-2015 », *mediAzioni*, n° 19, 2016, http://mediazioni.sitlec.unibo.it (consulté le 24/04/2022).

LEVEQUE, Mathilde, « Roberta Pederzoli, la traduction de la littérature d'enfance et de jeunesse et le dilemme du destinataire », *Strenæ, n° 6*, 2013, http://journals.openedition.org/strenae/1134 (consulté le 24/04/2022).

MAZI-LESKOVAR, Darja, « Domestication and Foreignization in Translating American Prose for Slovenian Children », *META*, n° 48 : 1-2, 2003, p. 250-265.

METCALF, Eva-Maria, « Exploring Cultural Difference Through Translating Children's Literature », *META*, n° 48 : 1-2, 2003, p. 322-327.

MOSAVAT, Sarah et RAHIMPOUR, Sepideh, « The Most and Least Used Translation Strategies for Conveying Culture-Specific-Items in Young Adult Literature from English into Persian », *International Journal of Humanities and Cultural Studies*, 2016, p. 1853-1873.

NORD, Christiane, « Proper Names in Translations for Children : Alice in Wonderlands as a Case in Point », *META*, n° 48 : 1-2, 2003, p. 182-196.

OITTINEN, Riitta, *Translating for Children*, New York & Londres, Garland publishing Inc, 2000.

OITTINEN, Riitta, « No Innocent Act – On the Ethics of Translating for Children », *Children's Literature in Translation : Challenges and Strategies*, éd. Jan Van Coillie et Walter P. Verschweren, Manchester & Kinderhook, St. Jerome, 2006, p. 35-45.

OITTINEN, Riitta, KETOLA, Anne et GARAVINI, Melissa, *Translating Picturebooks*, New York & Londres, Routledge, 2018.

O'SULLIVAN, Emer, « Narratology Meets Translation Studies, or, The Voice of the Translator in Children's Literature », *META*, n° 48 : 1-2, 2003, p. 197-207.

PEREIRA, Nilce M., « Book Illustration as (Intersemiotic) Translation : Pictures Translating Words », *META*, n° 53 : 1, 2008, p. 104-119.

REGATTIN, Fabio, « La traduction, c'est pour les grandes personnes : quelques réflexions autour d'une Alice pour adultes et une Alice pour enfants », *Atelier de Traduction*, n° 8, 2007, p. 51-64.

ROMNEY, Claude, « Problèmes culturels de la traduction d'*Alice in Wonderland* en français », *META*, n° 29 : 3, 1984, p. 267-280.

ROSSI, Paula, « Translated and Adapted – The Influence of Time on Translation », *META*, n° 48 : 1-2, 2003, p. 142-153.

SHAVIT, Zohar, « Translation of Children's Literature as a Function of Its Position in the Literary Polysystem », *Poetics Today*, n° 2 : 4, 1981, p. 171-179.

SUNG, Seung-eun, « Comparing Characteristics of Translation for Children and Adults », *Forum*, n° 8 : 2, 2010, p. 183-214.

THOMSON-WOHLGEMUTH, Gabriele, « Children's Literature and Translation Under the East German Regime », *META*, n° 48 : 1-2, 2003, p. 241-249.

VAN COILLIE, Jan et VERSCHWEREN, Walter P., *Children's Literature in Translation : Challenges and Strategies*, Manchester & Kinderhook, St. Jerome, 2006.

INDEX DES NOMS

ABEILLÉ, Anne : 50
ADAB, Beverly : 84, 285
AKEMARK, Elisabet : 288
ALEXANDRE JOURNEAU, Véronique : 18, 278, 289
AMMANN, Margaret : 83
ANGER, Violaine : 278, 289
APOLLINAIRE, Guillaume : 59, 61, 64, 67, 71, 274
ARIÈS, Philippe : 113-114
ARISTOTE : 15, 21-28, 35-36, 40, 42, 47, 70, 272, 281
ARNAULD, Antoine : 192
AUBREY, Jenifer Stevens : 139, 282

BACHELARD, Gaston : 105, 137, 179, 182-183, 273, 276
BACHIR PACHA-ABDESSELAM, Lila : 288
BALACESCU, Ioana : 83, 86, 88, 286
BALKIND, Nicola : 150, 284
BALLABRIGA, Michel : 59, 277
BALZAC, Honoré de : 80
BANKS, Rosie : 128
BARTHES, Roland : 45
BASSNETT, Susan : 98
BAUDOU, Jacques : 281
BAUM, L. Frank : 283
BEAU, Nathalie : 281
BEHM-MORAWITZ, Elizabeth : 139, 282
BERMAN, Antoine : 74, 285
BERNICOT, Josie : 22, 280
BESSON, Anne : 118
BINSWANGER, Ludwig : 75, 273
BLUMENBERG, Hans : 278
BOISSEAU, Maryvonne : 73, 76, 288
BOLLACK, Jean : 102, 273
BONNEFOY, Yves : 74, 285
BORDIER, Marc : 54, 284
BOULAIRE, Cécile : 281-282
BRAINES, Gary : 213-214
BRAY, Suzanne : 39, 124, 127, 282
BRÉAL, Michel : 273
BROCK, Julie : 67, 73, 103, 288-289
BRODEN, Thomas : 45, 275
BROECK, Raymond Van Den : 79, 288
BRUNO, Pierre : 282
BRUZY, Claude : 275
BURZLAFF, Werner : 275
BUSH, Peter : 98, 289

CADIOT, Pierre : 12, 15-18, 26, 32-33, 49, 61-67, 70, 74, 102, 108-109, 132, 143, 158, 160-162, 175, 185, 190, 192, 196, 206, 225, 227, 273, 275-276, 278, 280, 287-288
CANI, Isabelle : 282
CARNAP, Rudolf : 75
CART, Michael : 121, 282
CASSIRER, Ernst : 61-62, 74, 105-108, 206, 273, 276, 288
CAUSSAT, Pierre : 27, 274
CAVAZZA, Marc : 50, 58, 275
CHABROL-GAGNE, Nelly : 282
CHARBONNEL, Nadine : 278, 280
CHELEBOURG, Christian : 282
CHEVALIER, Jean : 136, 140, 165-166, 194, 200, 273
CICÉRON : 16, 24, 273
CLARK, Leisa A. : 151-152, 187, 284
CLICK, Melissa A. : 139, 282
COLLINS, Suzanne : 12, 15, 19, 44, 53-54, 86, 92, 100, 104, 109, 111,

122, 149-152, 154-156, 158-160, 164, 167-171, 173-174, 180-185, 188, 190, 192-193, 195-197, 199-202, 204-205, 208-210, 212, 215-220, 222-223, 225, 227, 233, 246, 254, 261, 271, 284, 296
Constantin De Chanay, Hugues : 280
Conte, Sophie : 28, 276
Coquet, Jean-Claude : 74, 102-104, 273, 276
Corax De Syracuse : 29
Coste, Florent : 226
Cousin, Jean : 16, 274
Culioli, Antoine : 63, 273
Cullinan, Bernice E. : 123, 282

Dagut, Menachem : 288
Darbelnet, Jean : 230
Dashner, James : 164
Dauzat, Pierre-Emmanuel : 96, 275, 286
Deguy, Michel : 38
De La Ramée, Pierre : 28
Delisle, Jean : 77, 285
Derrida, Jacques : 19
Desroche, Henri : 153
De Vogüe, Sarah : 49
D'Humieres, Catherine : 282
Diament, Nic : 289
Dick, Philip K. : 117
Di Giovanni, Elena : 289
Dilks, Charlotte : 69-70, 280
Donne, John : 285
Douglas, Virginie : 289
Driscoll, Catherine : 151, 154, 284
Dubois, M. Jean : 51, 277-278
Dubois-Charlier, Françoise : 52, 276
Dumarsais, César Chesneau : 16, 18, 28-31, 36-37, 123, 278
Dunn, George : 182, 187, 284
Dupin, Jaques : 274
Dupuis, France : 39, 287
Durieux, Christine : 287

Eco, Umberto : 45, 47-48, 50, 56, 71, 203, 273, 285
Ehsan, Amira : 159-160, 284
Elefante, Chiara : 289
Emerson, R. W. : 55
Even-Zohar, Itamar : 74, 89-90, 287

Fauconnier, Gilles : 59, 273
Fillmore, Charles : 89, 276
Fletcher, Emmanuelle : 282
Foessel, Michaël : 16, 273
Fontanier, Pierre : 16, 24, 28-29, 31-34, 36-37, 41, 55-56, 70, 74, 84, 278-279
Fontanille, Jacques : 45-46, 273
Foucault, Michel : 51
Fournier, Guillaume : 12, 19, 44, 49, 53, 86, 92, 100, 104-105, 109-110, 163, 169-171, 174, 180-181, 183-185, 188, 190, 192-193, 195, 197, 199-200, 202, 204-205, 208-210, 212, 215-220, 222-223, 225-227, 229, 233, 246, 254, 261, 271
Fournier, Jean-Baptiste : 75
Franckel, Jean-Jacques : 49
Franquart-Declercq, Christelle : 24, 279
Friot, Bernard : 289
Fuchs, Catherine : 49, 56, 59, 276, 279
Fumaroli, Marc : 28, 274

Gabel, Joseph : 153
Gaffney, Loretta M. : 116, 282
Gaiman, Neil : 290
Garde Tamine, Joëlle : 279
Garavini, Melissa : 291
Gayon, Jean : 105, 276
Genette, Gérard : 29, 35-39, 96-97, 274, 277, 279
Ghanadzadeh Yazdi, Bahareh : 11-12, 289-290
Gheerbrant, Alain : 136, 140, 165-166, 194, 200, 273
Gibello, Corinne : 289
Goes, Jan : 287
Goimard, Jacques : 117
Goldenstein, Catherine : 41, 279

GOLDING, William : 54
GOLVIN, Jean-Claude : 166
GORDIN, Michael : 152, 284
GRANT, Barry Keith : 120, 282
GRAVETT, Sandra L. : 141-142, 282
GRÉA, Philippe : 21, 24, 31, 33-34, 56, 62-63, 66, 279
GREIMAS, Algirdas Julien : 45, 275
GREISCH, Jean : 42
GRESSET, Michel : 288
GUILLAUME, Gustave : 49
GURWITSCH, Aron : 61, 274

HAACK, Susan : 98
HABERT, Benoît : 32-33, 275
HAK, Tony : 276
HANDLER, Daniel : 133
HANLON, Tina L. : 283
HANNE, Michael : 98, 289
HARRIS, Zellig : 51-52, 276
HEATWOLE, Alexandra : 151, 154, 284
HEDLEY, Jane : 279
HEIDEGGER, Martin : 82
HEIT, James : 284
HELSLOOT, Niels : 276
HENEGHAM, Liam : 282
HENRIQUE DA COSTA, Cristina : 99, 287
HENROT, Geneviève : 102
HENRY, Albert : 279
HENTHORNE, Tom : 151-152, 284
HERMANS, Theo : 88, 285
HERVOUËT, Claudine : 282
HJELMSLEV, Louis : 45, 275
HOBBES, Thomas : 54
HOLMES, James : 89
HOLMES, Su : 187, 274
HOMÈRE : 155
HONG VAN, Dinh : 80-81, 287
HUNT, Peter : 112-114, 282
HURTADO, Amparo : 77
HUSSERL, Edmund : 75
HUXLEY, Aldous : 153

INGGS, Judith : 290

JACKSON, Philip W. : 86, 276
JAKOBSON, Romain : 39
JANZ, Nathalie : 105, 276
JEDIDIAH HORN, Jacob : 151
JERMYN, Deborah : 187, 274
JOHNSON, Mark : 16, 30, 56-57, 88, 158-159, 279

KAGAN, Jerome : 86, 276
KERBAT-ORECCHIONI, Catherine : 274
KEROMNES, Yvon : 57, 289
KETOLA, Anne : 291
KEYSER, Elizabeth Lannox : 283
KHAN, Ahsan B. : 281
KIBBEE, Douglas A. : 290
KIEFÉ, Laurence : 289
KING, Stephen : 119-120, 282
KIPLING, Rudyard : 289
KLEIBER, Georges : 62, 66, 274, 276, 278, 280
KLINGBERG, Gote : 290
KOLNAI, Aurel : 153, 274
KOURDIS, Evangelos : 287
KUNDERA, Milan : 9
KURNIAWATI, Kurniawati : 158, 284

LABROUSSE, Nathalie : 118, 282
LACLAU, Ernesto : 38, 280
LADMIRAL, Jean-René : 76, 285
LAGORGETTE, Dominique : 26, 276
LAKOFF, George : 16, 30, 56-57, 88-89, 158-159, 279
LALA, Marie-Christine : 76-77, 279
LAMOUCHE, Fabien : 16, 273
LAMY, Bernard : 28
LAMY, Laurent : 73, 97, 285, 287
LANDHEER, Ronald : 69, 281
LANGACKER, Ronald : 55-56, 70, 274
LAROSE, Robert : 97, 285
LARRIVÉE, Pierre : 26, 276
LASSÈGUE, Jean : 206, 276
LAUTEL, Alain : 61, 274
LAUTEL-RIBSTEIN, Florence : 7, 18, 39, 62, 67-68, 73-74, 102-103, 105-106, 108, 274, 278, 285, 287-289

LAUXERROIS, Jean : 15, 26-27, 42, 272
LAWRENCE, Jennifer : 149-150
LEDERER, Marianne : 74, 77-79, 285-286
LEE, Sungyup : 290
LEFEBVRE, Hermine : 284
LEGER, Benoit : 290
LE GUERN, Michel : 279
L'ENGLE, Madeleine : 122-127, 271-272, 282
LETOURNEUX, Matthieu : 282
LEVEQUE, Mathilde : 290
LEVINAS, Emmanuel : 161, 274
LEWINTER, Roger : 75, 273
LORANT-JOLLY, Annick : 281
LORAUX, Patrice : 281
LORENT, Fanny : 36, 277
LOTRINGER, Lucienne : 286
LUDWIG, Hans Werner : 85, 289
LUNGU-BADEA, Georgiana : 62, 287
LURIE, Alison : 282
LUTHER : 99

MACÉ, Gérard : 274
MAGNIEN, Michel : 15, 272
MAINGUENEAU, Dominique : 51-53, 70-71, 274, 277
MARCOIN, Francis : 282
MARGEL, Serge : 281
MARTIN, Marie-Claire : 282
MARTY, Robert : 275
MARX, William : 82, 277
MASON, Kirsten : 80, 289
MATTIUSSI, Lautent : 278, 289
MAVRODIN, Irina : 88, 286-287
MAZALEYRAT, Hélène : 49, 274
MAZI-LESKOVAR, Darja : 290
MCALLISTER, Daniel J. : 214
MERLE, Jean-Marie : 280
MERLEAU-PONTY, Maurice : 27, 61, 108, 274
MERLIN-KAJMAN, Hélène : 226
MERLOCK JACKSON, Kathy : 282
MESCHONNIC, Henri : 74, 84-85, 95, 98-100, 181, 274, 285, 287
MESSICK, Samuel : 86, 276
METCALF, Eva-Maria : 290
MEYER, Stephenie : 138-142, 151, 272
MICHAUD, Nicolas : 182, 187, 284
MILLER, Alice : 283
MILLER, Mary Catherine : 284
MILLIARESSI, Tatiana : 58, 277, 288
MILLY, Jean : 39
MOGHANI, Amir : 286
MORIN, Edgar : 137, 274
MOSAVAT, Sarah : 290
MOUNIN, Georges : 285

NEMO, François : 275
NEWTON, Isaac : 75
NICOLE, Pierre : 192
NIERES-CHEVREL, Isabelle : 281, 283
NORD, Christiane : 83-84, 285, 290
NOWOTNA, Magdalena : 13, 74, 102-103, 286-289

OITTINEN, Riitta : 290
OLIVEIRA, Isabelle : 281
ORWELL, George : 153
OSEKI-DÉPRÉ, Inês : 286
OST, François : 97-98, 286
O'SULLIVAN, Emer : 291

PAILLARD, Denis : 49
PAPAS, Christian : 289
PARAVANO, Cristina : 146, 283
PARKE, Maggie : 139, 283
PARRET, Herman : 277
PATERSON, James : 128
PAWLIKOWSKA-JASNORZEWSKA, Maria : 103, 289
PÊCHEUX, Michel : 51-52, 276
PEDERZOLI, Roberta : 289-290
PEIRCE, Charles S. : 46, 275
PEKSOY, Emrah : 284
PERALDI, François : 275
PEREIRA, Nilce M. : 291
PERRIN, Raymond : 283
PERROT, Jean : 283

PERSON, Diane Goetz : 123, 282
PETITOT, Jean : 276
PHARR, Mary : 151-152, 187, 284
PICOCHE, Jacqueline : 49
PICON, Antoine : 153
PIGEAUD, Jackie : 281
PILOTE, Guillaume : 23, 281
PINEIRA-TRESMONTANT, Carmen : 103, 285, 288
POSWIATOWSKA, Halina : 103, 289
PRAKASH, Gyan : 152, 284
PRANDI, Michele : 70, 281
PRAWER, Siegbert Salomon : 119-120
PRINCE, Nathalie : 283
PROUST, Marcel : 9, 36, 38-39, 275
PYM, Anthony : 89, 91-92, 286, 288

QUINTILIEN : 16, 24, 275

RAHIMPOUR, Sepideh : 290
RAKOVÁ, Zuzana : 78, 83-84, 286, 288
RASTIER, François : 50, 58-61, 64, 70-71, 137, 275, 277
REGATTIN, Fabio : 291
REISS, Katharina : 74, 83-85, 286
REMI-GIRAUD, Sylvie : 69, 280-281
RENAN, Ernest : 172, 275
RENAULT, Jean-Baptiste : 37, 40, 44, 279
RETHORE, Joëlle : 275
RICŒUR, Paul : 16, 23-24, 31, 35, 40-45, 70-71, 102, 273, 275, 277, 279-280, 286
RIORDAN, Rick : 130-131, 272
ROCKETT, Rasta : 119-120
ROJTMAN, Betty : 277
ROLLIN, Lucy : 283
ROMNEY, Claude : 291
RORTY, Richard : 48
ROSENTHAL, Victor : 63, 277-278
ROSSI, Paula : 291
ROTH, Veronica : 143-148, 272
ROWLING, J. K. : 118, 150-151, 283

SABTA, Diana : 158, 284
SCHIFFRIN, Deborah : 52, 275
SCHULZ, Patricia : 21, 30, 162, 225, 231, 279
SCOTT : 76
SEDEEK, Abeer R. : 159, 284
SELESKOVITCH, Danica : 74, 77, 79, 286
SÉRIOT, Patrick : 107
SERVOISE, Sylvie : 283
SHAKESPEARE, William : 76, 156
SHAVIT, Zohar : 114-115, 283, 291
SHELLEY, Mary : 119
SIBLOT, Paul : 66, 276
SIKSOU, Maryse : 276
SNELL-HORNBY, Mary : 85, 289
SNICKET, Lemony : 133-134, 272
SOJCHER : 38
SPENCER, Herbert : 54
SPOCK, DR : 283
STAHL, John Daniel : 283
STEFANINK, Bernd : 83, 86, 88, 286
STEINER, Georges : 74, 95-96, 98, 275, 286-287
STINE, Robert Lawrence : 127-130, 272
STOKER, Bram : 119, 166
STRIMITEZ, Iris : 284
SUHAMY, Henri : 76
SUMPF, Joseph : 278
SUNG, Seung-eun : 291

TALLAPESSY, Albert : 158, 284
TAMBA-MECZ, Irène : 24-25, 32, 281
TEHSEEM, Tazanfal : 281
THIBAUD, Pierre : 281
THOMSON-WOHLGEMUTH, Gabriele : 291
TILLEY, Helen : 152, 284
TODOROV, Tzvetan : 275
TOLKIEN, John Ronald Reuel : 118
TOURY, Gideon : 74, 89-92, 286, 288
TURNER, Mark : 59, 273
TWAIN, Mark : 131
TWITCHELL, James B. : 119-120

VALÉRY, Paul : 82, 85, 277
VAN COILLIE, Jan : 290-291

VAN LEEUWEN, Theo : 159
VATANDOOST, Babak : 7
VENAYRE, Sylvain : 155
VENUTI, Lawrence : 74, 93-95, 163, 226, 286, 288
VERMEER, Hans J. : 74, 83-84, 286, 288
VERSCHWEREN, Walter P. : 290-291
VEYNE, Paul : 24-25, 173, 275, 281
VICTORRI, Bernard : 49, 55-56, 279
VILLARD, Masako : 280
VINAY, Jean-Paul : 230
VISETTI, Yves-Marie : 12, 15-16, 18, 26, 49, 61-67, 70, 74, 102, 108, 206, 225, 273, 275-278
VON GOETHE, Johann Wolfgang : 75
VON HUMBOLDT, Wilhelm : 27, 62, 105, 274-275
VOSS, José : 27, 275

WEST, Mark I. : 113, 282-284
WESTERFELD, Scott : 164
WIERZBICKA, Anna : 106-107, 275, 278
WILLIAMS, Suzanne : 128
WILSON, Natalie : 139, 283

ZAMFIR, Donia : 287
ZAMPOLLI, Antonio : 89, 276

TABLE DES MATIÈRES

PRÉFACE 11

INTRODUCTION 15

ÉVOLUTION DES TRAVAUX SUR LA MÉTAPHORE
ET CONSÉQUENCES TRADUCTOLOGIQUES 21

La théorie de la métaphore à l'Antiquité. Aristote 22

La métaphore aux XVIIIe et XIXe siècles.
Dumarsais et Fontanier 28

Dumarsais : un discours contradictoire 29

Fontanier : le mot, l'idée, le trope 31

De la poétique de Genette à l'herméneutique de Ricœur 35

Genette et le procès de la métaphore 35

Ricœur et la défense de la métaphore 40

La métaphore vue par la sémiotique. Umberto Eco 45

Sémantiques et métaphore 51

La métaphore et les théories de l'énonciation 51

la conceptualisation bipartite du cognitivisme 55

Le parcours intralinguistique
de la sémantique interprétative 58

Approches non-référentialistes
et théorie des formes sémantiques 61

La métaphore et sa traduction.
Quelques remarques conclusives 69

LA TRADUCTION DE LA MÉTAPHORE D'APRÈS LES TRADUCTOLOGUES CONTEMPORAINS 73

Brève introduction aux approches théoriques de la traduction de la métaphore 73

Traduire la métaphore avec la théorie interprétative 77

Traduire la métaphore avec la théorie du skopos 83

Traduire la métaphore dans les *Translation Studies* 89

De l'indicible à la poétique dans la traduction de la métaphore. De Steiner à Meschonnic 95

Georges Steiner 95

Henri Meschonnic 98

Phénoménologie et traduction de la métaphore. M. Nowotna et F. Lautel-Ribstein 102

Magdalena Nowotna 102

Florence Lautel-Ribstein 105

LA LITTÉRATURE AMÉRICAINE DE JEUNESSE ET SES MÉTAPHORES 111

Aperçu de la littérature de jeunesse au XXIe siècle à l'Occident 111

Choix d'auteurs de littérature américaine de jeunesse. Caractéristiques générales et métaphores 121

Madeleine L'Engle (1918-2007) 123

R. L. Stine (1943-) 127

Rick Riordan (1964-) 130

Lemony Snicket (vrai nom : Daniel Handler) (1970-) 133

Stephenie Meyer (1973-) 138

Veronica Roth (1988-) 143

Remarques conclusives 147

THE HUNGER GAMES, SES MÉTAPHORES ET LA QUESTION TRADUCTOLOGIQUE 149

Suzanne Collins et *The Hunger Games* 149

Introduction aux métaphores dans *The Hunger Games*. Question de méthode 156

Portrait de traducteur français
et évaluation globale de sa traduction 163
Guillaume Fournier 163
Évaluation du texte source 165
Évaluation globale de la traduction en français 168
Choix du corpus de métaphores dans *The Hunger Games.*
Présentation contextuelle, analyse et traduction selon la TFS . . . 171
The Hunger Games, tome 1 171
Catching Fire, tome 2 190
Mockingjay, tome 3 200
The Ballad of Songbirds and Snakes, tome 4 210
Synthèse comparative des méthodes 224

CONCLUSION 229

ANNEXE 233

RÉFÉRENCES BIBLIOGRAPHIQUES 271

INDEX DES NOMS 293

COLLECTION « TRANSLATIO »

La collection de traductologie « Translatio » se compose de quatre séries : les grandes œuvres de traduction, les grands penseurs de la traduction, les grandes problématiques traductuctologiques ainsi que les grandes théories.

Retrouvez tous les titres de la collection en scannant ce code QR :

Et pour recevoir nos dernières actualités, abonnez-vous ici :